Hans Michael Engelke

EUROPAS TOURENHIGHLIGHTS

Die 40 besten Motorradtouren zwischen Nordkap und Mittelmeer

TVV
Touristik Verlag

Vorwort

Hans Michael und Angelika Engelke sind begeisterte Motorradjournalisten und Fotografen.

Wir Motorradfahrer in Deutschland können uns glücklich schätzen. Rund um unser schönes Land herum finden sich in ausnahmslos jeder Himmelsrichtung reizvolle Ziele für abwechslungsreiche Motorradtouren und ausgiebige Entdeckungsreisen.

Im Norden warten die herausfordernden und dramatischen Landschaften Skandinaviens, im Westen locken interessante Insel-Nationen wie Großbritannien oder Irland, aber auch auf dem Festland liegende Ziele wie die reizvollen Ardennen Belgiens oder der Norden Frankreichs. Gleich gegenüber, auf der anderen Seite Deutschlands geht es in die spannenden und weiten Länder des Ostens.

Etwas weiter weg

Hier warten unsere Nachbarn in Polen oder Tschechien auf unseren Besuch. Und dann erst der Süden – wie schnell gelangen wir in die grandiosen Kulissen der Alpen, an die herrlichen Küstenstraßen des Mittelmeeres oder sogar mitten hinein in die Gipfelwelt der Pyrenäen. Und wenn es dann noch etwas weiter sein darf, lockt zum Beispiel Andalusien ganz in Spaniens Süden als reizvolles Ziel für jede Jahreszeit. Unendlich viele fantastische Motorradziele liegen gerade mal ein oder zwei Tagesreisen von uns entfernt.

All diese Regionen und noch vieles mehr haben Kiki und ich in den letzten vier Jahrzehnten mit dem Motorrad erkundet. Quer durch Europa waren wir auf gut ausgebauten Landstraßen, auf kurvenreichen Bergstraßen und auf unzähligen reizvollen Nebenstrecken unterwegs.

Wir erkundeten den Norden Schottlands ebenso wie die Berglandschaften Kretas, die schroffe spanische Küste in Sichtweite Afrikas ebenso wie die Schärenwelt an der Südwestküste Finnlands.

Noch längst nicht genug

In unzähligen Reisereportagen und gut 20 Büchern haben wir bisher über unsere Motorradreisen berichtet. Und wir haben längst noch nicht genug davon. Immer noch sind wir passionierte Motorradreisende und bringen unsere Leidenschaft und unseren Beruf unter einen Hut.

In diesem Buch über 40 abwechslungsreiche Touren durch Europa wollen wir euch einen bunten Mix unserer Motorradreisen durch unseren überaus reizvollen Erdteil vorstellen. Es sind unsere ganz persönlichen Lieblingstouren, die wir hier in Wort und Bild präsentieren. Und natürlich erheben wir nicht den Anspruch auf Vollständigkeit. Dafür würden wahrscheinlich zehn Bände nicht ausreichen. Viel zu groß ist die Auswahl und zu vielfältig sind die Möglichkeiten, die uns unser schönes Europa an den verschiedensten Ecken bietet.

Beim Schreiben und Sichten der Fotos gerieten wir prompt ins Schwärmen und wären am liebsten sofort wieder losgefahren. Wir hoffen, dass es euch beim Blättern in diesem Band genauso geht und ihr viele Ideen und Anregungen für eure nächsten Motorradtouren mitnehmt.

Wir freuen uns auf euch

Und wenn euch eine Region oder ein Land ganz besonders am Herzen liegt, lasst es uns wissen. Vielleicht machen wir dann mal einen ganz eigenen Band darüber. Und wenn euer Lieblingsziel in diesem Buch gar nicht vertreten ist, sagt uns auch Bescheid. Vielleicht nehmen wir es dann in einer der nächsten Auflagen mit auf. Für gute Ideen, Tipps und Hinweise sind wir immer empfänglich und geben diese gerne weiter. Schließlich ist dies ja ein Motorrad-Reiseführer für euch!

Und wer weiß, vielleicht treffen wir uns ja auch mal persönlich draußen auf einer dieser kurzweiligen Touren, irgendwo bei einem der spannenden Highlights oder auf einer der 40 vorgestellten Routen – das würde uns sehr freuen.

Kiki und ich wünschen ganz viel Spaß, viele tolle Eindrücke, unzählige spannende Erlebnisse und noch mehr unterhaltsame Kilometer auf euren Touren durch das schöne Europa. Gute Reise!

Hans Michael und Angelika Engelke

40 Europatouren

7
Bergen
NORWE
6
Stavanger
Kristiansand
4
Glasgow
VEREINIGTES
REICH
3
Manchester
5
Dublin
IRLAND
Cork
Cardiff
2
Londo
29
DÄ
Ha
Bremen
NIEDERLANDE
1
Antw
Köln
DEUT
BELGIEN
LUXEMBURG
Paris
Stuttga
Rennes
28
27
SCHWEIZ
30
FRANKREICH
Limoges
31
20
Bordeaux
36
33
32
34
Monaco
A Coruña
Bilbao
Marseille
Vigo
38
37
Saragossa
35
Porto
Sassari
Madrid
PORTUGAL
Palma
Valencia
SPANIEN
Lissabon
40
Sevilla
Granada
Algier
Constantine
Cádiz
Tanger
Oran
Batna
Oujda
Djelfa

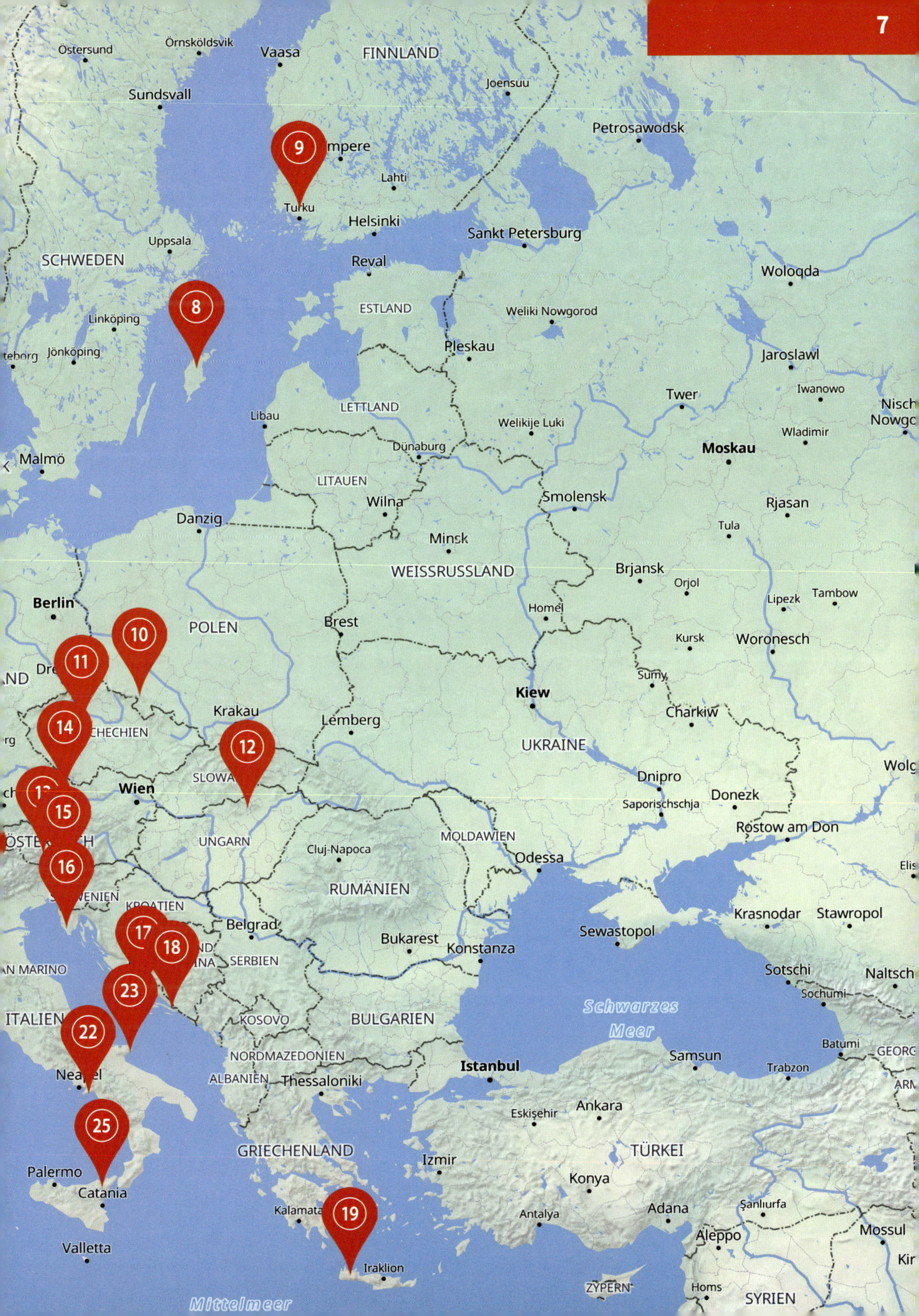
Östersund
Örnsköldsvik
Vaasa
FINNLAND
Joensuu
Sundsvall
Petrosawodsk
9
Tampere
Lahti
Turku
Helsinki
Sankt Petersburg
Uppsala
SCHWEDEN
Reval
Woloqda
8
ESTLAND
Linköping
Weliki Nowgorod
Jönköping
Pleskau
Jaroslawl
Twer
Iwanowo
Libau
LETTLAND
Welikije Luki
Wladimir
Malmö
Dünaburg
Moskau
LITAUEN
Wilna
Smolensk
Rjasan
Danzig
Tula
Minsk
WEISSRUSSLAND
Brjansk
Berlin
Orjol
Lipezk
Tambow
Homel
10
POLEN
Brest
Kursk
Woronesch
11
Sumy
Kiew
Krakau
14
TSCHECHIEN
Lemberg
Charkiw
12
UKRAINE
Dnipro
Wien
SLOWAKEI
Donezk
15
Saporischschja
Rostow am Don
ÖSTERREICH
UNGARN
MOLDAWIEN
Cluj-Napoca
Odessa
16
RUMÄNIEN
SLOWENIEN
KROATIEN
Krasnodar
Stawropol
Belgrad
17
18
Bukarest
Sewastopol
Konstanza
SERBIEN
SAN MARINO
Sotschi
Naltschik
Sochumi
Schwarzes Meer
23
ITALIEN
KOSOVO
BULGARIEN
22
Batumi
NORDMAZEDONIEN
Samsun
Istanbul
Trabzon
Neapel
ALBANIEN
Thessaloniki
Ankara
Eskişehir
25
GRIECHENLAND
TÜRKEI
Izmir
Palermo
Konya
Catania
Kalamata
19
Antalya
Adana
Şanlıurfa
Mossul
Aleppo
Valletta
Iraklion
ZYPERN
Homs
SYRIEN
Mittelmeer

Tour 1 Ardennen

Im Land der Pommes

Es mangelt nicht an Kurven und Kehren in den Ardennen. Entlang idyllischer Flusstäler und mystischer Hochmoore erkunden wir auf dieser Runde eine der schönsten Regionen Belgiens.

Ab Prüm kurven wir in herrlichen Kurven und wilden Schlangenlinien durch das dichte Grün des Hohen Venns – und genießen damit die Fahrt durch den deutsch-belgischen Naturpark. Das plätschernde Flüsschen Our begleitet uns neben der Straße. Der Bach hat hier ein uriges Tal aus den Ardennen geschmirgelt, dem der Asphalt nur in wildem Zickzack folgen kann.

St. Vith steht auf dem nächsten Ortsschild, ein gutes Stück weiter folgt La Roche-en-Ardenne. Oben auf einer der Anhöhen, von der wir einen fantastischen Blick über die Altstadt und die Burg haben, thront auf einem Steinsockel ein alter britischer Panzer. Viele Ardennen-Dörfer leisten sich diese stählernen Denkmäler, meist verbunden mit einem Dank an ihre einstigen alliierten Befreier.

Köstliches Trappistenbier

La Roche-en-Ardenne ist urgemütlich und gut besucht. Zwischen den alten, aus groben Steinen gemauerten und schiefergedeckten Häusern liegen einladende Cafés und Restaurants. Gemütliche Bars locken die Besucher, die zahlreichen engen, urigen Gassen laden zum Bummeln. Die mächtige, abends toll beleuchtete Burgruine hoch über der Stadt und dem Fluss Ourthe hält Wache. Gen Süden folgen wir dem Ardennen-Asphalt nach Rochefort, das kleine Örtchen am Fluss Lomme überzeugt mit einem netten Ortskern, einem Château und mit der Abtei L'abbaye de Saint-Rémy. Hier wird seit 1595 eines der weltweit leckersten Biere, das Trappistes Rochefort, gebraut. Das köstliche Trappistenbier kommt in dreierlei Abstufungen: mit 7,5 Prozent, mit 9,2 Prozent und mit knackigen 11,3 Prozent Alkohol. Keine Frage, dafür ist noch Platz in den Koffern.

Über Halma folgen wir der Lesse, die bei Han-sur-Lesse allerdings für einige Zeit im Karst versickert und durch Höhlen erst später wieder die frische Luft erreicht. Wir wechseln

START- / ZIELORT
Prüm / Monschau

TOURLÄNGE
ca. 544 km

ROADBOOK
Prüm, Andler, St. Vith, Vielsalm, Trois-Ponts, La Roche-en-Ardenne, Rochefort, Abtei L'abbaye de Saint-Rémy, Halma, Bertrix, Herbeumont, Bouillon, Montherme, Revin, Dinant, Spontin, Durbuy, Stavelot, Spa, Eupen, Monschau

Die touristischen Routen der Ardennen sind perfekt ausgeschildert und bieten im Hohen Venn schnurgerade Alleen.

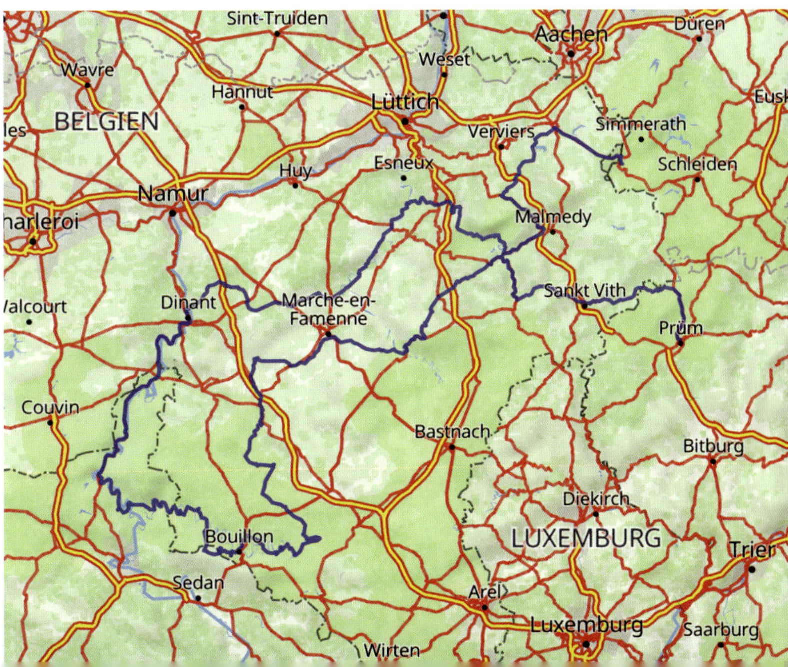

HIGHLIGHT

BELGIEN

Schön, aber schwierig. Belgien hat etwa zehn Millionen Einwohner, knapp 60 Prozent Flamen, ein Drittel Wallonen, zehn Prozent Brüsseler und eine kleine deutschsprachige Gemeinde. Das Gebilde des belgischen Staates ist äußerst kompliziert. Er ist gegliedert in vier Sprachgebiete, drei Regionen und drei Gemeinschaften, die eigene Parlamente, eigene Regierungen und eine eigene Finanzhoheit haben. Um all das zu managen, ist fast jeder zehnte Belgier im Staatsdienst tätig. Untereinander ist man sich wenig grün und sehr treffend ist die Aussage des flandrischen Dichters René de Clerq: „Es gibt einen belgischen König, viel belgisches Theater, eine belgische Flagge, ein belgisches Lied, aber Belgier, die gibt es nicht."

zur Our und folgen schließlich einem der unzähligen kleinen und namenlosen Wasserläufen ins Tal der Semois.

Die ist mit Sicherheit der schönste und abwechslungsreichste Fluss zwischen den Höhenzügen und Gipfeln des belgischen Südwestens. Gleich an der Grenze zu Frankreich gelegen, mäandert das Wasser in den wildesten Schwüngen und Schleifen der Maas entgegen.

Über Herbeumont gelangen wir zum Städtchen Bouillon und langsam meldet sich der Hunger. Was isst man in Belgien, wenn man Hunger hat? Fritten! Belgien ist das Land der Pommes, die Belgier haben sie erfunden. Schon 1781 notierte der ehe-

La Roche-en-Ardenne ist gut besucht (oben). Verlassen ist dagegen die Burg Reinhardstein bei Robertville (unten).

malige Sekretär der österreichischen Kaiserin Maria-Theresia: „Die Einwohner von Namur, Huy und Dinant haben die Gewohnheit, in der Maas zu fischen, diesen Fang dann zu frittieren. Wenn die Gewässer zugefroren sind und das Angeln nur schwer möglich ist, schneiden die Einwohner Kartoffeln in Fischform und frittieren diese dann." Wir sind also mitten drin im Pommes-Erfinder-Land und nirgends schmecken sie so gut wie hier.

Entlang der Semois geht es weiter. Wir passieren kleine, urige Dörfchen und überqueren fast unbemerkt die Grenze nach Frankreich. Steile graue Felswände auf der einen Seite, die plätschernde Semois auf der anderen Seite, pilotiert uns die Straße nach Montherme. Gleich am Ende der Maas-Brücke in Montherme gibt es ein freundliches Café – beliebt als regionaler Motorradtreff und perfekt für einen erholsamen Stopp.

Zu Stein erstarrt

Über 250 Meter hoch türmen sich vor Revin die Felswände der Roches de Laifour über die Maas. Auf unserer Seite ragen die drei mächtigen Felsen les Dames de Meuse in den Himmel. Die Sage berichtet, diese seien drei Ehebrecherinnen gewesen, die die Abwesenheit ihrer Ehemänner schamlos zu allerlei Unfug nutzten und von göttlicher Hand zu Stein erstarrt wurden.

Entlang des Maasufers rollen wir bald nach Dinant hinein, nachdem wir, wieder fast unbemerkt, die Grenze nach Belgien überquert haben. Dinant hat etwas Mediterranes. Zu Füßen eines mächtigen, von einer wehrhaften Zitadelle geschmückten Felsen, liegt eine bunte Häuserreihe direkt am Ufer der Maas. Davor wiegen sich grüne Laubbäume, bunte Fahnen flattern im Wind. Auf dem Wasser dümpeln ein paar Boote vor sich hin.

Boxenstopp an der legendären Rennstrecke Circuit de Spa-Francorchamps.

Spontin und Durbuy führen weiter an die Ourthe. Grünes Land, grauer Fels und glasklares Wasser – eine Traumlandschaft. Uns zieht es zurück ins Hohe Venn, in das riesige Hochmoor, welches gleichzeitig die höchste Erhebung Belgiens bildet. Einen Abstecher machen wir aber doch noch: nach Francorchamps.

Dort, in der Nähe von Spa, liegt die legendäre Rennstrecke. Immer wieder umgebaut und modernisiert gehört die Ardennen-Achterbahn heute zu einer der spannendsten Strecken im Motorsport. Am Hochmoor des Naturparks bei Monschau beenden wir schließlich unsere abwechslungsreiche Belgientour. ◄

TOUR 1 | Belgien

ARDENNEN

TOURLÄNGE | 544 km

ÜBERNACHTUNG
Camping Perlenau Monschau
An der B 258, D-52156 Monschau
Sehr schöne Lage im Nationalpark am Fluss und am Eifelsteig, gemütliches Café, dank der netten Zeltwiese bei Motorradfahrern sehr beliebt.
www.monschau-perlenau.de
(50.542961, 6.236421)

Pause am Ufer der Maas.

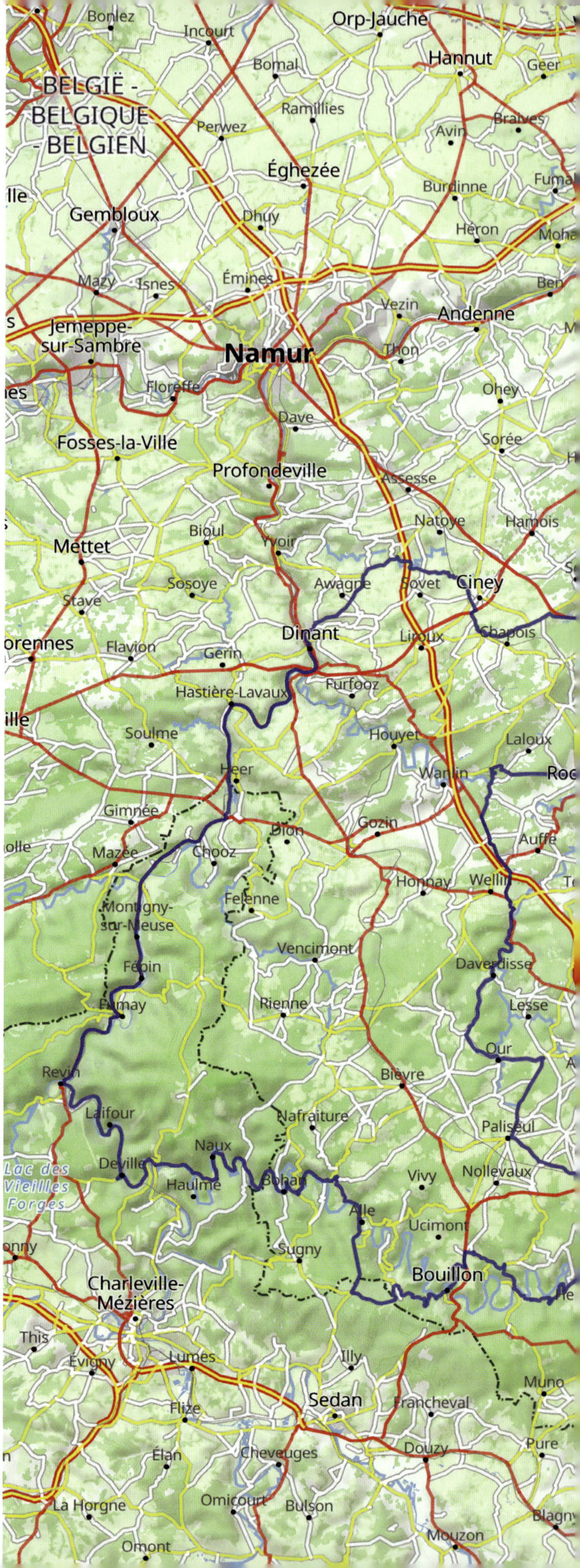

Liège
Ans
Herstal
Oupeye
Blegny
Aubel
Raeren
Ardennen
Welkenraedt
Eupen
Roetgen
Simmerath
Heimbach
Herve
Seraing
Angleur
Fléron
Saint-Georges-sur-Meuse
Fexhe-le-Haut-Clocher
Chaudfontaine
Verviers
Goé
Eicherscheid
Monschau
Amay
Pepinster
Jalhay
Esneux
Gomze
Theux
Tiège
Küchelscheid
Schleiden
Nandrin
Sprimont
Becco
Spa
Hockai
Tinlot
Anthisnes
Aywaille
Desnié
Mont
Oberreifferscheid
Modave
Pair
Harzé
Malmedy
Bütgenbach
Wolfert
Hamoir
Clavier
Ferrières
Stoumont
Stavelot
Schoppen
Honsfeld
Berk
Ozo
Pont
Méan
Durbuy
Fays
Heyd
Wanne
Amel
Holzheim
Hallschlag
Somal
Bra
Recht
Mont
Medell
Érezée
Manhay
Jevigné
Vielsalm
Sankt Vith
Auw
Hotton
Marche-en-Famenne
Rendeux
Ottré
Rogery
Lommersweiler
Bleialf
Gondenbrett
Samrée
Prüm
Cielle
Lomré
Burg-Reuland
Roy
Gênes
Habscheid
Gouvy
Dinez
Hives
Limerlé
Huldange
Schöneck
Filly
Houffalize
Lieler
Üttfeld
Lünebach
Nassogne
Troisvierges
Journal
Tenneville
Boeur
Boxhorn
Arzfeld
Waxweiler
Wigny
Vaux
Daleiden
Clervaux
Boevange
Sainte-Ode
Saint-Hubert
Hosingen
Neuerburg
Biersdorf am See
© Printmaps.net / OSM Contributors
Eschweiler
Bastogne
Houmont
Moircy
Wahlhausen
Bras
Doncols
Wiltz
Sinspelt
Rondu
Morhet
Hoscheid
Mettendorf
Nothum
Dahl
Vianden
Libramont-Chevigny
Harlange
Messerich
Nusbaum
Nives
Bourscheid
Wolsfeld
Lac de la Haute-Sûre
Respelt
Eschdorf
Diekirch
Reisdorf
Witry
Ebly
Ettelbruck
Irrel
Neufchâteau
Koetschette
Beaufort
Mertzig
Echternach
Martilly
Perlé
Hostert
Vichten
LËTZEBUERG
Léglise
Consdorf
Anlier
Heffingen
Suxy
Mellier
Redange
Attert
Mersch
Berbourg
Chiny
Habay-la-Vieille
Beckerich
Metzert
Tuntange
Lintgen
Junglinster
Biwer
Florenville
Prouvy
Tintigny
Arlon
Hobscheid
Bofferdange
Grevenmacher
Étalle
Steinfort
Olm
Bereldange
Niederanven
Lahage
E25
Margny
Meix-devant-Virton
Saint-Léger
Garnich
Luxembourg
Canach
Wincheringen
Messancy

Tour 2 England

Cod and Cliffs

Die Region South East England ist nur eine kurze Fährpassage vom europäischen Festland entfernt und überzeugt mit tollen Küstenstraßen, urigen Städten und spannenden Erlebnissen.

START- / ZIELORT
Dover / Brighton

TOURLÄNGE
ca. 166 km

ROADBOOK
Dover, Dover Castle, Folkestone, Hythe, Dymchurch, Littlestone, Dungeness, Lydd, Camber, Hastings, Bexhill, Pevensey, Eastbourne, Beachy Head, Birling Gap, Seaford, Brighton

Gerade mal 90 Minuten ist die Fähre unterwegs, die uns vom französischen Calais über den Ärmelkanal brachte und uns nun im Hafen von Dover ausspuckt. Trotz des ungewohnten Linksverkehrs, an den wir uns aber eigentlich schnell gewöhnen, ist die Orientierung recht einfach. Dovers Zentrum und der Weg hinauf zum mächtigen Dover Castle, eine der größten Burgen in England, ist schnell gefunden. Es lohnt sich, mehr als einen Blick in die Festung zu werfen. Neben der Burg sind vor allem die gewaltigen unterirdischen Anlagen eine echte Touristenattraktion.

Auch der Weg aus der Stadt ist gut beschildert, es geht in Richtung Westen, nach Folkestone. Dafür wählen wir statt des Motorways die sehr viel schönere B 2011. Aussichtsreich führt sie durch Wiesen und Weiden hindurch, regelmäßig fällt unser Blick weit hinaus auf den Ärmelkanal.

Folkestone: eine gute Wahl

Folkestone empfängt uns mit einem riesigen Kreisverkehr. Linker Hand führt die Strecke sowohl ins Town Centre, als auch nach Hastings – unsere Wahl. Wer Zeit hat, kann in Folkestone durchaus einen unterhaltsamen Tag verbringen. The Leas, die hohen Klippen, der Hafen und das interessante Zentrum lassen sich prima zu Fuß erkunden.

Wir folgen der A 259, die führt direkt am Wasser entlang weiter nach Hythe und seinen scheinbar unendlich langen Kiesstränden, die sich bis hinter Dymchurch fortsetzen. Wohl dem, der hier bei schönem Wetter eine Badehose im Gepäck hat. In New Romney verlassen wir die Hauptstraße. Die herrliche Küstenstraße über Littlestone nach Dungeness durch das Dungeness National Nature Reserve ist einfach ein Muss. Kilometerlange einsame Strandabschnitte gleich neben dem Asphalt laden zum Picknick und zum Bad und am Ende dieses Streckenabschnittes ragt der urige alte Leuchtturm von Dungeness in den Himmel.

Die Landspitze Beachy Head hat nicht nur schroffe Klippen, sondern auch beschauliche Panoramen zu bieten.

HIGHLIGHT

BRIGHTON BURN UP

Alljährlich im September wird der Madeira Drive in Brighton zum Spektakel. Am Ace Cafe in der North Circular Road in London trudeln dazu Tausende Motorradfahrer ein; gemeinsam geht es dann beim „Ride with the Rockers" im Tross nach Brighton. Hier trifft sich letztlich ein buntes Gemisch aus Roller- , Cafe Racer-, Sportler- oder Chopperfahrern, Hauptsache zwei Räder. Bier, Fish ‚n' Chips-, Live-Musik, Stände, urige Typen, abstruse Motorräder – das Ganze ist ein einziger riesiger unglaublicher Zirkus. Das Treffen zählte bereits weit über 80000 Motorradfahrer. Alle Infos dazu gibt es auf der Internetseite des Londoner Ace Cafes unter www.acecafelondon.de.

Über Lydd, das wieder etwas im Landesinneren liegt, steuern wir erneut die Küste an, treffen bei Camber nochmals auf lange Strände bevor wir in das quirlige Hastings hinein rollen. Nicht nur die gut fünf Kilometer lange Strandpromenade, auch Hastings Castle, das moderne Pier, die interessanten Fischereianlagen und die Schrägaufzüge der Stadt machen Hastings zu einem echten Publikumsmagneten.

Hastings: City und Strand

Unser Tipp: Unbedingt die köstlichen Fish ‚n' Chips im Mermaid Fish & Chips Restaurant in der zentralen Rock-a-Nore-Road probieren. Der Cod, das ist der Kabeljau, schmeckt einfach perfekt. Auch in Hastings lässt sich locker ein ganzer Tag verbringen – Strandvergnügen inklusive.

Zurück auf der A 259 halten wir auf Bexhill zu, um dort wieder auf die kleine Küstenstraße B 2182 zu wechseln. Die kurvt wieder sehr schön am Wasser entlang und führt schließlich erneut bei Pevensey auf die A 259. Hier findet sich auch gleich Pevensey Castle. Ein Besuch der geschichtsträchtigen Ruine lohnt sich allein schon wegen des direkt daneben liegenden Priory Court Hotels. Hier gibt es köstliche Kuchen und Mahlzeiten, nette Zimmer und ein phänomenales englisches Frühstück.

Gleich südlich von Pevensey liegt Eastbourne. Das Seebad nennt sich gerne selbst „The Sunshine Coast". Kein Wunder, zählt Eastbourne doch zu den Orten Englands mit den

Der Wegweiser bei Girling Gap erleichtert die Orientierung (oben). Beschaulich geht es am Pier in Eastbourne zu (unten).

meisten Sonnenstunden im Jahr. Eastbourne ist ein beliebter Urlaubsort, es gibt viele Veranstaltungen, ein interessantes Pier und der rund acht Kilometer lange Strand lädt zum Baden. Legendär ist die jedes Jahr im August stattfindende mehrtägige Flugshow „Airbourne".

Gewaltige Klippen

Fast übergangslos beginnen im Süden der Stadt die grandiosen weißen Klippen des Beachy Heads. 162 Meter ragen die Kalkklippen über das Meer, die höchsten der britischen Insel. Zu ihren Füßen steht der 43 Meter hohe, rotweiße Leuchtturm mitten im Wasser, eines der wohl meistfotografierten Motive Englands. Genau hier spielt übrigens die legendäre Schlussszene des grandiosen britischen Films Quadrophenia. Jimmy Cooper, frustriert vom Leben, seiner Angebeteten Steph und seinem großen Idol Ace rast mit seinem Roller über die Klippen in den Tod. Tragisch, entbehrt aber nicht einer gewissen Realität. Hier stürzen sich des Öfteren enttäuschte Menschen in die Tiefe.

Gleich westlich des Beachy Heads lohnt sich noch ein kurzer Stopp am Birling Gap. In einer knackigen 180-Grad-Kurve direkt am Wasser ragt eine kleine Aussichtsplattform hinaus über den Strand und das Meer. Im Besucherzentrum gleich daneben gibt es leckere Speisen und jede Menge Infos.

Über Seaford bringt uns die A 259 schließlich auf der letzten Etappe dieser Tour nach Brighton. Das gut besuchte und beliebte Seebad ist einer der bekanntesten Urlaubsorte Englands, entsprechend viel los ist hier, vor allem im Sommer. Für Motorradfahrer ist der jährliche „Brighton Burn Up" im September das Highlight, am Madeira Drive startet dann das größte Motorradtreffen Europas. Für uns ist hier und jetzt das Ende dieser Route erreicht. Wer weiter unterwegs sein möchte, hat es nicht weit. Im Hinterland beginnen hier die South Downs, eine tolle Landschaft, in der es noch viel zu entdecken gibt. ◄

Entspannende Pausenmomente am Aussichtspunkt von Birling Gap (oben) und in Seaford (unten).

TOUR 2 | England

ENGLAND

LÄNGE | 166 km

ÜBERNACHTUNG
White Horse Hotel
High Street, Rottingdean, GB-Brighton BN2 7HR
Uriges Gasthaus aus den 1930er Jahren fast direkt am Strand, traditionelle Zimmer, z. T. Mit Meerblick, Pub mit Restaurant und Terrasse, nettes Team
www.greeneking-pubs.co.uk
(50.803036, -0.057136)

Die geschichtsträchtige Ruine Castle Pevensy.

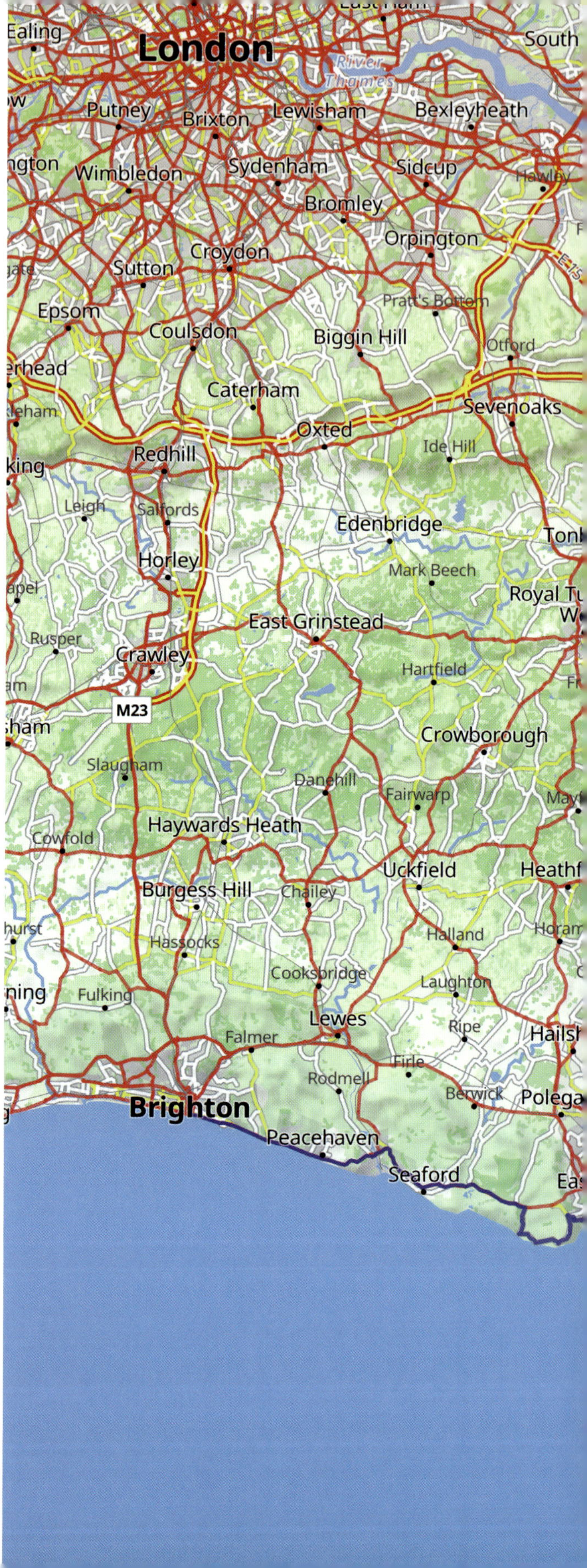

Shoeburyness
Canvey Island
Mucking
Grays
Cliffe
Allhallows
Gravesend
Kingsnorth
Higham
Minster
Isle of Sheppey
Chatham
Margate
Herne Bay
Halling
Seasalter
Hoath
Sarre
Minster
Sittingbourne
Snodland
Bredgar
Lynsted
Faversham
Blean
Sturry
West Malling
Boxley
Newnham
Maidstone
Selling
Canterbury
Wingham
Sandwich
Leeds
Eastry
Loose
Molash
Hadlow
Yalding
Sandway
Aylesham
Petham
Charing
Eythorne
Wye
Denton
Pluckley
Staplehurst
Elham
Whitfield
Smarden
Ashford
Horsmonden
Dover
Kingsnorth
Smeeth
Biddenden
Postling
Hawkinge
Cranbrook
Aldington
Kilndown
Folkestone
Hythe
Tenterden
Benenden
Ruckinge
Burmarsh
Stonegate
Sponden
Snargate
Robertsbridge
Northiam
New Romney
Mountfield
Rye
Lydd
Dallington
Brede
Winchelsea
Battle
Dungeness
Westfield
Pett
Ninfield
Hooe
St Leonards

Tour 3 Wales

Tief im Westen

In Snowdonia ist Wales am ursprünglichsten. Raue Landschaften, schroffe Berge, glasklare Seen – dazwischen versprechen urige Bergstrecken viel Abwechslung und jede Menge Fahrspaß.

Stellvertretend für die vielen Tausend Kilometer fantastischer Straßen in Wales stellen wir hier eine abwechslungsreiche Runde rund um Snowdonia vor. Snowdonia, das ist der Nationalpark rund um den höchsten Berg von Wales: den Snowdon. Hier trainierte Sir Edmund Hillary seine Besteigung des Mount Everest. Aber auch wer nicht so h och hinaus will, findet in der dramatischen Berglandschaft beeindruckende Panoramen und eine unvergleichliche Natur, durch die nicht weniger faszinierende Straßen führen.

Über den Horseshoe-Pass

Kaum haben wir den schönen Marktflecken Llangollen in nördlicher Richtung verlassen, schwingt sich die A 542 in die Höhe. Mit dem River Dee im Rückspiegel geht es bergan durch die grüne, bergige Landschaft. Je höher es geht, umso karger wird die Landschaft. Bald fällt der Blick weit auf die umliegenden Berge und schon passieren wir den legendären Horseshoe-Pass.

Wenige Meter weiter liegt der Horseshoe-Pass-Viewpoint und keine Minute später rollen wir am Ponderosa Café aus. Das Café mit B&B ist ein beliebter Motorradtreff: Hier kommt man fast immer schnell ins Gespräch, die Bedienung ist extrem freundlich, das Essen richtig lecker – ein Platz zum Wohlfühlen.

Nach Norden geht die schöne Landstraße bald in die A 525 über und führt immer weiter in Richtung der walisischen Küste. Bei Llanelwy wechseln wir für ein kurzes Stück auf die Schnellstraße, um bei Llandudno in Richtung Great Ormes Head abzubiegen. Der Ort ist ideal für einen Urlaub im nördlichen Wales, unsere Empfehlung für einen längeren Aufenthalt.

Das Kap am Great Ormes Head ist nur eines der vielen Ziele, die sich hier entdecken lassen. Rund um das Kap führt eine aussichtsreiche Küstenstraße, die man keinesfalls verpassen darf. Irgendwo auf der Runde

START- / ZIELORT
Llangollen / Aberystwyth

TOURLÄNGE
ca. 289 km

ROADBOOK
Llangollen, Horseshoe Pass, Llanelwy, Llandudno, Great Ormes Head, Conwy, Bangor, Caernarfon, Pass of Llanberis, Pass of Aberglaslyn, Harlech, Barmouth, Dolgellau, Barmouth Bay, River Dovey, Machynlleth, Aberystwyth

Pause Harlech Castle und Fahrt auf der Küstenstraße am Great Ormes Head.

HIGHLIGHT

VALE OF RHEIDOL RAILWAY

Viel Spaß macht eine Fahrt mit der Vale of Rheidol Railway, einer schmalspurigen Museums-Dampfeisenbahn, die zwischen Aberystwyth und Devil's Bridge pendelt. Die Strecke beträgt rund 20 Kilometer und es geht rund eine Stunde pro Richtung im Schneckentempo durch eine urige Landschaft. Ursprünglich diente die Strecke dem Transport von Holz und Erz. Die Bahn feierte im Jahr 2002 ihr 100-jähriges Jubiläum und sie ist, von einer kurzen Zeit im Krieg abgesehen, seit ihrem Bau unterbrechungsfrei im Betrieb. Die Vale of Rheidol Railway fährt von Ostern bis Ende Oktober, über einen Audioguide gibt es zwischendurch allerlei Interessantes zu hören.

www.rheidolrailway.co.uk

gibt es ein kleines Café mit einem großen Schild. „Rest & be thankful" steht darauf – das trifft es genau!

Per Brücke auf die Insel

Über das reizvolle Conwy – hier gibt es das mächtige Conwy Castle und mit drei mal zwei Metern Größe das kleinste Haus Großbritanniens – folgen wir der Küste und erreichen bald Bangor. Die quirlige Stadt liegt an der Menai Strait, der Meerenge zwischen dem walisischen Festland und der Isle of Anglesey. Auf die Insel führt eine alte Kettenbrücke weiter nach Holyhead, wo die Fähren nach Irland ablegen. Wir folgen aber weiter der Küstenlinie und bei Caernarfon drehen wir ab in Richtung Inland.

Die A4086 steuert genau auf den mächtigen, 1085 Meter hohen Snowdon zu. Pass of Llanberis nennt sich die Strecke, die für uns zu einer der beeindruckendsten Straßen Wales gehört. Die schroffen Berge rechts und links des Asphalts steigen steil die Höhe, wir passieren die schönen Seen Llyn Padarn und Llyn Peris sowie einige Parkplätze und das Campsite am Llyn Gwynant. Die Gegend um den Snowdon ist auch ein beliebtes Outdoor-Revier für Wanderer und Mountain-Biker.

Wassermassen des River Dee bei Llangollen (oben) und Fahrspaß pur am Horseshoe-Pass (unten).

Mit dem Pass of Aberglaslyn lassen wir den Snowdon im Rückspiegel wieder kleiner werden, die A 496 führt uns wieder in Richtung Küste, diesmal an die Westküste von Wales. Wir folgen den Schildern nach Harlech. Der bildschöne Ort protzt nicht nur mit dem reizvollen Harlech Castle, sondern auch mit den Sandstränden an der Tremadog Bay. Wer als Motorradfahrer seinen Mut unter Beweis stellen möchte, fährt mitten in Harlech die Straße Ffordd Pen Llech hinunter. Die steht seit 2019 mit einem Gefälle von 37,45 Prozent als steilste Straße der Welt im Guinness-Buch der Rekorde. Aber Vorsicht: durch die schattige Lage ist sie bei Nässe bisweilen rutschig – wir haben gewarnt.

Entlang der Küste führt die A 496 weiter gen Süden nach Barmouth. Wir folgen dort dem fjordartigen Einschnitt und erreichen bald Dolgellau. Ein Spaziergang durch den sehr schönen Ort lohnt sich, enge Gassen führen entlang der Steinhäuser. Es gibt einige reizvolle Plätze und nette Läden und Bars und Restaurants.

Am Meer entlang

Die Barmouth Bay erreichen wir bald über die A 493, die Strecke führt aussichtsreich direkt am Meer entlang, nur durch eine niedrige Steinmauer von der Steilküste getrennt. Buschwerk und Farn ragen zum Teil bis auf den Asphalt, es riecht nach salzigem Meerwasser.

Bäume so weit das Auge reicht an einem Aussichtspunkt bei Llanelwy.

Mit dem River Dovey treffen wir südlich auf den nächsten Fjord, an dessen Ende der Ort Machynlleth liegt. Von hier sind es schließlich nur noch wenige Kilometer bis nach Aberystwyth. Das idyllische Seebad liegt an zwei herrlichen Sandstränden und lohnt sich ebenfalls für einen längeren Aufenthalt. Hier endet auch unsere Tour rund um Snowdonia. ◂

TOUR 3 | Großbritanien

WALES

LÄNGE | 289 km

ÜBERNACHTUNG
Superb Cintra Apartments
Colwyn Road, Craigside, GB-Llandudno Conwy LL30 3AA
Zwei einladende und gepflegte Apartments in toller Lage direkt am Meer, sehr freundliche Vermieter, sehr gute Ausstattung.
https://superbcintraapartments.co.uk
(53.323412, -3.795625)

Für einen längeren Urlaub im nördlichen Wales ist Llandudno ideal.

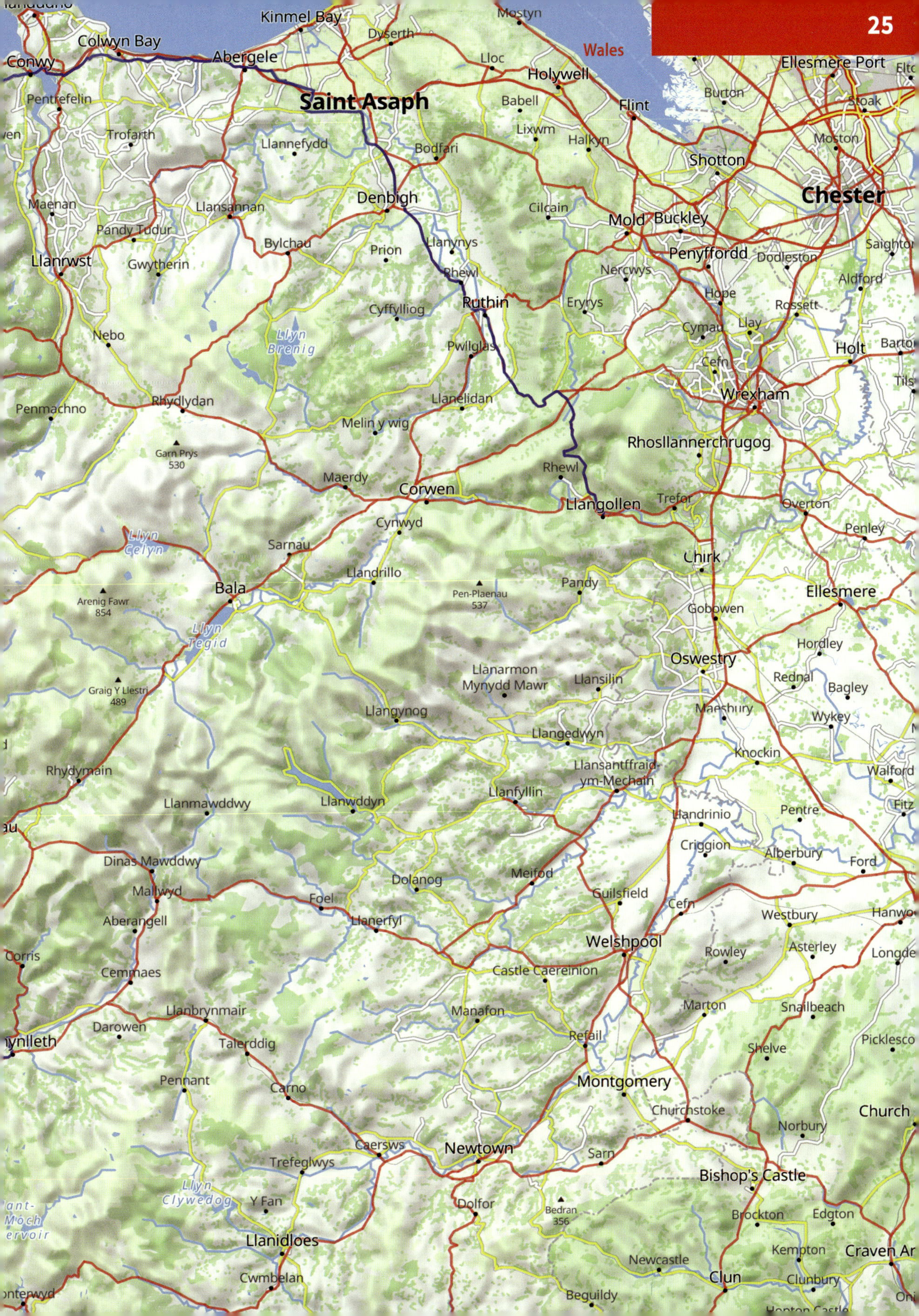
Wales
Kinmel Bay
Mostyn
Colwyn Bay
Dyserth
Conwy
Abergele
Lloc
Holywell
Ellesmere Port
Saint Asaph
Babell
Flint
Burton
Pentrefelin
Lixwm
Halkyn
Moston
Trofarth
Llannefydd
Bodfari
Shotton
Denbigh
Chester
Maenan
Llansannan
Cilcain
Mold
Buckley
Pandy Tudur
Bylchau
Prion
Llanynys
Penyffordd
Dodleston
Saighton
Llanrwst
Gwytherin
Rhewl
Nercwys
Aldford
Ruthin
Eryrys
Hope
Rossett
Cyffylliog
Llyn Brenig
Cymau
Llay
Nebo
Pwllglas
Holt
Cefn
Wrexham
Penmachno
Rhydlydan
Llanelidan
Melin y wig
Rhosllanerchrugog
Garn Prys
530
Rhewl
Maerdy
Corwen
Llangollen
Trefor
Overton
Cynwyd
Penley
Llyn Celyn
Sarnau
Chirk
Llandrillo
Bala
Arenig Fawr
854
Pen-Plaenau
537
Pandy
Ellesmere
Llyn Tegid
Gobowen
Hordley
Oswestry
Graig Y Llestri
489
Llanarmon
Mynydd Mawr
Llansilin
Rednal
Bagley
Llangynog
Maesbury
Wykey
Llangedwyn
Knockin
Rhydymain
Llansantffraid-ym-Mechain
Walford
Llanfyllin
Llanmawddwy
Llanwddyn
Llandrinio
Pentre
Criggion
Alberbury
Dinas Mawddwy
Ford
Meifod
Mallwyd
Dolanog
Guilsfield
Foel
Cefn
Aberangell
Llanerfyl
Westbury
Welshpool
Corris
Rowley
Asterley
Castle Caereinion
Cemmaes
Llanbrynmair
Marton
Snailbeach
Manafon
Darowen
Refail
Talerddig
Shelve
Pennant
Montgomery
Carno
Churchstoke
Church
Norbury
Caersws
Newtown
Sarn
Trefeglwys
Bishop's Castle
Llyn Clywedog
Y Fan
Dolfor
Bedran
356
Brockton
Edgton
Llanidloes
Kempton
Newcastle
Clun
Clunbury
Cwmbelan
Beguildy

Tour 4 Schottland

Hoch im Norden

Im Norden der schottischen Highlands, in der alten Grafschaft Sutherland, ist die Landschaft ursprünglich, schroff, idyllisch. Durch das dünn besiedelte Land führen fantastische Straßen.

BASISORT
Durness

TOURLÄNGE
ca. 300 km

ROADBOOK
Durness, Laxford bridge, Scourie, Unapool, Ardvreck Castle, Lochinver, Drumrunie, Ullapool, Drumrunie, Ledmore, Oykel Bridge, Lairg, Altnaharra, Tongue, Loch Eriboll, Durness

Durness liegt bildschön am weiten Sandstrand, nur wenige Kilometer vom Cape Wrath entfernt – der nordwestlichsten Ecke Schottlands. Von den Klippen rund um den Ort lassen sich Seehunde und Wale beobachten, Seevögel kreuzen durch die Windböen.

Durness ist der Ausgangspunkt dieser kurzweiligen Rundtour durch die historische Grafschaft Sutherland und wie so viele Strecken in den nördlichen Highlands ist auch die Straße von Durness in Richtung Scourie eine Single Track Road. Die schmale A 838 schlängelt sich am Ufer der Meeresbucht Kyle of Durness entlang. Nur wenige Meter trennen uns vom Wasser. Kleine sandige Abschnitte wechseln sich mit von Algen bedeckten Felsen und Steinen ab.

Einsamkeit pur

Rhiconich steht auf dem Schild bei der Abzweigung nach Kinlochbervie. Dabei soll es sich wohl um einen Ort handeln. Der besteht aber, wie so viele Örtchen hier oben im Norden, aus gerade einmal zwei bis drei Häusern – Einsamkeit pur. Weiter geht es auf der „North & West Highlands Tourist Route" gen Süden, zur Abwechslung auch mal wieder zweispurig, gut ausgebaut und griffig. Wir passieren Scourie und Unapool. In zackiger Schräglage geht es über die Kylesku Bridge, die in engen Bogen die schmale Meeresbucht überquert. Nur 1000 Meter weiter lockt das „Rock Stop Café and Exhibition Centre" von der Straße. Im kleinen und gemütlichen Café werden leckere hausgemachte Scones mit Konfitüre serviert.

Wenige Minuten später endet die A 894 direkt am Ufer des Lochs Assynt. Eigentlich müssten wir rechts abbiegen, wollen wir doch auf keinen Fall die spannende Runde durch das Inver Valley verpassen. Aber erst folgen wir links für wenige Meter dem Ufer des Assynts. Schon von hier ist unser Ziel zu sehen: die Ruine des Ardvreck

Von der Bucht Kyle of Durness geht es weiter zur Ruine Ardvreck Castle.

HIGHLIGHT

FISH ‚N' CHIPS

Legendär und lecker sind die berühmten britischen Fish ‚n' Chips, vor allem in Schottland. Die jährliche Auszeichnung für die besten Fish ‚n' Chips geht regelmäßig an schottische Lokale. Der frittierte Fisch ist ein Hochgenuss. Traditionell handelt es sich dabei meist um Kabeljau, den Cod. Zur Auswahl stehen oft auch Schellfisch, also Haddock, oder Seelachs, der Pollock. Bisweilen wird auch Scholle angeboten, die nennt sich dann Plaice. Die Chips aus regionalen Kartoffelsorten werden meist als Salt ‚n' Vinegar gereicht, mit Salz und Essig.

Castles. Um 1490 erbaut, hat es eine bewegte Geschichte hinter sich. Hier wurde gekämpft, belagert, gemordet. Der erste Marquess of Montrose, James Graham, suchte hier Schutz, wurde jedoch von den MacLeods, denen die Burg gehörte, verraten und später in Edinburgh hingerichtet. Einige Bewohner um das Loch Assynt schwören, dass James Graham in so mancher mondlosen Nacht in der Ruine umhergeht, auf der Suche nach den Verrätern.

Extrem schmale Straße

Lochinver liegt an der Mündung des Flusses Inver und hat trotz seiner Beschaulichkeit einiges zu bieten. Die zerklüftete Küste mit ihren teils skurrilen Felsformationen und der Leuchtturm sind beliebte Wanderziele, die Kirkaig-Wasserfälle und das Besucherzentrum Knockan Crag locken in der näheren Umgebung, im Ort und am Hafen laden die Pubs zur erholsamen Pause. Ab Lochinver geht es auf dem Asphalt ins Eingemachte. Entlang der Enard Bay und des Lochs Lurgainn windet sich die extrem schmale Straße in unvergleichlicher Weise durch die hügelige und felsige Landschaft. Einspurig geht es teilweise direkt am Wasser entlang – was für eine Strecke!

Bei Drumrunie erreichen wir wieder die A 835. Die folgenden, gut ausgebauten 15 Kilometer bis Ullapool sind eine gute Erholung von der wilden, hinter uns liegenden Achterbahn.

Das schottische Hochlandrind ließ sich nur allzu gerne ablichten(oben). Unterwegs auf der „North & West Highlands Tourist Route" bei Unapool.

Spaziergang am mehr als einladenden Strand bei Durness.

Tankstelle, Museum, Läden, Pubs, Restaurants und Hotels – Ullapool gilt als die größte Siedlung der nordwestlichen Highlands und, nicht ganz unwichtig, hier gibt es köstliche Fish & Chips.

Doppelte Brücke

Ullapool ist der südliche Wendepunkt unserer Rundtour. Wir machen kehrt nach Drumrunie, bleiben vorerst auf der A 835, um später bei Ledmore auf die A 837 in Richtung Lairg abzubiegen. Das Tal nennt sich Strath Oykel und Oykel Bridge besteht aus nicht viel mehr als einer einsamen roten Telefonzelle am Straßenrand und der besagten Brücke über den River Oykel. Die gibt es dafür gleich doppelt. Gleich neben der neueren Überquerung liegt noch die uralte Steinbogenbrücke.

Lairg, malerisch am Loch Shin gelegen, lockt neben zwei, drei kleinen Läden mit einem netten Restaurant. Im The Pier, gleich an der Hauptstraße gelegen, gibt es nicht nur köstliche Kuchen, sondern auch andere leckere Gerichte zu erschwinglichen Preisen. Lairg entlässt uns auf den folgenden 65 Kilometern auf eine der schönsten Strecken Schottlands – pures Highland-Feeling.

Die grandiose Single Track Road führt durch hügeliges Land. Berghänge in allen denkbaren Grüntönen begleiten uns rechts und links der Strecke, weiß schäumt der sprudelnde Bergbach River Vagastie neben der Straße. Vorbei an Loch Naver und Loch Loyal geht es gen Norden in Richtung Küste, wo wir über Tongue bald den Bogen um Loch Eriboll schlagen. Rund um den Meeresarm steuere ich schließlich die BMW wieder zurück nach Durness und mache damit die Sutherland-Runde komplett. ◀

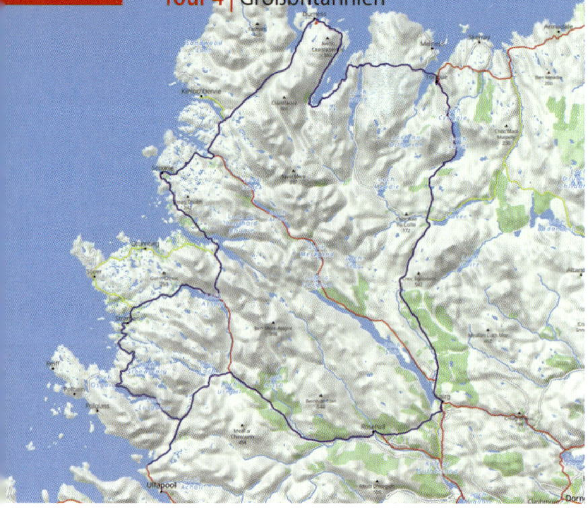

TOUR 4 | Großbritanien

SCHOTTLAND

LÄNGE | 300 km

ÜBERNACHTUNG
Camping Sango Sands Oasis
Sango Bay, GB-Durness, IV27 4PZ
Wunderschön direkt am Sandstrand gelegener Campingplatz mit toller, moderner Ausstattung, sehr schönen Plätzen und klasse Service. Hat uns außerordentlich gut gefallen.
www.sangosands.com
(58.568489, -4.743365)

Fahrt auf der Single Track Road entlang der Eddrachillis Bay.

Schottland
Durness
Meall
Meadhonach
423
Melness
Skerray
Bettyhill
Armadale
Tongue
Ben Meadie
200
Loch
Hope
Cranstackie
801
Loch
Craggie
Cnoc Maol
Malpelly
230
Ben Hope
927
Loch an
Dithreibh
Loch
Loyal
Meall Horn
777
Loch
Meadie
Loch
Naver
Beinn Direach
688
Loch
More
Loch
Badanloch
Loch
Merkland
Loch
Fiag
Meall an Fhuarain
473
Loch
Coire
Creag a'Choire
Ghlais
705
Loch a'
Ghriama
Maovally
511
Meallan Liath Mor
462
Loch
Shin
Beinn
Sgreamhaidh
435
Meall a' Chaise
370
Loch
Ailsh
Lairg
Beinn an Eòin
544
Creag Bhreac
166
Meall Odhar
371
Rosehall
Kyle of
Sutherland
Beinn Domhnaill
347

Tour 5 Ring of Kerry

Die Schatzkammer Irlands

Diese Runde um die Halbinsel Iveragh gehört zu den schönsten Küstenstraßen Europas. Natur, Panoramen und Fahrspaß ohne Ende machen den Ring of Kerry garantiert unvergesslich.

Es ist kein Geheimnis – der Ring of Kerry präsentiert Irland von seiner schönsten Seite. Für uns ist die Rundstrecke um die Halbinsel Iveragh im Südwesten Irlands die faszinierendste Küstenstraße Europas. Nirgendwo sonst liegen so geballt so viele Naturschönheiten beieinander. Seinen Beginn nimmt der Ring of Kerry in Killarny. Die Stadt zu Füßen der Macgillycuddy's Reeks, Irlands höchstem Gebirgszug, liegt direkt am Ufer des Lough Leane und am Rande des Killarney-Nationalparks. In die Stadt locken unzählige Unterkünfte, nette Läden, urige Pubs und natürlich die grandiose Umgebung.

Passhöhe Moll's Gap

In die starten wir gleich in Killarneys Süden, lassen die nette Stadt hinter uns und nehmen Kurs auf Muckross. Das ist vor allem bekannt durch Muckross House, ein bildschöner herrschaftlicher Sitz mit einer tollen Parkanlage, die sich durchaus zu besichtigen lohnt. Und kaum haben wir auch Muckross verlassen, führt die Strecke spektakulär oberhalb des Upper Lake am Aussichtspunkt „Ladies View" vorbei. Hier war Königin Victoria bei ihrem Besuch im Jahr 1861 verständlicherweise so begeistert vom herrlichen Panorama, dass der Blick über die Seen von Killarny nach ihr benannt wurde. Nur wenige Minuten weiter liegt mit der Passhöhe Moll's Gap gleich der nächste spektakuläre Höhepunkt auf der Strecke.

Vom 263 Meter hohen Pass geht es hinunter an die fjordähnliche Bucht Kenmare River. Hier zeigt sich auch, warum wir wärmstens empfehlen, die Ringstraße im Uhrzeigersinn zu befahren. So ist man beim Linksverkehr den tollen Aussichten hinaus aufs Meer noch ein Stückchen näher, außerdem dürfen Busse und schwere

BASISORT
Killarney

TOURLÄNGE
ca. 238 km

ROADBOOK
Killarney, Muckross, Pass Moll's Gap, Kenmare, Sneem, Castlecove, Lamb's Head, Caherdaniel, Coomakesta Pass, Portmagee, Valencia Island, Cahersiveen, Kells, Killorglin, Beaufort, Gap of Dunloe, Pass Moll's Gap, Muckross, Killarney

Die Küstenstraße an der Derrynane Bay bei Caherdaniel und der Fischerort Portmagee .

HIGHLIGHT

LEMONROCK MOTORCYCLE TOURS

Der fantastische Trip rund um die Halbinsel Iveragh ist gar nicht so aufwendig, wie er auf den ersten Blick erscheint. Nur wenige Kilometer außerhalb von Killarney liegt der internationale Flughafen Kerry Airport. Der wird zum Beispiel von Ryanair für kleines Geld direkt von Frankfurt/Hahn angeflogen. Via Bus geht es dann nach Kerry und dort wartet das freundliche Team von Lemonrock Motorcycle. Die Motorradverleiher haben nicht nur bestens gewartete Motorräder und komplettes Equipment zu realistischen Preisen im Programm, sie bieten auch gleich komplette Touren – geführt oder nicht geführt. Alle Infos dazu finden sich im Netz unter **www.lemonrockbiketours.com**.

Lastwagen den Ring nur gegen den Uhrzeigersinn befahren. Das bedeutet im Umkehrschluss, dass man als Motorradfahrer nicht hinter den dicken Kisten her krebsen muss.

Schöne Nebenstrecke

Entlang der herrlichen Küste haben wir bald Sneem erreicht. Das farbenfrohe Städtchen besticht vor allem durch seine knallbunt gestrichenen Häuser und die netten Pubs. Über Castlecove und Westcove erreichen wir schnell den Küstenort Caherdaniel. Ein Abstecher von hier hinaus zum Kap Lamb's Head über die schmale und schöne Nebenstrecke entlang der Küste ist ein Muss. Zurück auf dem Ring überqueren wir bald den aussichtsreichen Coomakesta-Pass und trudeln in Waterville an der Ballinskelligs Bay ein. Eine Statue erinnert hier an Charlie Chaplin, der einst viel Zeit in dem netten Küstenort verbrachte.

Gut sechs Kilometer nördlich biegen wir ab von der eigentlichen Ringstraße, orientieren uns an den Schildern nach Portmagee. Bei dem

Fahrt auf dem Moll's Gap (oben) und typisch bunte Häuser in Sneem (unten).

Unterwegs auf dem Gap of Dunloe.

Fischerort führt nicht nur eine Brücke hinüber auf die Insel Valencia Island, hier legen auch die Boote hinüber auf die Insel Skellig ab. Das urige Eiland ist spätestens seit Star Wars weltbekannt – hier traf am Ende von „Das Erwachen der Macht" Rey auf Luke Skywalker in der gigantischen Kulisse der Skellig Michael. Aber Achtung, die Überfahrt ist nur für raue Naturen geeignet. Die 90-minütige Passage auf den kleinen Booten durch die Irische See kann ziemlich heftig werden und selbst bei ruhiger See ist das Aus- und Einsteigen an der steilen Klippe der Insel nicht ganz einfach.

Fantastisches Gap

Mit der Valencia Island Ferry am östlichen Ende der kleinen Insel erreichen wir bald wieder die Ringstraße und rollen bald in Cahersiveen aus. Auch dieser nette Ort begeistert. Hier kann man sich in den unzähligen Restaurants und Cafés stärken. Entlang der Dingle Bay halten wir uns weiter gen Osten, passieren Kells und Killorglin und steuern wieder in Richtung Killarny. Zwar könnte man nun dort die Runde beenden, damit hätte man aber das fantastische Gap of Dunloe verpasst.

Die bildschöne Strecke durch das urige Tal darf man keinesfalls verpassen. Sie beginnt bei Beaufort und führt eng und kurvenreich in Richtung des Upper Lakes, den wir schon vom Beginn dieser Runde kennen. Hier rollen wir durch die faszinierende Landschaft, die wir bereits vom Aussichtspunkt Ladies View genießen konnten. Vom Upper Lake geht es dann kurvenreich hinauf zum Pass Moll's Gap, wo wir wieder auf die ursprüngliche Ringstraße stoßen. Zurück nach Killarney quer durch den Killarny National Park ist es dann nur noch ein Katzensprung. ◄

TOUR 5 | Irland

RING OF KERRY

LÄNGE | 238 km

ÜBERNACHTUNG
Killarny Plaza Hotel
Kenmare Place, 3F5R+2H Killarney
Gehobenes Haus in zentraler Lage, freundliche Bar und Café, sehr gutes Essen, Spa, viele Angebote, gut ausgestattete Zimmer.
www.killarneyplaza.com
(52.057772, -9.508455)

Die Bucht Kenmare River erinnert an einen Fjord.

Ring of Kerry
Cummeen
531
482
Moanlaur
620
Brickany
428
Castlemaine
Farranfore
Milltown
Clash Island
Killorglin
Kilcummin
Glenbeigh
Lough Caragh
Killarney
Lamb Island
Innisfallen
Osprey Rock
Coolroe
468
Knockbrack
478
Muckross Lake
Shehy Mountain
762
Lough Guitane
Lough Acoose
Glencar
Caher
1001
Cnoc na Péiste
988
Macklaun
660
Arbutus Island
Coomacarrea
825
Mothaillin
506
Dromderalough NE Top
707
Stumpa Duloigh SW Top
663
Knocknacusha
600
Cappanlivan
459
Cnoc na gCapall
692
Peakeen Mountain
608
Beann
805
Kilgarvan
Derriana Lough
Knocknagantee
729
Kenmare
Templenoe
Knockbrack
493
Knocknagullion
466
Knockeirka
479
Sneem
Knocknamanagh
690
Rossmore Island
An Bheann Mhór
361
Cloonee Lough Middle
Lough Inchiquin
Rossdohan Island
Knockboy
759
Coomnadiha
697
Turners Rock
473
Lauragh
Derroograne
521
Glengarriff
Garinish
Ardgroom
Knockowen
711
Ballylickey
Deelis
459
Glenbeg Lough
Sugarloaf Mountain
627
Eyeries
Adrigole
Whiddy Island
Maulin
674
Hungry Hill
685
Bantry
Castletownbere
Knockoura
543
Allihies
Ballynakilla
Rerrin
Bere Island
Durrus

Tour 6 Der Südwesten

Im Fjordland

Die Inselwelt im Südwesten gilt nicht umsonst als eine der schönsten Landschaften Norwegens. Es geht über faszinierende Küstenstraßen und durch herrliche unberührte Natur.

START- / ZIELORT
Stavanger / Bergen

TOURLÄNGE
ca. 385 km

ROADBOOK
Stavanger, Randaberg, Mosteroy, Rennesøy, Fähre ab Mortavika, Haugesund, Avaldsnes, Koparvik, Skudeneshavn, Koparvik, Haugesund, Leirvik, Jektevik Fähre, Hodnanes, Lunde, Hatlestrand, Eikelandsosen, Tysse, Indre Arna, Bergen

Stavanger einfach nur als Startpunkt zu dieser abwechslungsreichen Strecke entlang der norwegischen Südwestküste zu nutzen, wäre pure Blasphemie. Die viertgrößte Stadt Norwegens hat viel zu bieten. Hier und im Umfeld lässt sich schon der eine oder andere Tag verbringen.

Da wäre der bunte und quirlige Hafen, die bildschöne Altstadt Gamle Stavanger, der mächtige Dom und das Freilichtmuseum der Stadt, aber natürlich auch der etwas außerhalb liegende und beeindruckende Preikestolen. Das riesige Felsplateau erhebt sich hoch über den rund 40 Kilometer langen Lysefjord. Nur die Mutigsten schauen direkt von der 604 Meter hohen senkrechten Felskante hinunter auf den Fjord – aber es ist ein Blick, der sich lohnt.

Im Unterwassertunnel

Uns entlässt Stavanger am frühen Morgen auf der E 39 in Richtung Norden. Und kaum haben wir die Stadtgrenze hinter uns und den ersten Blick auf den dunkelblauen Byfjord geworfen, da geht es auch schon unter die Erde beziehungsweise unter den Fjord – geradewegs hinein in den Byfjordtunnel. Mit seinen 223 Metern Tiefe und einer Länge von knapp sechs Kilometern zählt er zu den längsten und tiefsten Unterwassertunneln. Nur wenige Minuten später tauchen wir in den nächsten Tunnel ab. Der Mastrafjordtunnel ist mit seinen 4424 Metern ein gutes Stück kürzer und spuckt uns auf der Insel Rennesøy aus. An deren westlichem Ende wartet in Mortavika die Fähre auf uns. Geruhsam geht es über den Boknafjord, gerade richtig für eine Tasse Kaffee im kühlen Fahrtwind des Schiffes.

In Arsvågen rollen wir von Bord. Mit schönem Dauerblick auf die weiten Fjorde rechts und links kreuzen wir über diverse Inselchen und Brücken und nehmen entlang des Førlandsfjords Kurs auf Haugesund. Die alte Handelsstadt am Meer ist immer für

Unterhalb der Gipfel vom Vardefjell und Blick auf das Vestkapp auf der 618 zwischen Maloy und Selje.

HIGHLIGHT

HARDANGERFJORD

Abgesehen von der interessanten Stadt Bergen ist sicher die Strecke zwischen Bergen und Leirvik eine Empfehlung. Man fährt dabei über herrliche Küstenstraßen unter anderem entlang des beeindruckenden Südendes des Hardangerfjords und durch menschenleere Landschaften.
(60.220830, 5.97928)

einen Besuch gut. Von hier ließe sich auch weiter gen Norden düsen, wir drehen aber vorerst in südlicher Richtung. Alleine die urige, 690 Meter lange Karmsundbrücke, eine Bogenbrücke, die seit 1955 über den Karmsund führt, ist diesen Abstecher schon wert.

Uns reizt aber auch die fantastische Küstenstraße rund um die Halbinsel Karmøya und natürlich Skudeneshavn. Das sympathische Städtchen hat eine große Bedeutung als Segelhafen, lockt mit einer schönen Altstadt, netten Gassen und seinen historischen Hafenanlagen. Perfekt, um sich in den einladenden Cafés ein paar leckere Waffeln zu gönnen.

Süd-Nord-Verbindung

Bei Kopervik schließen wir die kleine Inselrunde ab, passieren später wieder Haugesund und treffen bei Haukas wieder auf unsere alte Bekannte: die E 39. Entspannt cruisen wir auf der wichtigen Süd-Nord-Verbindung gen Norden. Wald und riesige Wasserflächen wechseln sich mit kleinen Orten ab. Plötzlich und unspektakulär verschwindet die E 39 wieder im Erdreich – es geht hinab in den Bømlafjordtunnel. Der im Jahr 2000 eröffnete Tunnel ist Rekordhalter, kein anderer Unterwassertunnel in Norwegen ist länger als dieser: 7 888 Meter.

Auf der großen Insel Stord tauchen wir wieder auf aus der Unterwelt und rollen bald an Leirvik vorbei. Das muntere Hafenstädtchen lohnt nicht unbedingt für eine längere Besichtigung, als Zwischenstopp lockt es aber durchaus mit einigen interessanten Läden, Cafés und Zimmerangeboten.

Rund zehn Kilometer nördlich von Leirvik, liegt in einer kleinen Bucht direkt an der E 39 der Fährhafen von Jektevik. Vorsicht, schnell hat man ihn übersehen. Von hier ist es nur eine ganz kurze Überfahrt hinüber nach Hodnanes auf der Insel Tysnesøya. Grüne Nadelbäume, grauer Fels und blühende Heidebüschel begleiten uns entlang deren Westküste. Für skandi-

Die Skyline von Stavanger im Sonnenuntergang.

navische Verhältnisse relativ kurvenreich windet sich der Asphalt zwischen dem Meer und den bewaldeten Berghängen hindurch. Immer wieder wird der Blick freigegeben auf die linker Hand glänzende Wasserfläche. Hier macht das Fahren einfach Laune.

Bildschöne Küstenstraßen

Immer weiter kurven wir in nördlicher Richtung, verlassen Tysnesøya bald wieder, kreuzen über andere Inseln, passieren Brücken, folgen bildschönen Küstenstraßen und erreichen schließlich Hordaland. Hordaland ist nicht nur die Region rund um Bergen, der zweitgrößten Stadt des Landes, es ist auch die Region rund um den riesigen Hardangerfjord, der mit 190 Kilometern Länge und 893 Metern Tiefe der zweitlängste und zweittiefste Fjord Norwegens ist.

Mit der 285 000-Einwohner-Stadt Bergen haben wir dann auch schließlich das Ende dieser abwechslungsreichen Küstenroute erreicht. Bergen gilt als einer der geschäftigsten Seehäfen Europas, hat eine interessante Altstadt, ein kurzweiliges Hafenviertel, jede Menge interessanter Museen und nicht zuletzt spannende Läden und Galerien sowie eine einladende Gastronomie. Der perfekte Ort eben zum Ausklang einer schönen Tour. ◄

Von Rennesoy aus geht es per Fähre über den Boknafjord (oben). Spektakuläre Ausblicke gibt es auf der 613 zwischen Nordfjordeid und Stryn (unten).

TOUR 6 | Norwegen

DER SÜDWESTEN

LÄNGE | 385 km

ÜBERNACHTUNG
Thon Hotel Bergen Brygge
Bradbenke 3, NO-5003 Bergen
Von außen nicht schön, aber in zentraler und halbwegs ruhiger Lage ganz nah an Bryggen und der Festung Bergenhus.
www.thonhotels.no
(60.39941, 5.32075)

Schiffsparade in der Nähe von Stavanger.

Stanghelle
Vaksdal
Kvitingsvatnet
Volafjellet
920
Haga
Strandebarm
Skjelbreidvatnet
Skogseidvatnet
Henangervatnet
Varaldsøy
Hatlesteinsvatnet
Hatlestrand
Håvikvatnet
Husa
Ølve
Rosendal
Snilstveitøy
Herøysundet
Englafjell
1200
Husnes
Opsangervatnet
Valen
Sandvoll
Sæbøvik
Gravdal
Utåker
Halsnøy
Skånevik

Der Südwesten
Rubbestadneset
Rommetveit
Bømlo
Foldrøyhamn
Litlabø
Leirvik
Storavatnet
Gravdal
Utåker
Halsnøy
Fjelbergøya
Borgundøya
Kulleseid
Mosterhamn
Valevåg
Valestrand
Utbjoa
Langevåg
Førde
Vikebygd
Ølensvåg
Ølen
Nordskog
Sveio
Erve
Våga
Sandeid
Fjon
Vikedal
Stakkestadvatnet
Stakkestad
Førre
Grinde
Skjoldastraumen
Haugesund
Storasund
Aksdalvatnet
Storavatnet
Avaldsnes
Røyksund
Tysvær
Hervik
Hindaråvåg
Kvalavåg
Håvik
Storevatnet
Topnes
Vedavågen
Fosen
Sandvikfjellet
185
Åkrehamn
Karmøy
Austre Bokn
Ferkingstad
Vestre Bokn
Loten
Sandve
Skudeneshavn
Judaberg
Rennesøy
Talgje
Mosterøy
Ystabøhavn
Austre Åmøy
Randaberg
Hundvåg
Endrestø
Stavanger
Vier
Lauvås

Tour 7 Region Sognefjord

Wasser und Gebirge

Hier geht es ins Eingemachte. In der Region von Norwegens längsten und tiefsten Fjords begeistert die Landschaft mit Hochgebirgscharakter und fantastischen Motorradstrecken.

START- / ZIELORT
Bergen / Lom

TOURLÄNGE
ca. 420 km

ROADBOOK
Bergen, Indre Arna, Norheimsund, Granvin, Voss, Vinje, Gudvangen, Flåm, Aurland, Sogndalsfjøra, Gaupne, Fortun, Krossbu, Lom

Bergen, von den Norwegern auch liebevoll als „Hauptstadt der Fjorde" oder „Herz der Fjorde" bezeichnet, überzeugt mit seinem idyllischen Stadtbild, seinem historischen Hafen, der UNESCO-Welterbestätte ist, und nicht zuletzt mit seinem unvergleichlichen Flair. Wer einmal über den lebhaften Fischmarkt gebummelt ist, der seit dem Jahr 1276 stattfindet und sich nicht nur auf leckere Meeresfrüchte beschränkt, wird sich stets gerne an diese tolle Stadt erinnern.

Schon fast ein wenig wehmütig verlassen wir deshalb die zweitgrößte Stadt Norwegens und nehmen Kurs in Richtung Osten. Einige wenige Kilometer überschneidet sich die Route mit der Tour 1, über die wir Bergen erreichten, aber schon bei Haga biegen wir ab auf die Fv7 in Richtung Norheimsund.

Grandioser Wasserfall

In sanften Schwüngen folgt der Asphalt dem rauschenden Wildwasser gleich neben der Straße. Unzählige kleine Seen liegen ringsum in der Berglandschaft verteilt und je weiter es bergauf geht, umso kurvenreicher wird die Strecke. Kurz vor Steinsdalsfossen, dem grandiosen Wasserfall, überrascht die Streckenführung sogar mit ein paar waschechten Serpentinen. Die linker Hand grasenden Kühe im frisch gemähten Heu erinnern mehr ans Allgäu als an karge, norwegische Landschaften.

Dieser Eindruck ändert sich am Wasserfall aber wieder sehr schnell. Mächtige Wassermassen rauschen hier ins Tal und wer sich traut, kann auf einem schmalen Fußweg zwischen Wasserfall und Felswand hindurchgehen – ein spannendes Erlebnis. Übrigens: In dem Café gleich neben dem Naturspektakel gibt es köstliche Kuchen und einen schmackhaften Kaffee – gerade richtig für eine erholsame Rast.

Nur wenige Minuten später tauchen wir in das geschäftige Treiben von Norheimsund ein. Ein paar inte-

Unterwegs auf der 55 zwischen Lom und Fortun und Blick auf Bergen.

HIGHLIGHT

TOP OF NORWAY

Eigentlich ist die komplette Route ein einziges Highlight. Abwechslungsreich geht es durch das norwegische Fjordland und die fantastische Natur begeistert immer und überall. Besonders gut hat uns der nördliche Abschnitt gefallen, die Strecke zwischen Gaupne und Lom. Hier liegen Norwegens höchste Gebirge, keine andere Landschaft hat uns hier im Norden so beeindruckt wie die Gipfel rund um den 2469 Meter hohen Galdhøpiggen. (61.637090, 8.312185)

ressante Geschäfte, eine nette, kleine Hafenpromenade, Tanke, Imbiss, Hotels – in Norheimsund kann man sich gut versorgen, bevor es entlang des schönen Hardangerfjord weiter nach Osten geht. Hier bei Norheimsund ist die tiefste Stelle dieses rund 190 Kilometer langen Fjordes. Ziemlich genau 893 Meter geht es hinab in das tiefschwarze Wasser. Wir können es uns kaum vorstellen, gibt es doch hier im Fjord keine Stelle, die mehr als vier Kilometer vom Ufer entfernt ist.

Ab ins Freilichtmuseum

Der Blick von der Fv7 auf das glitzernde Meerwasser des Fjordes ist grandios. Im Hintergrund erheben sich mächtige, bewaldete Berghänge in die Höhe, darüber schwebt eine dichte Wolkenschicht. Über dem Fjord strahlt die Sonne durch den blauen Himmel. Wäre das Wasser aufgrund der Tiefe nicht so eiskalt, wir kämen glatt in Versuchung, einfach mal in das kühle Nass zu springen.

Langsam wendet sich die Strecke in Richtung Norden und kurz vor Granvin schwenkt sie vom Fjord ab. Noch ein paar Kurven, ein kurzes Stück durch die Berge, dann rollen wir nach Voss hinein. Das kleine Örtchen ist vor allem wegen seines Freilichtmuseums interessant. Schon 1917 gegründet besteht die Anlage aus nicht weniger als 18 Gebäuden und vielen Tausend historischen Ausstellungsstücken. Es ist schon spannend zwischen den alten Wohnhäusern, Ställen und der Schmiede hindurch zu schlendern. Das älteste der Gebäude stammt etwa aus den 1500er Jahren – einfach beeindruckend.

Zurück auf der Landstraße nehmen wir die E 16 unter die Reifen. Wir passieren Vinje und Brekke und kaum haben wir Gudvangen hinter uns gelassen, verschwindet die Straße unter der Erde. Wer mag, macht vor dem Tunnel noch fix einen Abstecher zum Kjelfossen-Wasserfall. In mehreren Etappen stürzt sich hier das Wasser in die Tiefe, die höchste Fallhöhe beträgt satte 198 Meter – ein beeindruckendes Naturschauspiel.

An den Gudvangentunnel schließt sich gleich der Flenjatunnel an und erst bei Flåm entsteigen wir wieder der Unterwelt. Flåm liegt am Ende des Aurlandfjords und bisweilen legen hier

Die Straße verläuft unterhalb des Galdhøpiggens, dem höchsten Berg Norwegens.

Idyllischer Fahrabschnitt zwischen Maloy und Selje (oben) und die Stabkirche von Lom (unten).

riesige Kreuzfahrtschiffe an. Ein ungewohntes Bild, so große Schiffe in einem so kleinen Meeresarm zu sehen.

Entspanntes Cruisen

Sie macht einfach riesigen Spaß, die weitere Strecke gen Norden von Flåm bis an den Lustrafjord. Im Wechsel mit Fähre, Tunnel, mal gut, mal weniger gut ausgebauter Straße geht es bis nach Gaupne, wo die Route schließlich auf den sehr schöne gelegenen Lustrafjord trifft. Idyllische Picknickplätze am Wasser locken zu einem Stopp und das eine oder andere Café direkt an der Route lädt zu selbst gebackenem Kuchen und anderen Spezialitäten.

Vom Lustrafjord ist es schließlich nur noch eine entspannte Cruising-Etappe über die gut ausgebaute und aussichtsreiche Landstraße bis nach Lom. Lom, das Ende dieser herrlichen Route, hat einiges zu bieten. Neben der berühmten Stabkirche gibt es hier ein Freilicht- und ein Gebirgsmuseum. Das spannendste Ziel ist aber ohne Zweifel der über 2000 Meter hohe Hausberg der Region: der Lomsegga mit einer Höhe von 1524 Metern. Wer es ganz spektakulär mag, wandert nahe des Ortes auch noch auf den 2469 Meter hohen Galdhøpiggen, den höchsten Berg Norwegens und sogar ganz Skandinaviens. ◄

TOUR 7 | Norwegen

REGION SOGNEFJORD

LÄNGE | 420 km

ÜBERNACHTUNG
Eikum Hotel
Buene 3, NO-6869 Hafslo
Gemütliches, privat geführtes kleines Hotel. Etwas altmodisch, aber sehr nett. Liegt abseits der 55 nördlich von Sogndal.
www.de.eikum.no
(61.315610, 7.203270)

Wolkenspiele auf der 55 in der Nähe von Lom.

Region Sognefjord
Lom
erland
Gaupne
Hafslo
Øvre Å
Sogndal
Årdalstangen
Skardstinden
2373
and
Hermansverk
Kaupanger
Lærdalsøyri
Vikøyri
Fresvik
Borg
Aurland
Gudvangen
Belle
Flåm
Vinje
Vossavangen
Ulvik
Granvin
Eidfjord
Ålvik
msund
Kinsarvik
Herand
Aga

Tour 8 Gotland

Tjelvars Insel

Traumhafte Strände, endlose Wälder, urige Felsformationen und einladende Dörfchen. Eine Motorradreise durch den Norden Gotlands ist pures Balsam für die Seele.

Ein Mann namens Tjelvar fand Gotland als Erster. Damals war Gotland aber verzaubert, so dass es bei Tage im Meere versank und nur nachts auftauchte. Aber dieser Mann brachte als erster Feuer ins Land und danach versank es nie mehr."

So hört sie sich an, die Entstehungsgeschichte der schwedischen Insel Gotland. Ein bildschönes Eiland voller Mystik und alter Geheimnisse. Empfangen werden wir mit einem fantastischen Blick von Bord der MS Gotland auf das Panorama von Visby. Steile rote Dächer, weiße, stufenförmige Giebel, dazwischen mächtige Mauern, Türme und Überreste einst wehrhafter Kirchen. Es ist kein Problem, in Gotlands Hauptstadt ein Bett für die Nacht zu finden. So können wir am nächsten Morgen ausgeruht starten.

Land für die Seele

Schnell liegt die Inselhauptstadt hinter uns und wir halten uns entlang der Küste auf der 149 gen Norden. Wie überall in den nordischen Ländern ist hier Vorsicht geboten. Wer zu schnell fährt, zahlt, und zwar richtig. Macht aber nichts, wir genießen die ruhige Fahrt durch die grüne, meist waldige Landschaft. Gotland ist Land für die Seele. Bei Lickershamn erwartet uns eine Jungfrau am Strand. Lang, schlank und schneeweiß ist sie, und ganze zwölf Meter groß. „Jungfrun" heißt der Raukfelsen, einer von vielen Kalksteinfelsen, die auf den schwedischen Inseln zu finden sind. Unterschiedliche Gesteinshärten und Erosion schufen nach der letzten Eiszeit teils skurrile Gebilde mit faszinierenden Formen.

Faszinierend sind auch die Kilometer entlang der Küste bei Harudden, der nördlichsten Spitze von Gotlands Hauptinsel. Vor Hallshuk fiskeläge, was auf Deutsch in etwa Halls Fischerdorf bedeutet, lagen einst die ertragreichsten Fanggründe rund um Gotland. Heute tummeln sich hier nur noch Tou-

BASISORT
Visby

TOURLÄNGE
ca. 282 km

ROADBOOK
Visby, Lickershamn, Harudden, Hallshuk fiskeläge, Västös, Kappelshamn, Gotland-Ring, Insel Fårö, Broa, Ort Fårö, Sláthällar, Leuchtturm Fårö Fyr, Valleviken, Åminne, Östergarn, Gammelgarn, Ardre, Visby

Typischer geht es für Schweden kaum. Fischerhäuschen bei Halls fiskeläge und die Kirche von Gammelgarn.

HIGHLIGHT

VISBY

Seit über 200 Jahren steht die geschichtsträchtige Hansestadt Visby an Gotlands Westküste bereits unter Denkmalschutz und gilt seit 1995 als Weltkulturerbe. Die fast vollständig erhaltene Stadtmauer ist über 3,5 Kilometer lang, hat nicht weniger als 27 Türme und beinhaltet die Ruine der einstigen Visborg. Dazwischen liegen zahlreiche mittelalterliche Gebäude, Kirchen und Ruinen. Auch die Region um den Hafen ist enorm abwechslungsreich. Mindestens einen ganzen Tag sollte man für Visby schon einplanen. Für die Pause bietet sich dann der kopfsteingepflasterte Hauptplatz Stora Torget an, er ist von einladenden Cafés und gemütlichen Restaurants umgeben.

www.visitsweden.de

risten und das auch nur in sehr geringer Anzahl. Vom ehemaligen Fischerdorf bis hinunter nach Västös lenke ich das Mopped direkt entlang des Wassers. Kies- und Sandstrände zwischen dichten Kiefernwäldern und tiefblauem Meer, menschenleer, aber traumhaft schön, laden zum Bad und herzhaften Picknick ein.

Beliebte Rennstrecke

Über das kleine Örtchen Kappelshamn erreichen wir bald den nur wenige Kilometer weiter gelegenen Gotland-Ring bei Lärbro. Eine beliebte Rennstrecke, die regelmäßig viele Besucher anzieht. In der Ring-Cafeteria gönnen wir uns einen heißen Kaffee und schauen den Sportfreaks bei ihren Runden zu.

Weiter geht es nach Norden. Unser Ziel ist die zu Gotland gehörende kleine Insel Fårö. Halbstündlich dümpelt die Fähre über den schmalen Fårösund. Broa – drei Häuser, ein Fähranleger. Kurz dahinter ein einladender

Ein Raukstein auf der vorgelagerten Insel Fårö (oben). Am Strand bei Gammelgarn dient ein ausgedientes Boot als Pausenplatz (unten).

Campingplatz mit viel Grün. Wir steuern Fårös gleichnamigem Hauptort an, drehen links ab und düsen in Richtung Släthällar. Dort, direkt an der Küste, führt die malerische und kurvenreiche Asphaltpiste direkt an der Raukområde entlang, der malerischen Galerie von Gotlands schönsten und spektakulärsten Rauksteinen. An der Grenze zwischen Wasser und Land wachsen abstruse, steinerne Gebilde empor. Hier müssen wir einfach vom Mopped runter, rauf auf die Felsen und zwischen den kantigen und karstigen Gebilden herumklettern.

Leuchtturm als Wegpunkt

Ganz oben im Nordosten streckt sich der Fårö Fyr in den Himmel. Vorbei an urigen, eng zusammen stehenden Fischerhütten aus schwarzem, geteerten Holz und halb zerfallenen Booten, erreichen wir Gotlands nördlichsten Leuchtturm. Hier machen wir kehrt, passieren die Bucht Ajkesvik und über den Fårösund verlassen wir das kleine Eiland wieder. Wir halten uns an Gotlands Ostküste gen Süden. Hohe, weiß leuchtende Kalkklippen wechseln sich an der Küste mit goldfarbenen Badestränden ab. Immer wieder führen Abstecher an einsame Plätze am Ufer.

Südlich der Landzunge bei Östergarn warnt ein Schild dann aber vor gefährlichen Kurven. Tatsächlich erleben wir auf den folgenden fast zehn Kilometern richtig spannende, für Gotland eher ungewöhnliche Kurvenkombinationen.

Wir passieren auch noch Gammelgarn und Ardre und biegen dann auf die 143 gen Westen ab. Es folgen noch 40 zügig zu fahrende Kilometer über die gut ausgebaute Landstraße, an deren Ende an der Westküste wieder Visby in Sicht kommt. Hier beenden wir diese interessante Runde durch Gotlands Norden. ◄

Der Leuchtturm Fårö Fyr im Norden Gotlands.

TOUR 8 | Schweden

GOTLAND

LÄNGE | 282 km

ÜBERNACHTUNG
Almedalens Hotel Villa Alma
Strandvägen 8, 621 55 Visby
Sehr gemütliches und familiäres Hotel direkt am Strand mit toller Atmosphäre, herrliche Terrasse, klasse Frühstücksbuffet und urgemütliche Zimmer.
www.villaalma.se
(57.641364, 18.290040)

Küstenlandschaft im Norden der Insel.

Norrsund
Fårö
Bästeträsk
Fårösund
Lärbro
Fardumeträsk
Furillen
Tingstäde träsk
Slite
Klintskog
70

Tour 9 Schärenringstraße

Schärenrunde

Die Fahrt auf dieser Straße ist ein ganz besonderes Erlebnis. Es geht hinaus in die idyllische Insellandschaft des Schärenmeers, unterbrochen von Minikreuzfahrten mitten durch die Region.

BASISORT
Turku

TOURLÄNGE
ca. 207 km

ROADBOOK
Turku, Taivassalo, Parattula, Kannvik, Iniö, Mossala, Jöutmo, Lömsö, Roslax, Medelby, Kittuis, Galtby, Västerretais, Pärnäs, Galls, Lillholm, Nagu, Prostvik, Nagufärjan, Pargas, Turku

Es gibt viel zu schauen in der interessanten Stadt Turku. Die sechstgrößte Stadt Finnlands hat eine bewegte Geschichte hinter sich, war einst die wichtigste Stadt des Landes. Davon zeugt noch heute die trutzige Burg Turku, das größte und bedeutendste mittelalterliche Bauwerk des Landes. Aber auch das Wahrzeichen Turkus, der Dom, die historische Markthalle, verschiedene Museen und der Dreimaster Suomen Joutsen, heute ein Museumsschiff, locken in die abwechslungsreiche Universitätsstadt.

Turku liegt am Ufer des Schärenmeers, welches sich zwischen dem finnischen Festland und der riesigen Inselgruppe Åland befindet.

Über Fähren und Brücken

Weit über 20000 Eilande verschiedenster Größen bilden das Schärenmeer, dessen größte Inseln durch die Schärenringstraße über Fähren und Brücken miteinander verbunden sind. Kürzere Fährstrecken werden von kostenfreien Fähren bedient, längere Strecken, wie zum Beispiel die Verbindung ab Mossala sind kostenpflichtig. Und genau diese Schärenringstraße wollen wir heute unter die Räder nehmen. Machbar ist sie schon an einem Tag, aber wer etwas Muße mitbringt und viel sehen und genießen möchte, lässt sich dafür zwei Tage Zeit. Unterkünfte und bildschöne Campingplätze gibt es genug.

Die gut ausgebaute, autobahnähnliche E 8 führt uns in Turkus Nordwesten aus der Stadt hinaus. Wir folgen ihr nur wenige Kilometer, halten uns dann auf der Straße 192 an die Schilder nach Kustavi. Entspannt rollen wir durch dichte Wälder und weites Grün. Leuchtend weiße Birken und satte Wiesen huschen an uns vorbei, ebenso wie die typischen, rot gestrichenen Holzhäuser. Typisch für diese Region sind jedoch auch die Blitzer, denen wir in Skandinavien regelmäßig begegnen. Wohl dem, der sich hier einen relaxten Fahrstil aneignet – die Strafen für Geschwindigkeitsübertretungen sind im Norden exorbitant hoch.

Unweit von Taivassalo kreuzen mitunter Elche die Straße und Blick auf das Schärenmeer bei Roslax.

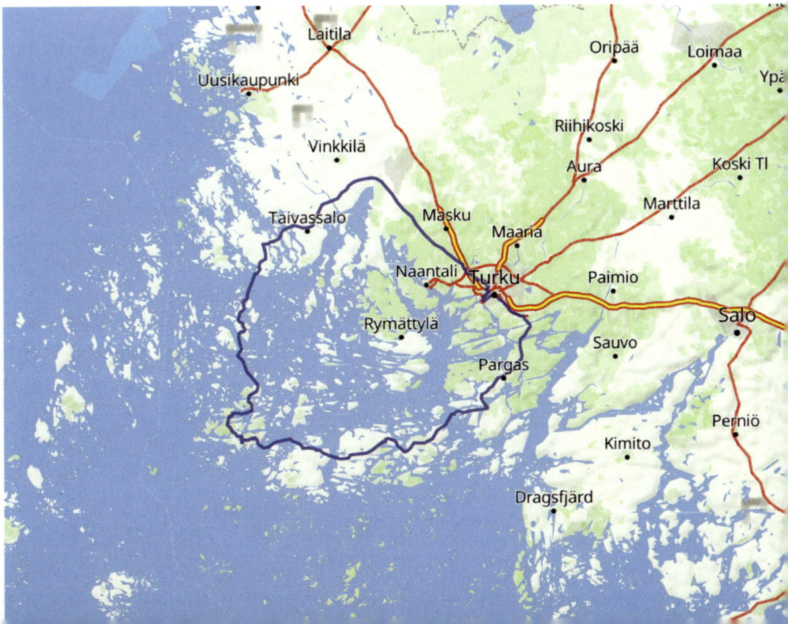

HIGHLIGHT

MARKTHALLE

In der Straße Eerikinkatu in Turku steht die 118 Meter lange mächtige und interessante Markthalle aus dem Jahr 1896. An 40 Verkaufsständen werden lokale Spezialitäten, traditionelles Brot, Blumen und Souvenirs angeboten. Im einladenden Café gibt es leckeren Kuchen und mehr. (60.450234, 22.265387)

Hinter Taivassalo ändert sich recht plötzlich das Landschaftsbild. Die schon fast ein wenig eintönige Landschaft öffnet sich, die ersten großen Wasserflächen der Schärenwelt wird sichtbar.

Direkt am Wasser

Wer hier nach einer Unterkunft sucht, dem empfehlen wir gleich nach der zweiten Brücke den Campingplatz von Mussalo. Landschaftlich außerordentlich schön gelegen, bietet er herrliche Plätze direkt am Wasser. Wir düsen aber erstmal weiter und biegen erst gut fünf Kilometer weiter auf die 1922 ab. Hier ist bereits die Fähre nach Iniö ausgeschildert. Vorbei an Parattula und seinem schönen Yachthafen erreichen wir diese etwas später.

Wie alle der nun folgenden Fähren auf der Schärenringstraße pendeln auch die Schiffe zwischen Heponiemi und Kannvik stetig hin und her. So können wir schon bald an Bord fahren. Es ist kein Problem für Alleinreisende, auf dem Motorrad an den Autos vorbei nach vorne zu rollen. So kann man die eine oder andere Lücke an Bord füllen, ohne dass dafür ein Auto zurückbleibt. In der Gruppe sollte man das nicht machen. Für uns ist Fähre fahren im-

Wunderbare Ausblicke genießt man auf der Fährüberfahrt nach Mossala (oben). Die Schärenringstraße wurde 1996 vom finnischen Seefahrtsamt ins Leben gerufen (unten).

mer wie eine kleine Kreuzfahrt. Oft gibt es eine Tasse Kaffee an Bord und mit dem Getränk in der Hand und dem salzigen Fahrtwind im Gesicht lässt es herrlich entspannen.

In Kannvik verlassen wir die Fähre, cruisen über die Insel und schon nach vier Kilometern entern wir die nächste Fähre für einen kurzen Trip. Die dritte Fährfahrt von Dalen nach Mossala dauert länger: Eine gute Stunde sind wir unterwegs. Die Fähre kostet auch ein paar Euro. Dafür kann man es sich an Bord des großen Schiffes auch bequem machen. Wieder folgen ein paar kleinere Fährpassagen und mit der längeren Strecke zwischen Kittuis und Galtby kreuzen wir die Route der großen Fährschiffe nach Turku.

Reizvolle Kurvenkombis

In Galtby treffen wir auf die Straße 180. Nicht ganz ohne Grund sind die folgenden gut 80 Kilometer zurück bis an den Stadtrand von Turku auf unserer Karte als landschaftlich besonders reizvoll gekennzeichnet. War schon die Strecke bisher Entspannung und Natur pur, so legt die 180 noch ein wenig drauf. Und bisweilen bietet sie sogar die für Finnland eher weniger typischen Kurvenkombinationen durch mächtige Felsen, weite grüne Flächen und im Wind rauschende Laubbäume.

Wir passieren einige Seen, Brücken, noch zwei Fähren und einige Cafés. Apropos Café – unsere klare Empfehlung ist das Sattmark Café. Es liegt bei Pargas, gleich vor der Brücke des Sattmarksunds hinter der Abzweigung nach Attu. Hier gibt es leckere regionale Speisen, köstliche selbst gemachte Kuchen und wer mag, bleibt gleich über Nacht in einem der drei gemütlichen Cottages.

Noch rund 20 Kilometer genießen wir die herrliche Schärenlandschaft, lassen Seen und Grün an uns vorbeigleiten. Dann wird es langsam geschäftiger auf der Straße und nach weiteren knapp zehn Kilometern rollen wir im Zentrum von Turku am Ende unserer Rundreise über die Schärenringstraße aus. ◄

Zeltplatz bei Mussalo (oben) und ein kapitaler Dreimaster, der im Fluss Aurajoki mitten in Turku vor Anker liegt (unten).

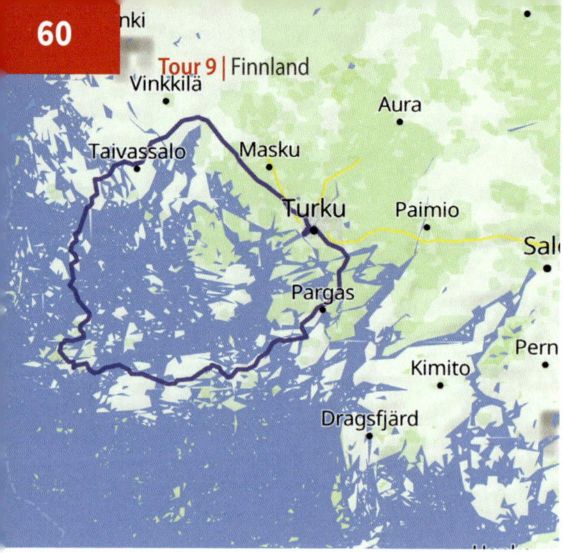

TOUR 3 | Finnland

SCHÄRENRINGSTRASSE

LÄNGE | 207 km

ÜBERNACHTUNG
Park Hotel Turku
Rauhankatu 1, FIN-20100 Turku
Einladendes Hotel im Jugendstil in zentraler Lage, kostenloser und überwachter Parkplatz, ansprechende Zimmer, gemütliche Außenterrasse, Restaurant, Sauna.
www.parkhotelturku.fi
(60.453123, 22.258213)

Sonnenuntergang an der Schärenringstraße.

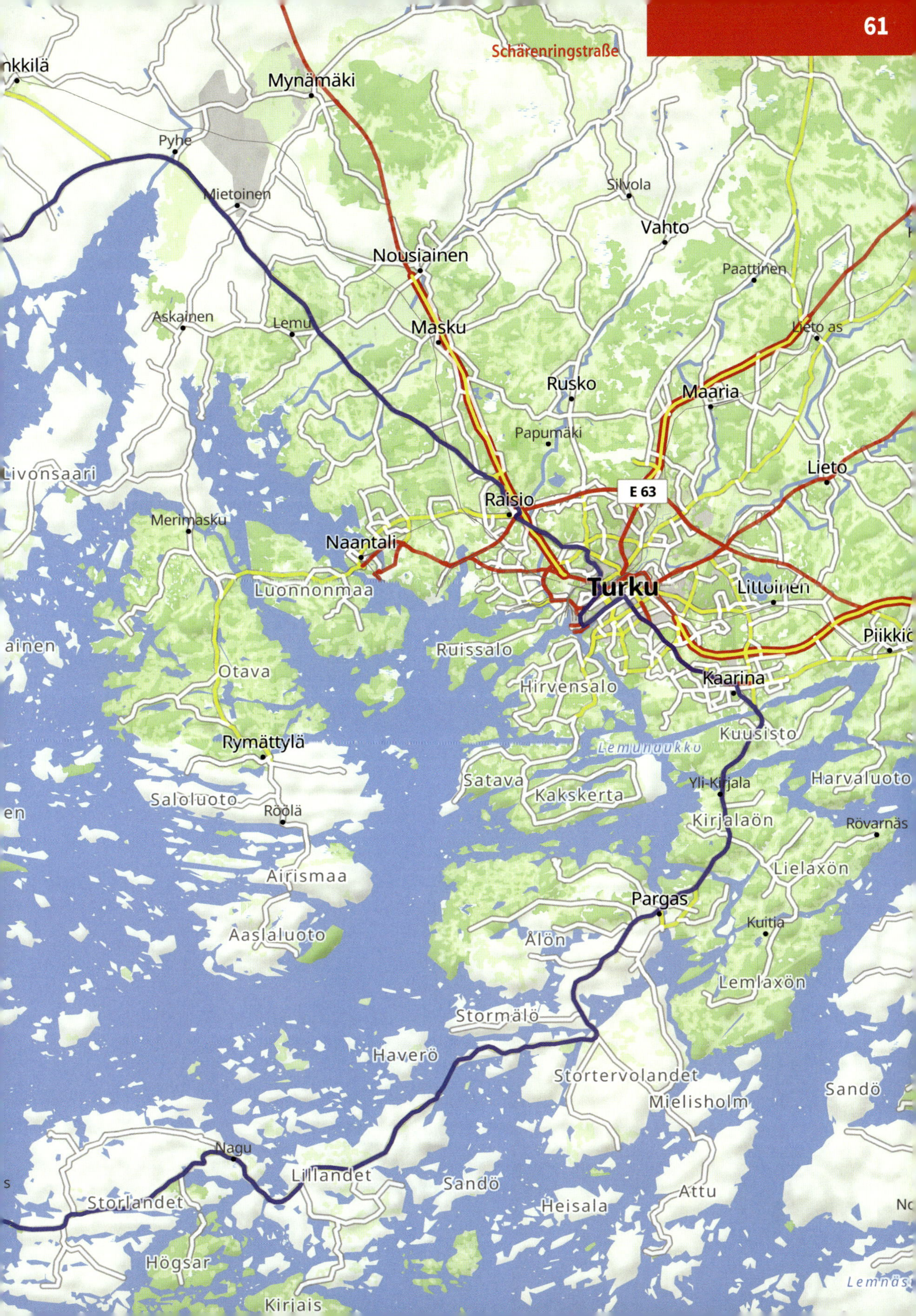
Mynämäki
Pyhe
Mietoinen
Silvola
Vahto
Nousiainen
Paattinen
Askainen
Lemu
Masku
Lieto as
Rusko
Maaria
Papumäki
Livonsaari
Lieto
E 63
Raisio
Merimasku
Naantali
Luonnonmaa
Turku
Littoinen
Piikkiö
Ruissalo
Hirvensalo
Kaarina
Otava
Rymättylä
Kuusisto
Lemunaukko
Satava
Kakskerta
Yli-Kirjala
Harvaluoto
Saloluoto
Röölä
Kirjalaön
Rövarnäs
Lielaxön
Airismaa
Pargas
Kuitia
Aaslaluoto
Ålön
Lemlaxön
Stormälö
Haverö
Stortervolandet
Mielisholm
Sandö
Nagu
Lillandet
Sandö
Attu
Storlandet
Heisala
Högsar
Lemnäs
Kirjais

Tour 10 Siebengebirge

Bei den Riesen

Im Riesengebirge, der natürlichen Grenze zwischen Schlesien und Böhmen, lassen sich nicht nur spannende Stätten entdecken, sondern auch jede Menge formidable Motorradstraßen.

Vom Ausgangsort Duszniki-Zdroj geht es auf dieser Tour geradewegs in Richtung Norden. Schon nach wenigen Kilometern erreichen wir zwischen Kudowa-Zdroj und Tłumaczow ein Motorradparadies der ganz besonderen Art. Es nennt sich „Landstraße der 100 Kurven" und befindet sich inmitten des Narodowy Gory Stołowe, dem Heuscheuergebirge. Dieser Bergzug ist der größere der beiden Nationalparks Niederschlesiens.

Offiziell ausgewiesen wurde er bereits im Jahr 1993. Über Millionen von Jahren erschufen Wind und Wetter im Heuscheuergebirge bizarr anmutende Felslandschaften mit urigen steinernen Gängen und Labyrinthen. Einzigartig sind für Polen auch die charakteristischen Tafelberge, die dem Gebirge ihren polnischen Namen verleihen. Mit 919 Metern ist der Szeliniec Wielki, der Große Heuscheuer, die höchste Erhebung im Nationalpark.

Kurort mit Froschmuseum

Kudowa-Zdroj, zu Deutsch Bad Kudowa, ist nicht nur ein beliebter Kurort, sondern auch Sitz der Nationalparkverwaltung, die hier ein eher ungewöhnliches Museum betreibt. Über 3000 Exponate aus der ganzen Welt entführen die Gäste des Froschmuseums auf unterhaltsame Art in die Welt der Amphibien.

Eine weitere, allerdings recht makabre Touristenattraktion findet man im Stadtteil Czermna, in Grenzeck. Die Wände und Gewölbe der 1776 erbauten Friedhofskapelle sind mit rund 3000 Schädeln und Knochen verkleidet. Sie gehörten einst den Gefallenen des Dreißigjährigen und des Siebenjähriger Krieg sowie den Opfern einer Cholera-Epidemie. Unter der Kirche ruhen in der Krypta die sterblichen Überreste von weiteren 20000 Opfern von Kriegen und Epidemien.

Bewegt lassen wir diesen nachdenklich machenden Ort hinter uns. Zurück im Motorradsattel machen wir uns auf, die angekündigten 100

BASISORT
Duszniki-Zdrój

TOURLÄNGE
ca. 217 km

ROADBOOK
Duszniki-Zdrój, Kudowa-Zdrój, 387, Straße der 100 Kurven, Radków, Tłumaczów, Broumov, Teplice nad Metují, Mieroszów, Zamek Książ, Świdnica, Krzyzowa, Dzierżoniów, Walim, Nowa Ruda, Duszniki-Zdrój

Waldreiche Alleen gibt es im Riesengebirge zuhauf, aber auch viel Kultur wie das Schloss Fürstenstein in Kiasz.

HIGHLIGHT

SCHLOSS FÜRSTENSTEIN

Unweit von Waldenburg thront auf dem Fürstenberg das größte und wahrscheinlich auch schönste Schloss Schlesiens: Zamek Książ (auf Deutsch: Schloss Fürstenstein). Errichtet wurde es gegen Ende des 13. Jahrhunderts und galt einst als Grenzsicherung zu Böhmen. Das mächtige Schloss hat eine interessante und wechselvolle Geschichte hinter sich. Nach der Beschlagnahme durch die Nationalsozialisten entstand ein riesiges Tunnelsystem unter dem Komplex. Sowohl die Tunnel als auch der vorbildlich restaurierte und gepflegte Schlosskomplex können heute besichtigt werden.
(50.843517, 16.293985)

Kurven zu meistern. Ausgewiesen ist die Strecke als Droga wojewódzka 387 und führt zunächst nach Karłow. Fahrerischer Höhepunkt ist hier der Abstecher nach Błędne Skały. Eine etwa dreieinhalb Kilometer lange Straße führt durch dichten Wald zu einem Parkplatz, von hier geht es zu Fuß in Richtung der unzähligen bizarren Sandsteinformationen. Da die Strecke äußerst schmal ist, wird der Verkehr stündlich in die eine oder andere Richtung geleitet. Da es sich zudem um eine Sackgasse handelt, muss man den gleichen Weg auch wieder zurück, was in diesem Fall aber mehr als eine Freude ist. Zudem lohnt sich der Abstecher in die urigen Felsformationen.

Spannendes Grenzgebiet

Weiter geht es in nordwestlicher Richtung, das Braunauer Ländchen, ein Teil des Sudetenlands, wartet. Hier im tschechisch-polnischen Grenzgebiet lohnt sich vor allem ein Halt am Benediktinerstift in der Stadt Broumov, zu Deutsch Braunau. Äußerst sehenswert sind in der Region auch die Adersbacher und Weckelsdorfer Felsen, zwei herausragende Naturdenkmäler, die sich westlich der Stadt in die Höhe strecken. Für uns führt die Route zwischen dem Falkengebirge und dem Waldenburger Bergland weiter nach Meziměsti, zu Deutsch Halbstadt. Das sehenswerte, barocke Schloss der Stadt wurde einst als Sommersitz der Braunauer Äbte genutzt.

Zurück in Polen entdecken wir in Wałbrzych (Waldenburg), das ehemalige Zentrum des niederschlesischen Steinkohlereviers und nur wenige Kilometer weiter nördlich lockt Zamek Książ, das Schloss Fürstenstein. Nicht umsonst gilt es als größtes Schloss ganz Schlesiens. Diversen Gerüchten zu Folge soll in der Umgebung des Schlosses ein gewaltiger Nazi-Goldschatz vergraben sein. Im Gespräch ist sogar ein kompletter Zug mit europaweit geraubten Goldschätzen. Mehrere Grabungen haben bisher nichts ergeben, gesucht wird dennoch weiterhin.

Mit Swidnica, zu Deutsch Schweidnitz, erreichen wir den nördlichsten Punkt dieser Tour. Die dortige Friedenskirche ist Bestandteil des

Tolle Landschaften und guter Belag sind in dieser Region keine Seltenheit.

Die Wallfahrtskirche von Wambierzyce stammt aus dem 18. Jahrhundert (links). Idyllisch schmiegt sich Duszniki-Zdrój an den Fluss Reinnerzer Weistritz (unten).

UNESCO-Kulturerbes. Der eindrucksvolle barocke Fachwerkbau, in dem 7 500 Menschen Platz finden, ist das größte der drei Gotteshäuser, die den schlesischen Protestanten nach dem Dreißigjährigen Krieg zugestanden wurden. Außerhalb der Stadtmauern errichtet, waren seinerzeit als Baumaterialien nur Holz, Lehm, Sand und Stroh erlaubt.

Missglücktes Attentat

Weiter gen Südosten erreicht wir Krzyzowa, zu Deutsch Kreisau. Hier findet sich das Gut der Familie von Moltke, in dem sich die Mitglieder der 1940 gegründeten Widerstandsgruppe des „Kreisauer Kreises" trafen. Die meisten der Widerständler wurden nach dem missglückten Attentat auf Hitler vom 20. Juli 1944 hingerichtet. Heute befindet sich im Gut eine deutsch-polnische Jugendbegegnungsstätte.

Auch in Walim sind Spuren des Zweiten Weltkriegs erhalten geblieben. Ein komplexes Stollensystem wurde als Bauvorhaben Riese mit Führerhauptquartier und Industrieanlagen geplant. Die Überreste lassen sich noch heute besichtigen.

Zurück im Heuscheuergebirge treffen wir auf einen Marienwallfahrtsort. Wambierzyce, zu Deutsch Albendorf, befindet sich direkt zu Füßen des Gebirges. Auf dem Hügel südlich der Wallfahrtskirche befinden sich einige Kapellen, in denen Szenen aus dem Alten Testament gezeigt werden. Deshalb wird die Anhöhe auch als Berg Sinai und Albendorf bis heute auch als das „schlesische Jerusalem" bezeichnet. ◄

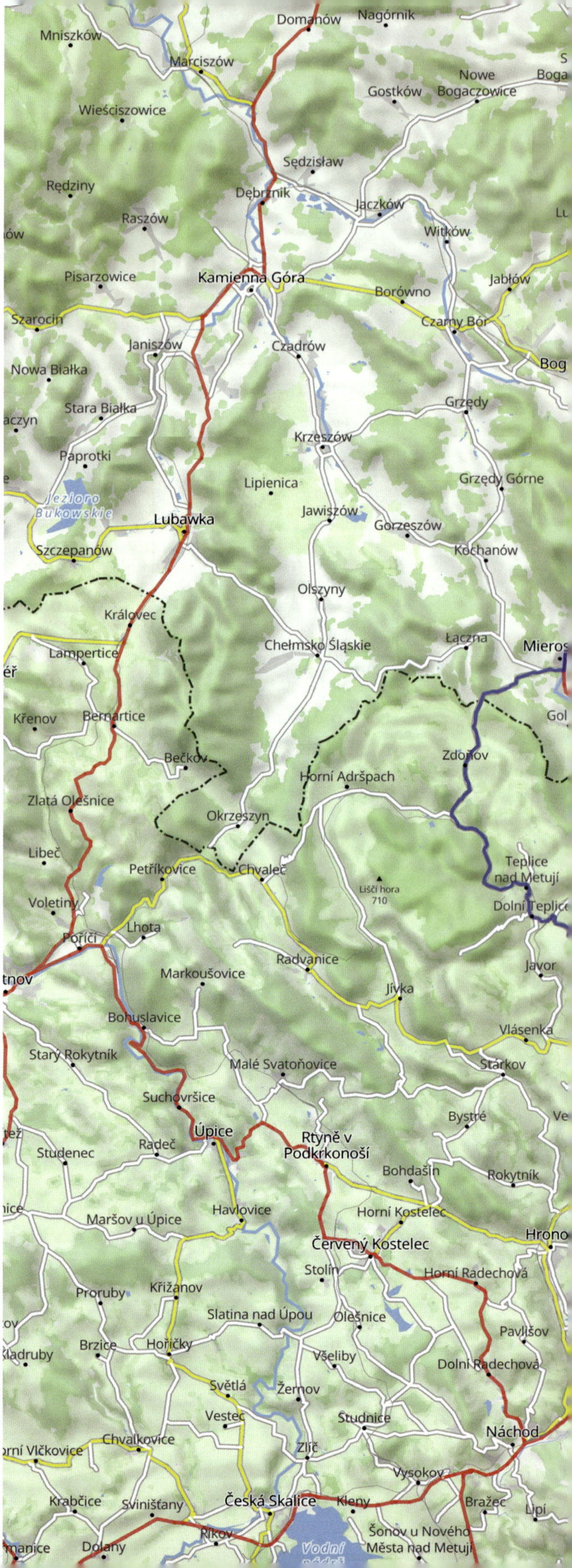

TOUR 10 | Polen

SIEBENGEBIRGE

LÄNGE | 217 km

ÜBERNACHTUNG
Hotel Fryderyk
ul. Wojska Polskiego 10, PL-57-340 Duszniki-Zdrój
Historisches Gebäude, schöne Zimmer, Wellness-Bereich, hauseigenes Restaurant sowie kostenlose videoüberwachte Parkplätze.
www.fryderyk.com.pl
(50.389971, 16.382415)

Viel Kurvenspaß erlebt man im Adlergebirge.

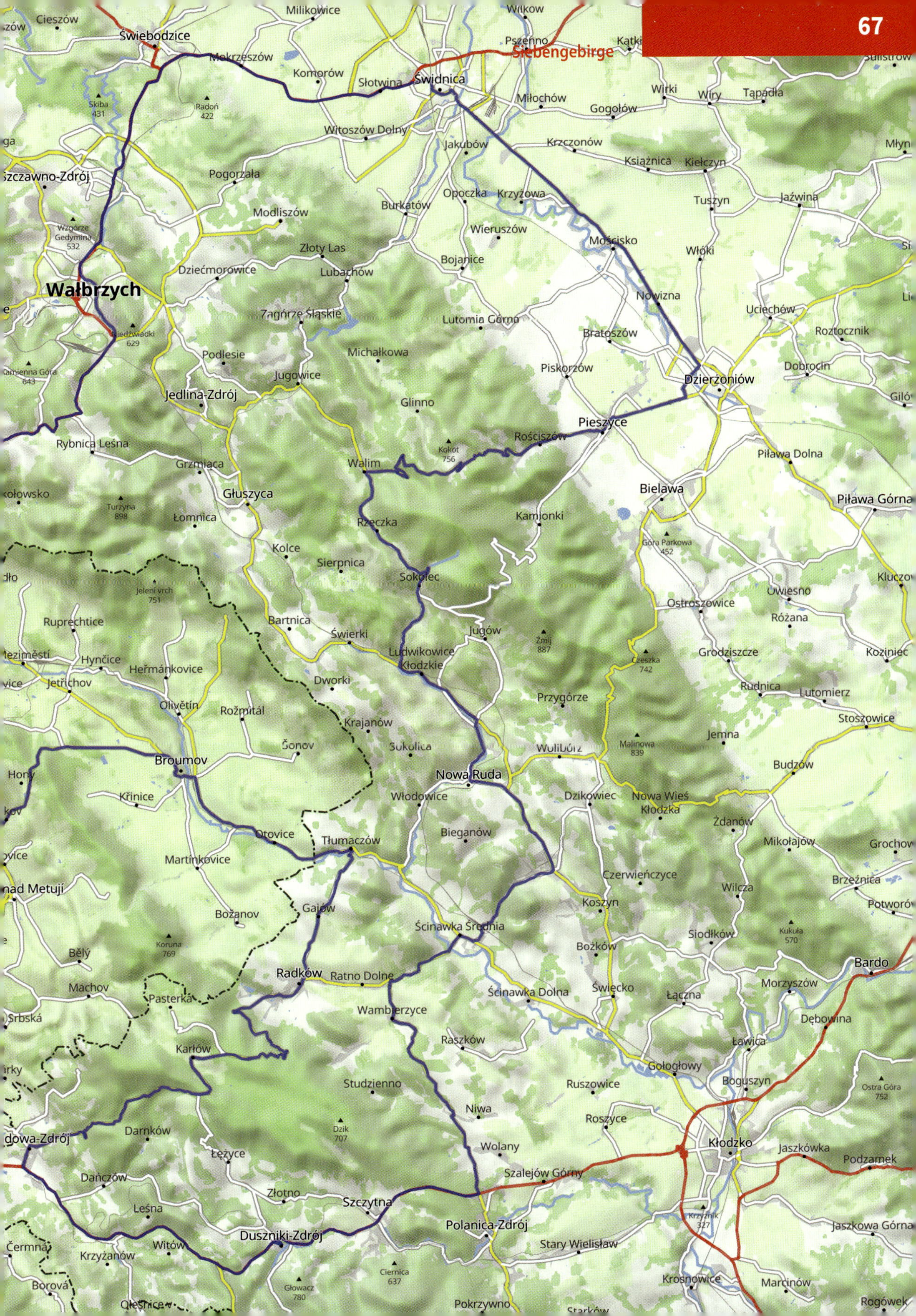

Cieszów
Świebodzice
Milikowice
Wilków
Pszenno
Siebengebirge
Katki
Mokrzeszów
Komorów
Słotwina
Świdnica
Skiba 431
Radoń 422
Miłochów
Gogołów
Wirki
Wiry
Tąpadła
Witoszów Dolny
Jakubów
Krzczonów
Książnica
Kiełczyn
Szczawno-Zdrój
Pogorzała
Opoczka
Krzyżowa
Burkatów
Tuszyn
Jaźwina
Modliszów
Wzgórze Gedymina 532
Wieruszów
Mościsko
Złoty Las
Wałbrzych
Dziećmorowice
Lubachów
Bojanice
Włóki
Nowizna
Zagórze Śląskie
Lutomia Górna
Uciechów
Roztocznik
Chełmiec
Bratoszów
Michałkowa
Podlesie
Piskorzów
Dobrocin
Kamienna Góra 643
Jugowice
Dzierżoniów
Jedlina-Zdrój
Glinno
Pieszyce
Rybnica Leśna
Rościszów
Kokot 756
Piława Dolna
Grzmiąca
Walim
Głuszyca
Bielawa
Piława Górna
Turzyna 898
Łomnica
Rzeczka
Kamionki
Góra Parkowa 452
Kolce
Sierpnica
Sokolec
Jeleni vrch 751
Owiesno
Ostroszowice
Ruprechtice
Różana
Bartnica
Świerki
Jugów
Żmij 887
Hynčice
Heřmánkovice
Ludwikowice Kłodzkie
Czeszka 742
Grodziszcze
Koziniec
Jetřichov
Dworki
Rudnica
Lutomierz
Olivětín
Rožmitál
Przygórze
Krajanów
Stoszowice
Šonov
Sokolica
Wolibórz
Malinowa 839
Jemna
Broumov
Nowa Ruda
Budzów
Křinice
Włodowice
Dzikowiec
Nowa Wieś Kłodzka
Otovice
Bieganów
Żdanów
Tłumaczów
Mikołajów
Martínkovice
Czerwieńczyce
Wilcza
Brzeźnica
Gajów
Koszyn
Potworów
Božanov
Ścinawka Średnia
Siodłków
Kukuła 570
Koruna 769
Bożków
Bardo
Bělý
Radków
Ratno Dolne
Machov
Ścinawka Dolna
Święcko
Łączna
Morzyszów
Pasterka
Wambierzyce
Dębowina
Raszków
Ławica
Karłów
Gorzuchów
Gołogłowy
Studzienno
Ruszowice
Boguszyn
Ostra Góra 752
Niwa
Roszyce
Dzik 707
Darnków
Kłodzko
Jaszkówka
Wolany
Łężyce
Szalejów Górny
Podzamek
Dańczów
Złotno
Szczytna
Leśna
Polanica-Zdrój
Krzyżnik 327
Jaszkowa Górna
Duszniki-Zdrój
Čermná
Witów
Krzyżanów
Stary Wielisław
Ciernica 637
Krosnowice
Marcinów
Borová
Głowacz 780
Olešnice
Pokrzywno
Rogówek

Tour 11 Prag

Die Goldene Stadt

Die Hauptstadt der Tschechischen Republik hat ihren ganz eigenen Charme und ist immer eine Reise wert. Westlich warten urige Burgen und Natur pur auf neugierige Motorradreisende.

BASISORT
Prag

TOURLÄNGE
ca. 190 km

ROADBOOK
Prag, Lahovice, Radotín, Černošice, Burg Karlstein, Beroun, Zdice, Vlastec, Křivoklát, Burg Křivoklát, Brdatka, Nižbor, Bratronice, Lány, Jeneč, Prag

Der Verkehr rauscht rund um den Wenzelsplatz. Fröhliches Lachen und laute Stimmen dringen aus den Cafés. Die Straßencafés sind jetzt im Sommer zur Frühstückszeit schon gut besetzt, viele Geschäfte bereits geöffnet. Vor gut 50 Jahren war es hier nicht so friedlich. Damals rollten Panzer über den Platz. Ausgesandt von den „Bruderstaaten" der einstigen Tschechoslowakei, den Prager Frühling im Keim zu ersticken.

Diese Zeiten sind zum Glück vorbei und Prag ist heute eine quicklebendige Stadt. Wir sitzen in den bequemen Sesseln eines Bistros und lassen uns ein leckeres Frühstück munden.

Mit Navi durch die Stadt

Eben waren wir noch mit dem Motorrad in der „Goldenen Stadt" unterwegs. Und ehrlich, wer sich ohne Navi in die tschechische Hauptstadt wagt, muss entweder extrem leidensfähig sein oder über einen übernatürlichen Orientierungssinn verfügen. Auf uns trifft beides nicht zu, deshalb ließen wir uns von unserem GPS von unserer Unterkunft zum Wenzelsplatz führen, suchten uns ein gemütliches Café und gönnen uns gerade den letzten Kaffee, bevor wir aufbrechen.

Mit dem Motorrad stürzen wir uns dann auch wieder in den Trubel, umkurven den zentralen Dauerstau und halten uns gen Süden. Dass ich dabei, um geradeaus zu fahren, eine Spur nutze, die den Rechtsabbiegern vorbehalten ist, ist für Prager Verhältnisse normal. Zumindest bei der einspurigen Fraktion. Unsere Erfahrung aus mehreren Touren durch die Hauptstadt Tschechiens sagt uns, dass selbst die örtliche Polizei bei Motorradfahrern ein Auge zudrückt.

Es geht auf die Autobahn. Eigentlich hassen wir Autobahnfahrten mit dem Motorrad. Aber um dem Prager Verkehr zu entkommen, ist es das probate Mittel. Dreispurig windet sich die Schnellstraße um die Stadt. Hurtig führt die Strecke hinaus ins Grüne und bei Lahovice setze ich den Blinker,

Altstädter Ring in Prag und die Berounka bei Beroun.

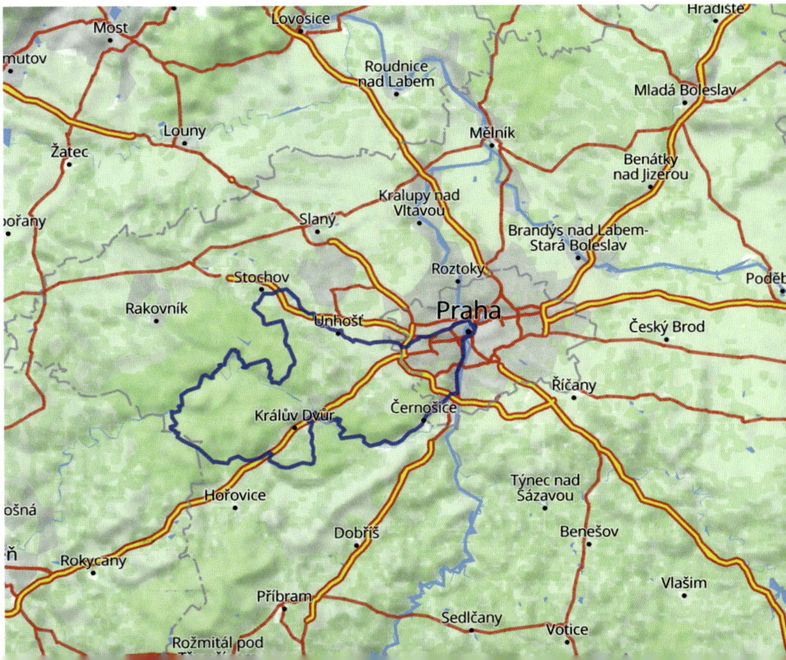

HIGHLIGHT

WENZELSPLATZ

Der legendäre Wenzelsplatz bildet bereits seit dem Mittelalter den Mittelpunkt der Prager Neustadt. Mit seinen 750 Metern Länge ist er einer der größten Stadtplätze Europas. Am südöstlichen Ende liegt das Nationalmuseum, am anderen Ende die Fußgängerzone. Die heutige Bebauung entstand im Wesentlichen in den Jahren zwischen 1890 und 1930. 1968 marschierten Truppen des Warschauer Pakts in die damalige Tschechoslowakei ein und schlugen gewaltsam den „Prager Frühling" nieder. Über den Wenzelsplatz rollten Panzer. Gut 20 Jahre später rief Václav Havel vom Balkon der Hausnummer 56 die politische Umgestaltung aus, was wenige Wochen später zum Vollzug der „Samtenen Revolution" führte. (50.079535, 14.430111)

verlasse die Bahn und halte mich in Richtung Radotin. Das kleine Städtchen liegt am Fluss Berounka und dem folgt die Landstraße auf dem Fuß.

Teil der Burgenstraße

In Černošice, einst nach Prag eingemeindet und heute wieder ein selbstständiges Städtchen, versorgen wir uns mit allen Zutaten für ein Picknick. Dann geht es weiter an der Berounka entlang. Die Straße windet sich durch üppiges Grün. Bestellte Felder, dichte Wälder und urige Baumreihen begleiten den Asphalt bei seinem mal mehr, mal weniger nahem Verlauf am Fluss.

Diese Strecke ist Bestandteil der Burgenstraße, die sich runde 1000 Kilometer entlang der Burgen, Schlösser und Ruinen von Mannheim bis Prag windet. Auch wir sind auf dem Weg zu einem dieser fantastischen Bauwerke: der Burg Křivoklát. Sie ist wohl eine der meistbesuchten Sehenswürdigkeiten der Tschechei.

Unten auf dem Parkplatz stellen wir die BMW ab und kraxeln den Weg hinauf. Immerhin zwei Kilometer sind es, bis man die Grundmauern der riesigen Festung erreicht. Aber der Weg lohnt. Unkompliziert schließen wir uns einer Reisegruppe an, die gerade zu einer Führung startet. Die Runde führt durch den Rittersaal, Speisesaal, das Gefängnis und die Küche sowie das kaiserliche Schlafgemach. 1348 wurde die Burg als Schatzkammer erbaut, sie sollte die Reichskleinodien des Heiligen Römischen Reiches beherbergen. Auch wenn sie mehrmals umgebaut wurde, wirkt sie immer noch entsprechend prunkvoll und wehrhaft.

Zurück auf dem Parkplatz schwingen wir uns wieder aufs Motorrad und halten nur wenige Kilometer weiter am Flussufer an einem Wehr. Idyllisch rauscht das Wasser der Berounka über die Schräge, wir schauen einigen Fischen beim Tiefflug über das Wehr zu – der perfekte Platz für ein Picknick.

Richtung Křivoklát geht es weiter, mal dem Fluss und mal den Schienen folgend. Nicht jeder Bahnübergang ist

Die Burg Křivoklát ist eine der meistbesuchten Sehenswürdigkeiten Tschechiens.

Im Flusstal der Berounka (links) und eine Allee bei Lány (unten).

dabei durch eine Schranke gesichert. Manchmal tut es auch ein Stop-Schild. Man ist gut beraten, auch wirklich stehenzubleiben und gut zu schauen. Der Zug kommt bisweilen schneller, als man denkt.

Gruseliger Zwinger

Mit dem einen oder anderen Umweg durch die sanft gewellte grüne Landschaft haben wir bald den Wald von Křivoklát erreicht. Seit einigen Jahren ist dieser „Pürglitzer Wald" von der UNESCO als besonders schutzwürdige biosphärische Landschaft unter Schutz gestellt. Mitten darin liegt gleich die nächste mächtig beeindruckende Festung, die Burg Křivoklát. Die böhmischen Herzöge und Könige errichteten diese gewaltige Feste ab dem 12. Jahrhundert. Die Besichtigung reizt vor allem wegen des gruseligen Zwingers mit der alten Folterkammer.

Bald treffen wir auch wieder unsere alte Bekannte, die Berounka. Ihr folgen wir ein Stück, kurven bald gen Norden und durch grüne, abgelegene Landschaften nehmen wir wieder Kurs auf Prag, das wir am Nachmittag schließlich auch wieder erreichen.

Am Abend stürzen wir uns ins Nachtleben. Das Motorrad bleibt in sicherer Obhut des Hotels. Wie sonst sollten wir den Becherovka, den würzigen Karlsbader Magenbitter, oder das schmackhafte „Fleksche-Bier" mit 13 Grad Stammwürze kosten? ◂

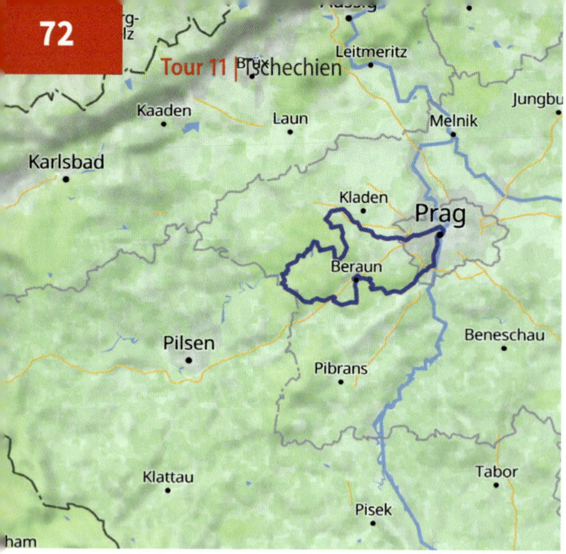

TOUR 11 | Tschechien

PRAG

LÄNGE | 190 km

ÜBERNACHTUNG
Bikerhotel Tronicek
Zampach 2, CZ-254 01 Zampach
Besonders motorradfreundliches Hotel in ruhiger Lage, Bar und Gartenrestaurant, Garage. Gruppen sind willkommen. In der Nähe befindet sich ein Motorradmuseum.
www.tschechienhotel.com/tro
(49.871800, 14.489436)

Der Prager Wenzelsplatz bei Nacht.

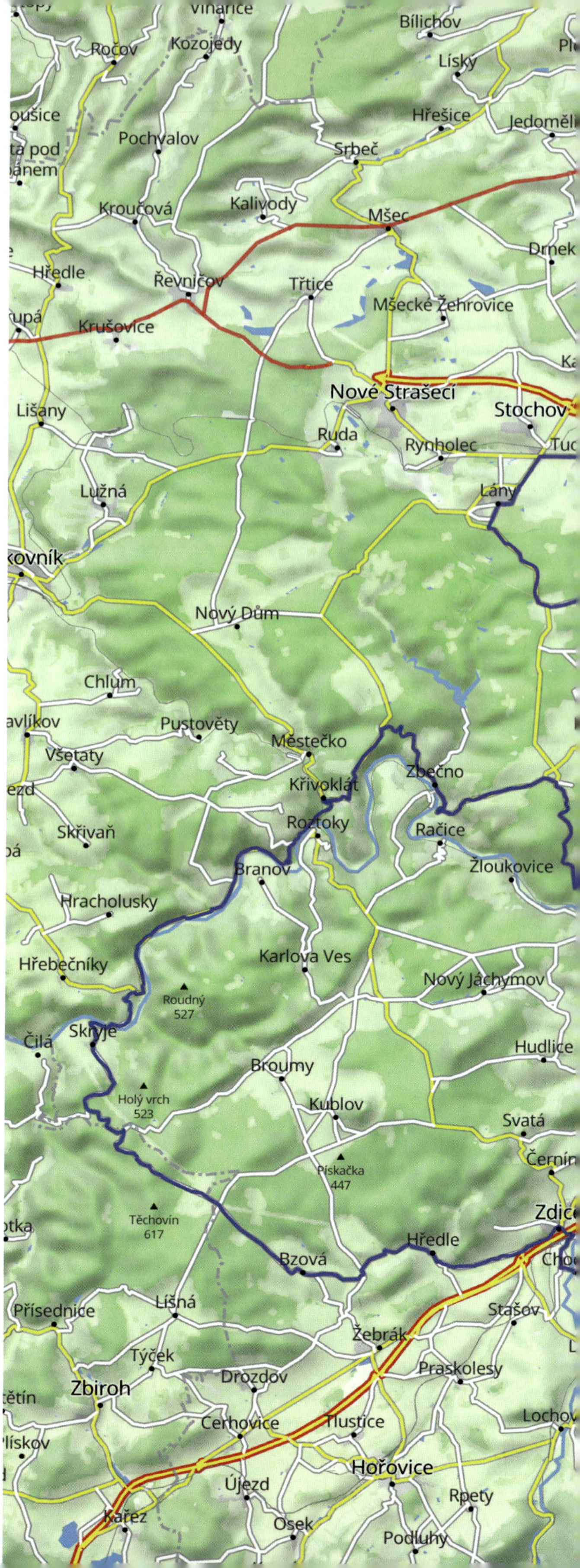

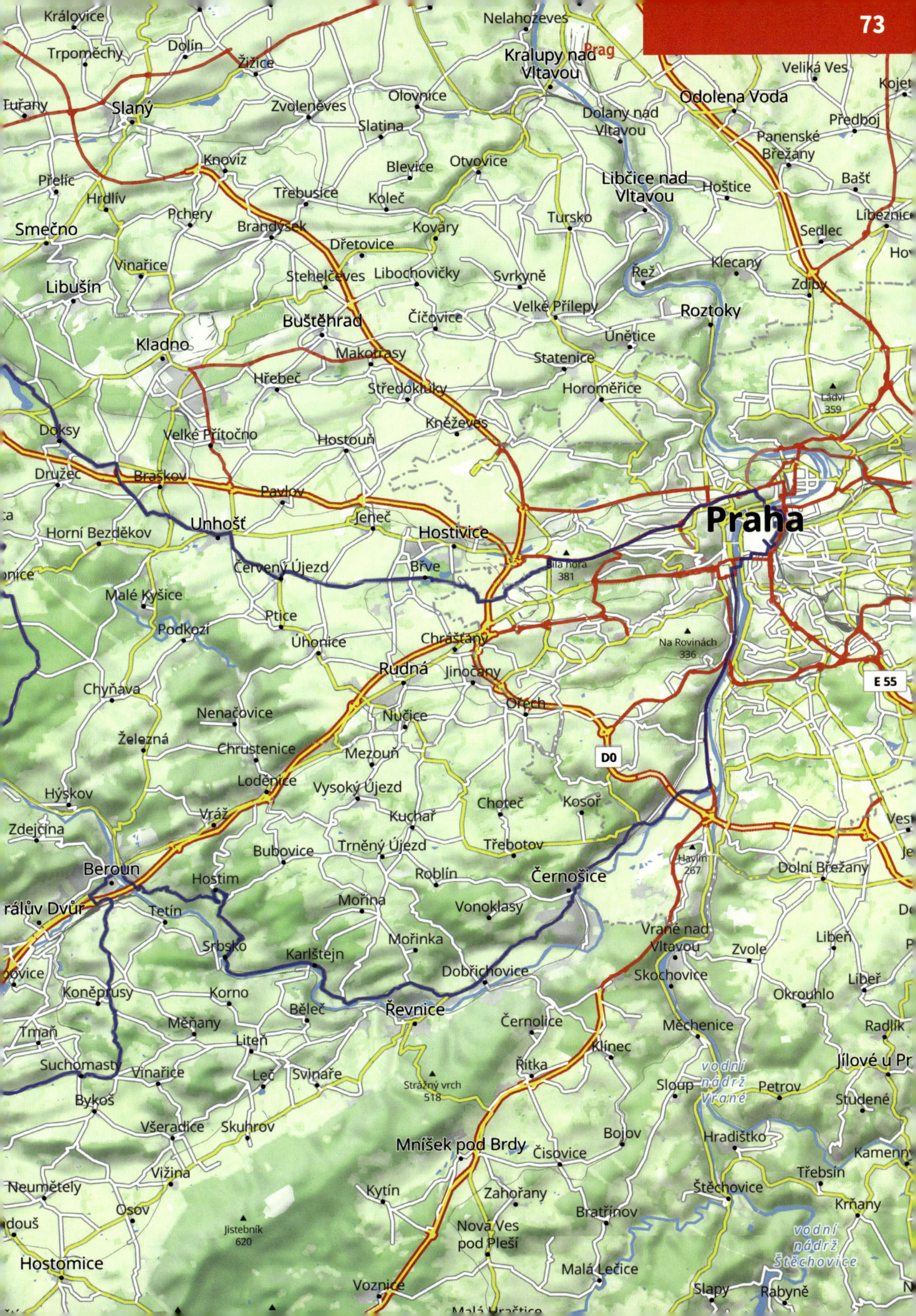
Královice
Nelahozeves
Trpoměchy
Dolín
Kralupy nad Vltavou
Prag
Velká Ves
Kojet
Žižice
Tuřany
Slaný
Zvoleněves
Olovnice
Odolena Voda
Dolany nad Vltavou
Předboj
Slatina
Panenské Břežany
Knoviz
Blevice
Otvovice
Přelíc
Libčice nad Vltavou
Hoštice
Bašť
Hrdlív
Třebusice
Koleč
Smečno
Pchery
Brandýsek
Kováry
Tursko
Sedlec
Líbeznice
Dřetovice
Vinařice
Stehelčeves
Libochovičky
Svrkyně
Řež
Klecany
Libušín
Zdiby
Velké Přílepy
Buštěhrad
Číčovice
Roztoky
Kladno
Makotřasy
Únětice
Statenice
Hřebeč
Středokluky
Horoměřice
Ládví
359
Kněževes
Doksy
Velké Přítočno
Hostouň
Družec
Braškov
Pavlov
Unhošť
Jeneč
Hostivice
Praha
Horní Bezděkov
Červený Újezd
Břve
Bílá hora
381
Malé Kyšice
Ptice
Podkozí
Chrášťany
Úhonice
Na Rovinách
336
Rudná
Jinočany
E 55
Chyňava
Ořech
Nenačovice
Nučice
Železná
Chrustenice
Mezouň
D0
Loděnice
Vysoký Újezd
Hýskov
Choteč
Kosoř
Vráž
Kuchař
Zdejčina
Bubovice
Trněný Újezd
Třebotov
Havlín
267
Beroun
Roblín
Černošice
Dolní Břežany
Hostim
Králův Dvůr
Tetín
Mořina
Vonoklasy
Vrané nad Vltavou
Srbsko
Mořinka
Libeň
Karlštejn
Zvole
Dobřichovice
Skochovice
Koněprusy
Korno
Libeř
Okrouhlo
Řevnice
Bělěč
Černolice
Měňany
Měchenice
Tmaň
Liteň
Radlík
Klínec
Suchomasty
Vinařice
Leč
Svinaře
vodní nádrž Vrané
Jílové u Prahy
Řitka
Sloup
Petrov
Strážný vrch
518
Bykoš
Studené
Všeradice
Skuhrov
Bojov
Hradištko
Mníšek pod Brdy
Čisovice
Vižina
Třebsín
Neumětely
Kytín
Štěchovice
Zahořany
Osov
Křňany
Bratřinov
Jistebník
620
Nová Ves pod Pleší
vodní nádrž Štěchovice
Hostomice
Malá Lečice
Voznice
Slapy
Rabyně

Tour 12 Nordungarn

Dreimal Berge

In Ungarns Nordosten liegen drei Gebirge nebeneinander – Mátra, Bükk und das Zempliner Gebirge. Diese Tour durchquert gleich alle drei und zur Belohnung gibt es ein gutes Glas Tokajer.

START- / ZIELORT
Gyöngyös / Tokaj

TOURLÄNGE
ca. 208 km

ROADBOOK
Gyöngyös, Parádsasvá, Recsk, Sirok, Egerbakta, Eger, Felsőtárkány, Répáshuta, Miskolc, Felsőzsolca, Forró, Völgykapu, Szegilong, Tokaj

Wohin treibt es eigentlich die Budapester Motorradfahrer, wenn ihnen der Sinn nach einem Ausflug steht? Wir hatten reichlich Gelegenheit, das eine oder andere Gespräch in der Hauptstadt zu führen und einen Namen hörten wir immer wieder: Gyöngyös.

Nur eine halbe Autobahnstunde entfernt faltet sich das Mátragebirge auf. Mit seinen gut 1000 Metern ist der Kékes im Mátra der höchste Berg Ungarns. Gyöngyös ist das Einfallstor in diese bergige Region und Startpunkt einer interessanten, rund 70 Kilometer langen Strecke – der Hausstrecke aller sportlich angehauchten Biker rund um Budapest.

Warten auf den Aha-Effekt

Klar, dass wir uns dieses Highlight nicht entgehen lassen. Noch relativ harmlos geht es gleich hinter Gyöngyös los. Bis zum touristisch ganz gut besuchten Örtchen Mátrafüred warten Kiki und ich auf den Aha-Effekt, auf wilde Kurven und mehr. Nichts passiert, außer dass wir – in weiser Voraussicht wählten wir einen Sonntag – von dem einen oder anderen Supersportlerfahrer überholt werden.

Schlagartig ändert sich dafür hinter Mátrafüred die Welt. Wo eben noch gemütliches Gleiten angesagt war, lässt sich die Straße nun höchstens noch ein paar Meter einsehen. Dann kommt die nächste Kurve, dann gleich die nächste, danach sofort die nächste und gleich wieder eine. So setzt sich das nicht enden wollende Spiel fort.

Tatsächlich wuselt sich die „Straße 24" in unglaublicher Weise durch die dunkelgrün bewaldeten Laubwälder. Es geht zudem ständig entweder bergauf oder bergab, Serpentinen, Kehren, enge Radien, weite Schwünge, was auch immer das Herz begehrt. Jedem engagierten Zweiradfahrer geht hier das Herz auf.

Aber Vorsicht! Die Straßen des Mátra-Gebirges sind eine Herausforderung, nicht nur in kurven-

Die Burg Boldogkő bei Tokaj und Blick auf das Bükk-Gebirge bei Eger.

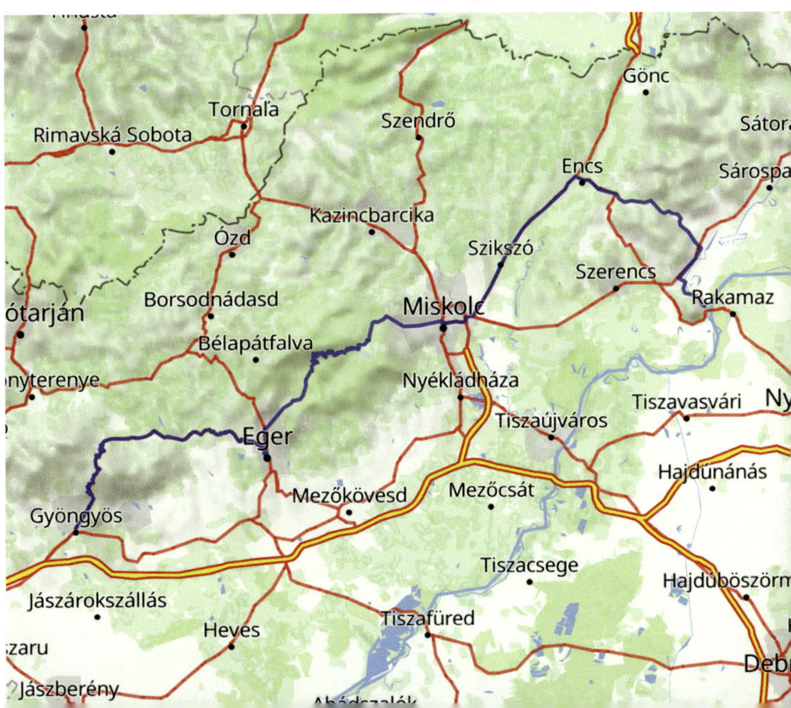

HIGHLIGHT

TOKAJ-HEGYALJA

Diese geschützte Bezeichnung, die auf Deutsch etwa „Tokaj-Untergebirge“ bedeutet, steht sowohl für die Region nördlich der Stadt Tokaj als auch für das ungarische Weinanbaugebiet, in dem der qualitativ hochwertige Süßwein Tokajer angebaut wird. Die Region Tokaj-Hegyalja wird auch als das Tor zwischen den Karpaten und der Puszta in der Großen Ungarischen Tiefebene bezeichnet. Das Tokajer Anbaugebiet besteht aus nicht weniger als 28 Gemeinden mit insgesamt rund 5800 Hektar Weißwein-Reben.

Die Slowakei bezeichnet eine Region im Südosten ebenfalls als Weinregion Tokaj, was zu einem diesbezüglichen Dauerstreit mit Ungarn führt. Im Jahre 2002 erklärte die UNESCO Tokaj-Hegyalja als Kulturlandschaft zum Weltkulturerbe.

technischer Hinsicht. Die gemeinen, sich zuziehenden Hundskurven trennen ja schon ab und an die Spreu vom Weizen, wie die Bremsspuren in den Wald zahlreich bezeugen.

Härtetest für Neulinge

Der eigentliche Härtetest ist die Straße selber, ihr Belag, ihre Schlaglöcher, das, was auf ihr herumliegt und läuft und die Wurzeln der mächtigen Buchen rechts und links des Asphalts. Letztere sorgen schon mal für knackige Holperschwellen, schlecht bei mutiger Schräglage. Dumm auch, wenn man schräg ums Eck kommt und vor dem Vorderrad ein Loch im Teer entdeckt, in dem man locker eine Kokosnuss versenken könnte. Da sind die ausgefransten Fahrbahnränder noch die kleineren Übel. So langsam verstehe ich auch das süffisante Grinsen der Budapester Biker, wenn sie von „ihrer“ Strecke schwärmen, die man sich erst mal „erfahren“ muss.

Jenseits des Flüsschens Eger und der gleichnamigen Stadt geht der Spaß weiter, allerdings etwas entspannter. Das Bükk-Gebirge lädt zum motorisierten Bergwandern. Mit rund 960

Die Kirche St. Antonius in Eger (oben) und ein hilfreicher Wegweiser im Bükk-Gebirge (unten).

Metern ist der Gipfel Istállós-kő nur wenig kleiner als der Landesrekordhalter im benachbarten Mátra. Das tut dem Bergvergnügen allerdings keinen Abbruch. Die unglaublich kurven- und aussichtsreiche Bergstrecke zwischen Eger und Miskolc ist schmaler als die 24 im Mátra. Dafür ist ihr Asphalt besser, die Kurven homogener und übersichtlicher.

Übrigens, der Name Bükk stammt von der Buche ab, dem vorherrschenden Baum dieses Gebirges und mit seinen 100 000 Hektar ist das Bükk-Gebirge der größte Wald Ungarns.

Weinstadt Tokaj

Die dritte große Bergkette Ungarns, das Zempliner Gebirge, führt uns in der dritten Etappe dieser Ungarn-Tour nach Tokaj. Wer hat nicht schon vom Tokajer gehört, einem der weltweit bekanntesten und traditionsreichsten Weine? Ihn gibt es nur rund um Tokaj, der Stadt an der Theiß. Ein Grund mehr, weiter gen Osten zu steuern.

Es geht hinaus aus Miskolc, wir folgen der Straße 3. Entspannt geht es durch flaches Land, durch Wiesen und Wälder. Kurz hinter Forró setze ich den Blinker, biege rechts ab. Wir überqueren das Flüsschen Hornád und schnell ändert sich das Landschaftsbild. Dichter Wald löst die weiten Flächen ab, es geht bergauf und wieder bergab. Als Zugabe gibt es eine ganze Reihe Kurven. Zwar sind die Berge hier nicht mehr so spektakulär wie im Bükk oder gar im Mátra, aber immerhin – es gibt welche.

Tokay kündigt sich an. Wir rollen schon an dem einen oder anderen Weinberg vorbei, ein Campingplatz wirbt um Gäste und nicht zuletzt fällt unser Blick auf den träge neben der Straße fließenden Fluss Theiß. Und schon bald rollen wir auf dem Hauptplatz Tokajs aus. Jetzt heißt es nur noch eine Unterkunft finden, was hier aber gar kein Problem ist, dann steht der abendlichen Weinprobe nichts mehr im Wege. ◀

In der Region Tokaj-Hegyalja (oben) wird der köstliche Süßwein Tokajer angebaut (links).

TOUR 12 | Ungarn

NORDUNGARN

LÄNGE | 208 km

ÜBERNACHTUNG
Hotel Eger & Park
1-3 Szálloda street, HU-3300 Eger
Freundliches Hotel in zentraler, dennoch ruhiger Lage, gutes Restaurant mit großer Weinauswahl und große Außenterrasse, Bar, Pool und ein Spa-Bereich sind vorhanden.
www.hotelegerpark.hu
47.896980, 20.376272

Unterwegs im waldreichen
Mátra-Gebirge.

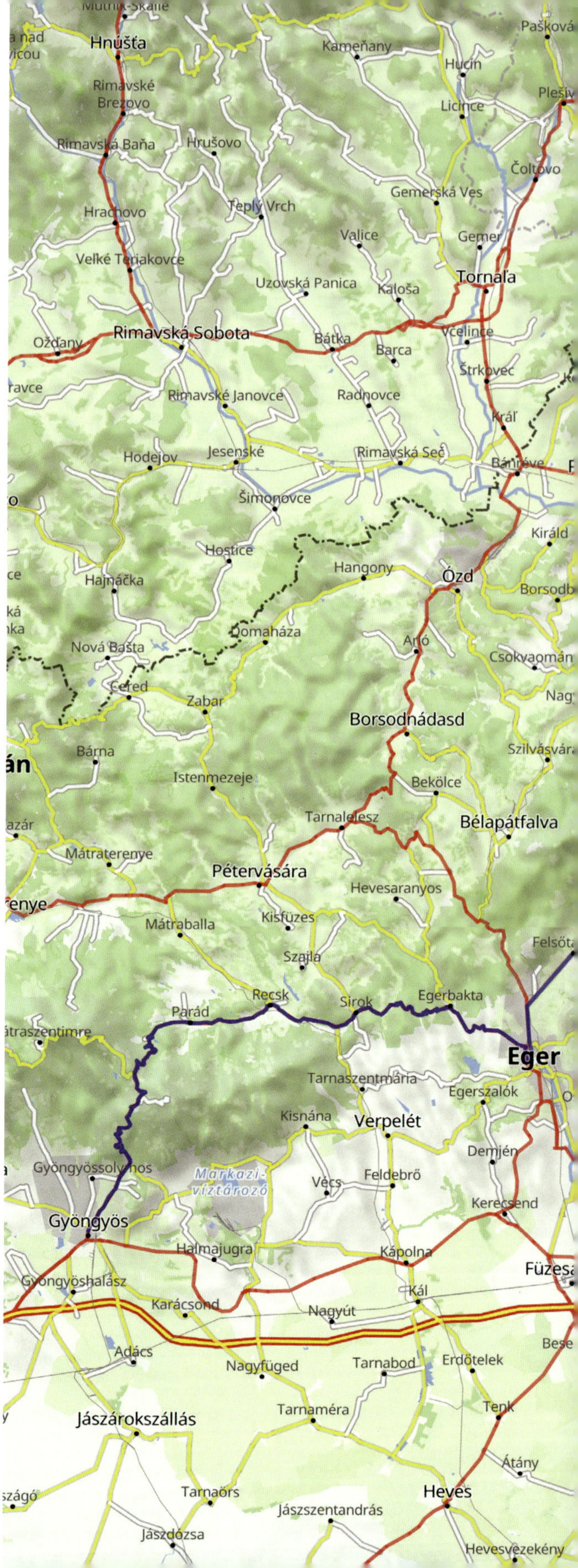

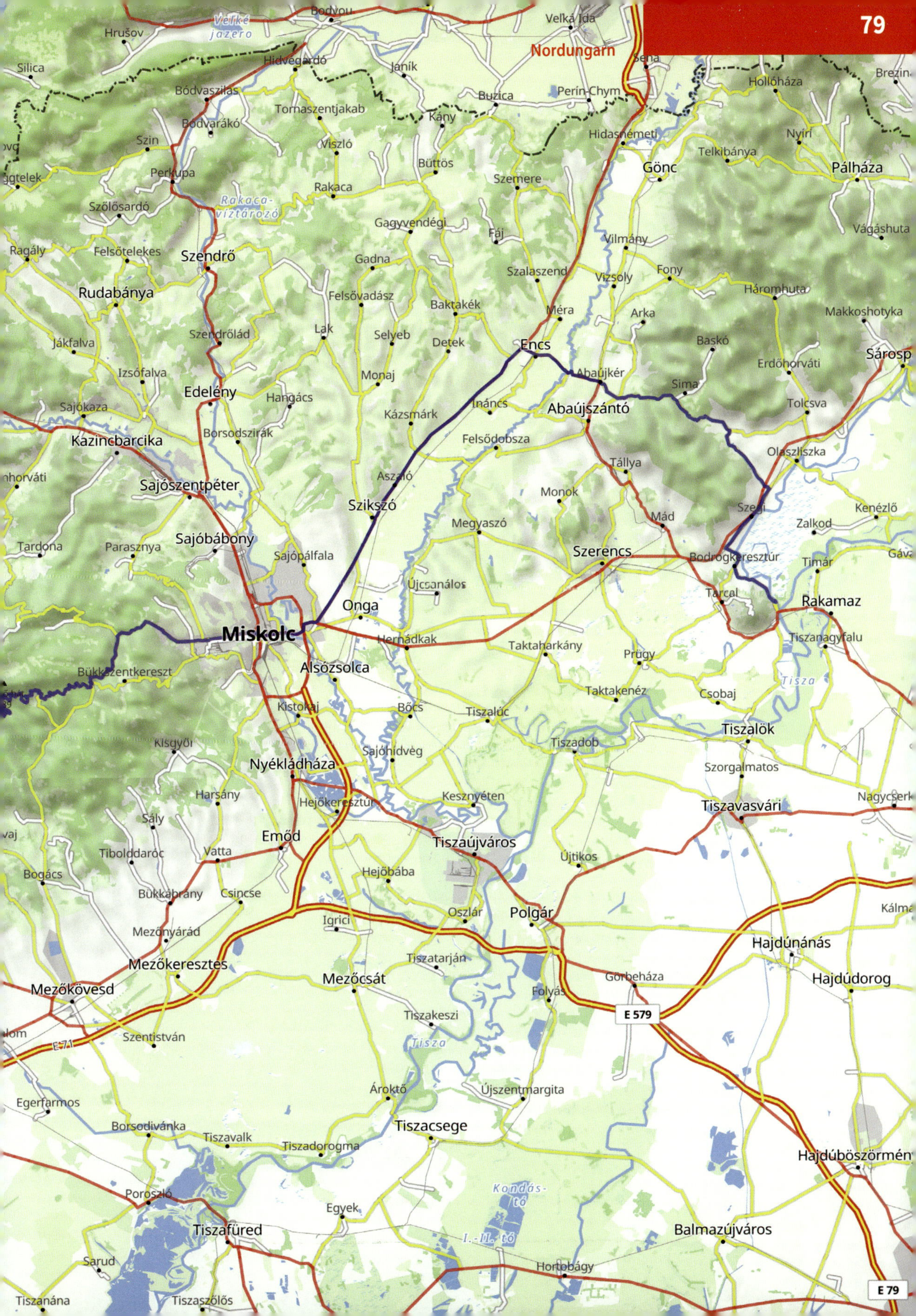
Nordungarn
Velké jazero
Bodvou
Veľká Ida
Hrušov
Silica
Hidvégardó
Jánik
Bódvaszilas
Tornaszentjakab
Buzica
Perín-Chym
Sena
Hollóháza
Brezina
Bódvarákó
Kány
Szin
Viszló
Hidasnémeti
Nyíri
Telkibánya
Büttös
Gönc
Pálháza
Perkupa
Szemere
Rakaca
Rakaca-víztározó
Szőlősardó
Gagyvendégi
Fáj
Vágáshuta
Vilmány
Ragály
Felsőtelekes
Szendrő
Gadna
Szalaszend
Fony
Vizsoly
Háromhuta
Rudabánya
Felsővadász
Baktakék
Méra
Arka
Makkoshotyka
Jákfalva
Szendrőlád
Lak
Selyeb
Detek
Encs
Baskó
Erdőhorváti
Sárosp
Izsófalva
Monaj
Abaújkér
Sima
Edelény
Hangács
Sajókaza
Kázsmárk
Ináncs
Abaújszántó
Tolcsva
Kazincbarcika
Borsodszirák
Felsődobsza
Olaszliszka
Tállya
Aszaló
Sajószentpéter
Monok
Szikszó
Kenézlő
Mád
Szegi
Zalkod
Megyaszó
Tardona
Parasznya
Sajóbábony
Sajópálfala
Szerencs
Bodrogkeresztúr
Timár
Gáva
Újcsanálos
Tarcal
Rakamaz
Onga
Miskolc
Hernádkak
Taktaharkány
Tiszanagyfalu
Prügy
Bükkszentkereszt
Alsózsolca
Tisza
Taktakenéz
Csobaj
Kistokaj
Bőcs
Tiszalúc
Tiszalök
Kisgyőr
Tiszadob
Sajóhidvég
Szorgalmatos
Nyékládháza
Harsány
Kesznyéten
Hejőkeresztúr
Tiszavasvári
Nagycserk
Sály
Emőd
Tiszaújváros
Tibolddaróc
Vatta
Újtikos
Bogács
Hejőbába
Bükkábrány
Csincse
Oszlár
Polgár
Kálma
Igrici
Mezőnyárád
Hajdúnánás
Tiszatarján
Mezőkeresztes
Mezőcsát
Görbeháza
Hajdúdorog
Mezőkövesd
Folyás
E 579
Tiszakeszi
E 71
Szentistván
Tisza
Ároktő
Újszentmargita
Egerfarmos
Tiszacsege
Borsodivánka
Tiszavalk
Tiszadorogma
Hajdúböszörmény
Kondás-tó
Poroszló
Egyek
Tiszafüred
I.-II. tó
Balmazújváros
Sarud
Hortobágy
Tiszanána
Tiszaszőlős
E 79

Tour 13 Kärnten

Im Land der Badeseen

Mildes und sonniges Klima, bildschöne Berge, einladende Badeseen und unzählige Kilometer herausfordernder Straßen – das Kärnten ist für Motorradreisende ein echtes Paradies.

BASISORT
Berg im Drautal

TOURLÄNGE
ca. 195 km

ROADBOOK
Berg im Drautal, Oberdrauburg, Iselsberg, Winklern, Außerfragant, Spittal an der Drau, Stockenboi, St. Stefan im Gailtal, Pressegger See, Hermagor, Weißbriach, Greifenburg, Berg im Drautal

Berg im Drautal – das idyllische Örtchen am Ufer der Drau, einem Nebenfluss der Donau, gelegen, ist Start- und Zielort dieser entspannten Tour durch das südlichste Bundesland der Republik Österreich, durch Kärnten. Nur ein paar Meter zwischen Wald und Wiesen hindurch und schon finden wir uns auf der E 66 wieder, die sich parallel zu Fluss und Bahn durch das Tal schlängelt. Wir folgen ihr gen Westen und kaum haben wir Dellach im Drautal passiert, grüßt linker Hand schon Schloss Stein. Die gut erhaltene, mittelalterliche Felsenburg ragt imposant aus dem Berghang empor, leider ist sie im Privatbesitz und kann nicht besichtigt werden.

Weiter ins Gailtal

Eine Hand voll Kilometer weiter führt die Drautalstraße direkt an den Fluss heran und wir trudeln in Oberdrauburg ein. Wer Lust auf eine zweite Runde hat, biegt hier in Richtung des fast 1000 Meter hohen Gailbergsattel ab und düst weiter ins Gailtal. Aber auch Oberdrauburg selber ist durchaus sehenswert. Nicht weniger als 18 denkmalgeschützte Bauten locken hierher, allen vorweg die beiden Burgruinen Hohenburg und Flaschberg. Im einladenden und schönen Ortskern lässt sich zudem prima Kaffee trinken und rasten.

Uns geleitet die Drau mit ihrem grünen Tal weiter in Richtung Iselsberg. Kurz bevor wir dort den westlichsten Punkt unserer Runde erreicht haben, lohnt sich ein Blick nach rechts, hier liegt der kleine Flugplatz Lienz-Nikolsdorf. Von hier lassen sich tolle und aussichtsreiche Rundflüge starten ein spannendes Erlebnis. Und schnell folgt dann auch der Abzweig auf die Landesstraße 107. Die schwingt sich in großen Schleifen hinauf in Richtung Winklern, um die gewaltige Kreuzeckgruppe mit ihren mächtigen bis zu 2784 Meter hohen Gipfeln zu umrunden.

Halt am Weissensee und Blick auf die spätgotische Pfarrkirche St. Stefan im Gailtal.

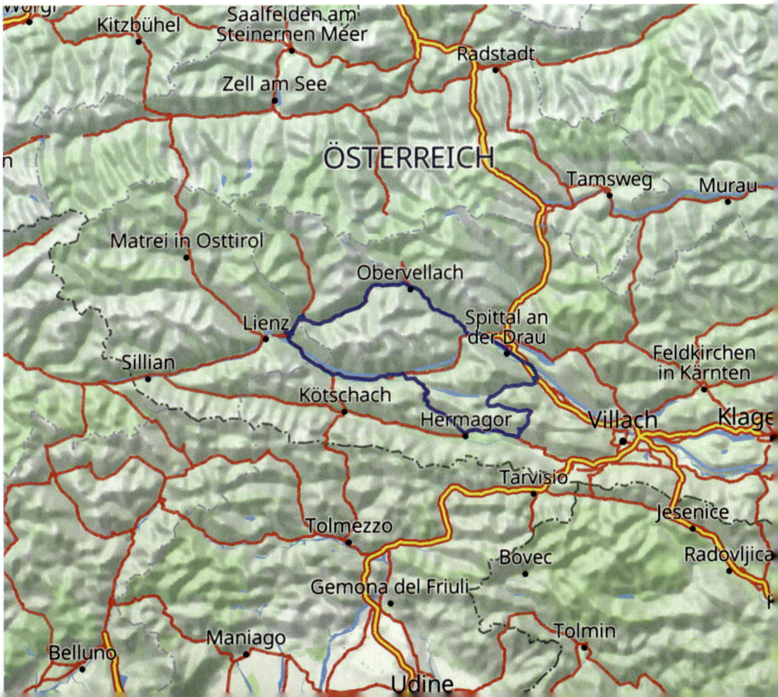

HIGHLIGHT

RAGGASCHLUCHT

Das Highlight dieser eher leichten Tour, die sich zum entspannten Cruisen anbietet, sind neben den aussichtsreichen und sanft geschwungenen Strecken die einladenden Badeseen. Hier lockt sommerliche Erholung pur. Richtig spannend ist der beschriebene kurze Abstecher mitten hinein ins Naturschauspiel der Raggaschlucht. Fahrerisch gilt mit Sicherheit die herrliche Landschaft rund um den Lienzer Hausberg Iselsberg als Highlight.
(46.93142, 13.137760)

Am Iselsbergpass überqueren wir in 1204 Metern Höhe die Grenze zwischen Kärnten und Tirol, rollen auf der Nordrampe wieder gen Tal und treffen bei Winklern auf den nächsten Flusslauf, der uns ein gutes Stück begleiten wird: die Möll. Entlang der Mölltalstraße cruisen wir relaxt durch das Tal.

Rechts und links des Weges ragen bewaldete Berghänge in die Höhe, dazwischen läuft der Asphalt durch weite grüne Wiesen, grasende Kühe stehen Spalier – eine echte Idylle und Erholung pur. Obervellach, anerkannter Luftkurort am Ufer der Möll, bietet sich zur Einkehr an. Rund um den einladenden Hauptplatz lockt das eine oder andere Straßencafé und in den Restaurants der Gemeinde werden köstliche Kärntner Spezialitäten gereicht. Unser Tipp: Unbedingt die leckeren und frisch gefangenen Äschen aus der Möll probieren – sehr lecker!

Das Mölltal führt uns weiter in südwestlicher Richtung auf der Landesstraße 106 und schließlich treffen wir unsere alte Bekannte wieder: die Drau. In die mündet die Möll kurz vor Spittal, dem Zentrum Oberkärntens. Die lebhafte Stadtgemeinde lädt ebenfalls zum Besuch, auch das gleich nebenan liegende Seeboden und natürlich der Millstätter See laden zu einem interessanten Abstecher ein. Uns steht aller-

Über den Iselsberg führt die gleichnamige Passstraße (oben). Entspannung am Presseger See (rechts).

dings mehr der Sinn nach Motorradfahren, also lassen wir See und Ort im wahrsten Wortsinne links liegen, halten uns an die Landesstraße 100 und biegen schließlich bald in südlicher Richtung den Schildern nach Zlan und Stockenboi folgend ab.

Stockenboier Landesstraße nennt sich die herrliche Talstrecke, die kaum befahren durch die herrliche, dicht bewaldete Berglandschaft führt. Spannende Zweitausender strecken sich in den Himmel, zwischen den Hängen mäandert der Asphalt durch das Tal. Von Kavallar aus bietet sich ein Abstecher zum bildhübschen Weißensee, dem höchstgelegenen der großen Kärntner Badeseen. Hier lässt sich nicht nur vortrefflich Baden, im Winter ist der See regelmäßig zugefroren und ein Paradies für Wintersportler. Übrigens, auch hier gibt's lecker Fisch: Die Seeforellen aus dem Weißensee werden schon seit dem Mittelalter als Delikatesse geschätzt.

Über die Windische Höhe

Ein wilder Schlenker der Route von West nach Ost, dann nehmen wir Kurs auf St. Stefan im Gailtal. Bevor wir aber in das reizvolle Tal der Gail hinabtauchen, gilt es, noch einen Pass zu überqueren. Die 1110 Meter hohe Windische Höhe markiert hier den Übergang zwischen Drautal und Gailtal. Oben auf dem Pass gibt's im freundlichen Alpengasthof Enzian richtig leckeres Essen und der selbst gemachte Apfelstrudel ist einfach ein Gedicht.

Schnell geht's vom Pass hinunter ins Tal, quer durch St. Stefan und vorbei am Pressegger See, einem weiteren verlockenden Badegewässer. Der See ist relativ groß, aber dafür extrem flach. Perfekt für empfindliche Naturen, zählt der See dadurch regelmäßig zu den wärmsten Badeseen Österreichs.

Ein letzter Anlauf bergauf und mit dem 1077 Meter hohen Kreuzberg-Sattel haben wir den letzten Pass dieser Relax-Runde erreicht. Mit bis zu 15 Prozent Gefälle stürzen wir uns wieder hinab an die Drau und beenden schließlich in Berg im Drautal diese herrliche Rundtour. ◀

Ein Bummel durch Hermagor lohnt sich.

TOUR 13 | Österreich

KÄRNTEN

LÄNGE | 195 km

ÜBERNACHTUNG
Gasthof / Pension / Café / Konditorei Hassler
Berg 131, A-9771 Berg im Drautal
Motorradkarten, Wander- und Tourenkarten, Infrarotkabine und Fitnessraum, Garagen für Motorräder, eigenes Restaurant und Café.
www.cafe-hassler.at
(47.525116, 12.248623)

Das Gebiet um den Weissensee steht unter besonderem Schutz.

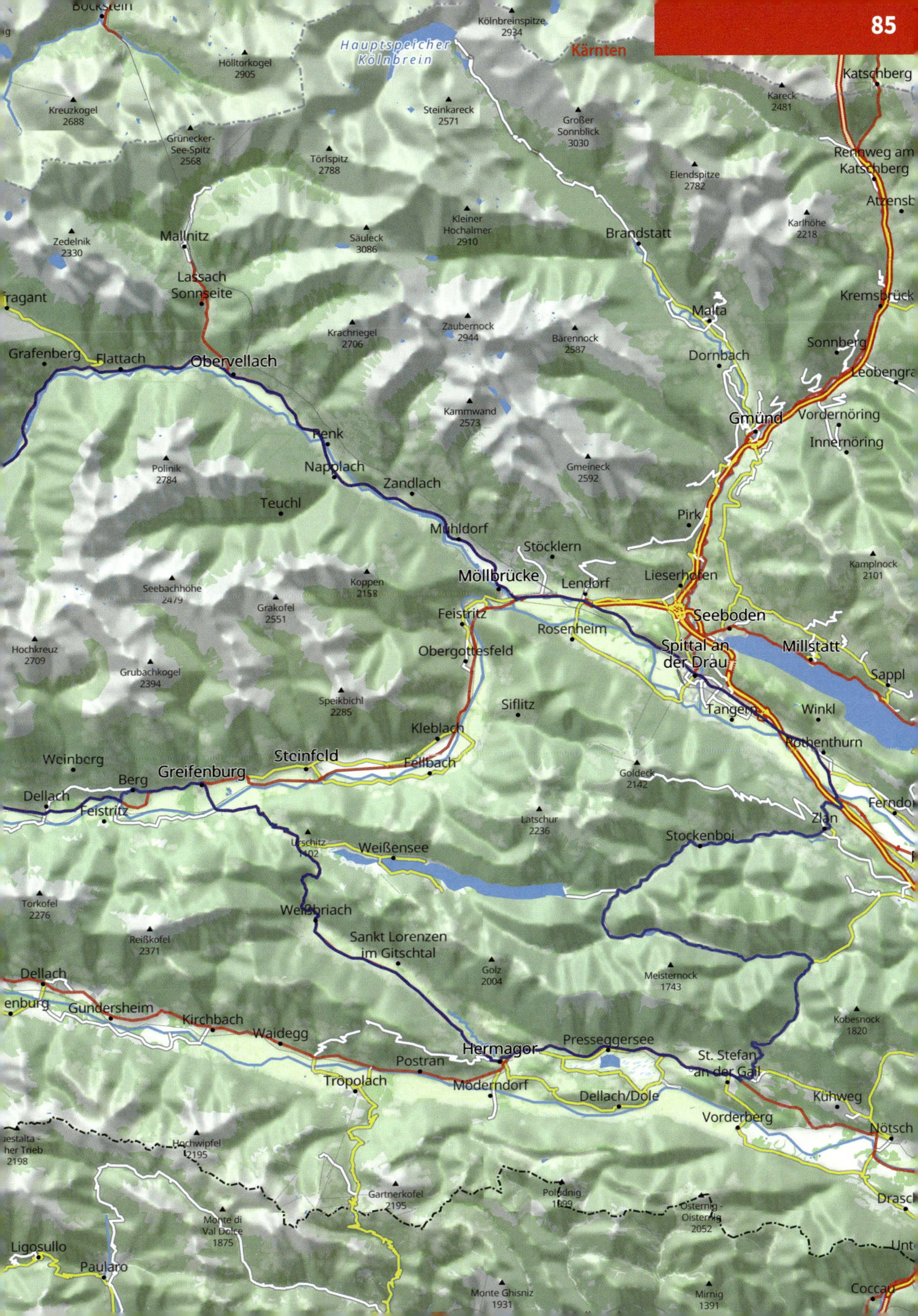
Kärnten
Hauptspeicher Kölnbrein
Kölnbreinspitze 2934
Hölltorkogel 2905
Kreuzkogel 2688
Grünecker-See-Spitz 2568
Törlspitz 2788
Steinkareck 2571
Großer Sonnblick 3030
Katschberg
Kareck 2481
Rennweg am Katschberg
Elendspitze 2782
Atzensb
Zedelnik 2330
Mallnitz
Säuleck 3086
Kleiner Hochalmer 2910
Brandstatt
Karlhöhe 2218
Lassach Sonnseite
ragant
Krachriegel 2706
Zaubernock 2944
Bärennock 2587
Malta
Kremsbrück
Sonnberg
Dornbach
Leobengra
Grafenberg
Flattach
Obervellach
Kammwand 2573
Gmünd
Vordernöring
Innernöring
Penk
Napplach
Polinik 2784
Gmeineck 2592
Zandlach
Teuchl
Pirk
Mühldorf
Stöcklern
Kamplnock 2101
Möllbrücke
Lendorf
Lieserhofen
Seebachhöhe 2479
Koppen 2158
Feistritz
Seeboden
Grakofel 2551
Rosenheim
Spittal an der Drau
Millstatt
Hochkreuz 2709
Obergottesfeld
Grubachkogel 2394
Sappl
Siflitz
Speikbichl 2285
Tangern
Winkl
Kleblach
Rothenthurn
Weinberg
Steinfeld
Fellbach
Goldeck 2142
Greifenburg
Berg
Dellach
Feistritz
Ferndo
Latschur 2236
Zlan
Stockenboi
Urschitz 1102
Weißensee
Torkofel 2276
Weißbriach
Reißkofel 2371
Sankt Lorenzen im Gitschtal
Golz 2004
Meisternock 1743
Dellach
enburg
Gundersheim
Kobesnock 1820
Kirchbach
Waidegg
Presseggersee
Hermagor
St. Stefan an der Gail
Postran
Tröpolach
Möderndorf
Dellach/Dole
Kühweg
Vorderberg
Nötsch
estalta - her Trieb 2198
Hochwipfel 2195
Gartnerkofel 2195
Poludnig 1999
Drasch
Osternig - Oisternig 2052
Monte di Val Dolce 1875
Ligosullo
Unt
Paularo
Monte Ghisniz 1931
Mirnig 1391
Coccau

Tour 14 Oberösterreich

Im Land der Voralpen

In Oberösterreich kommen Freunde der Kultur und Kulinarik auf ihre Kosten. Geprägt von der mächtigen Donau wurde die Schönheit dieser Landschaft schon vor langer Zeit entdeckt.

BASISORT
Ulrichsberg

TOURLÄNGE
ca. 180 km

ROADBOOK
Ulrichsberg, Hofkirchen im Mühlkreis, St. Martin im Mühlkreis, Ottensheim, Linz, Gramastetten, St. Ulrich im Mühlkreis, Neufelden, Rohrbach in Oberösterreich, Ulrichsberg

Die kleine Marktgemeinde Ulrichsberg am Südrand des Böhmerwalds liegt nicht weit von der Grenze nach Tschechien entfernt. Spannende Moppedtouren lassen sich von hier starten. Hinüber nach Tschechien, über die Grenze nach Niederbayern oder eben, so wie wir jetzt und hier, durch das Mühlviertel. Wer sich vorab noch einen schönen Blick über die Region gönnen möchte, der entert einen der beiden Aussichtstürme, für die Ulrichsberg bekannt ist; entweder den Moldaublick mit einem tollen Panorama über den Moldaustausee oder aber den Alpenblick, der nicht nur das Mühlviertel präsentiert, sondern sogar bei schönem Wetter ein faszinierendes Alpenpanorama.

Parallel der Grenze

Uns entlässt Ulrichsberg in südlicher Richtung, wir überqueren die Große Mühl und kurven abwechselnd durch Wiesen und Wald auf Julbach zu. So ziemlich parallel der deutsch-österreichischen Grenze geht es auf eher verkehrsarmen Nebenstrecken recht entspannt zu. Kurz kreuzen wir bei Kollerschlag die verkehrsreichere Landesstraße 38, die gen Westen schnurstracks nach Deutschland führt. Nichts für uns, lieber bleiben wir auf entspannten Wegen, nehmen Kurs auf Eidenberg.

Fast schade, dass es noch so früh am Tag ist. Lockt doch bei Oberkappel ein lohnender Abstecher zum Baden im Rannasee. Der 1983 eröffnete Badesee mit seinem quirligen Erholungszentrum ist ein gemeinsames Projekt Deutschlands und Österreichs und bietet vom reizvollen Badestrand über Tretboote und Tiergehege bis hin zur riesigen Wasserrutsche und einem einladenden Gasthaus alles, was einen tollen Badetag ausmacht.

Trotzdem lassen wir ihn rechts liegen und steuern das Mopped weiter in südlicher Richtung. Und so dauert es nicht mehr lange, bis wir etwas südlich von Hofkirchen im Mühlkreis am Ufer der Donau eintrudeln. Träge und gleichmütig fließt hier der zweitlängste

In den Weinbergen der Wachau öffnet sich der Blick auf die Donau.

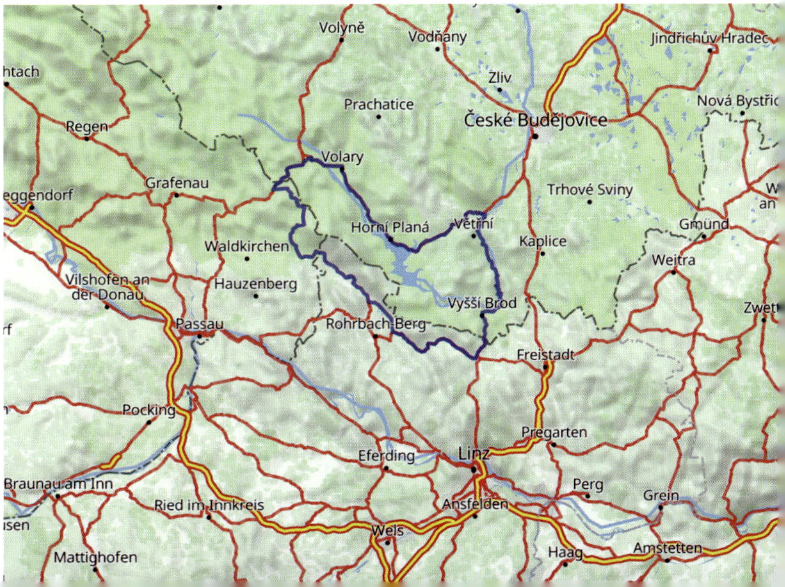

HIGHLIGHT

ERLEBNISWELT GRANIT

Bei St. Martin i.M. mitten im Mühlviertler Granithochland lockt die kurzweilige Erlebniswelt Granit. Mit dem Museum in der Hammerhütte, spannenden Veranstaltungen in der Arena des Naturamphitheaters und Vorführungen sowie einem Natursteinlehrpfad mit über 150 Exponaten wird das steinharte Thema abwechslungsreich präsentiert. Auch für Nicht-Geologen eine interessante Sache. Infos: **www.erlebniswelt-granit.at**
GPS 48.436764, 13.999785

Fluss Europas zwischen grünen Ufern hindurch und offeriert so manchen schönen Picknick- und Pausenplatz. Auch das eine oder andere Café lädt hier zum Relaxen.

Am Ufer der Donau

Auf kurviger Waldstrecke geht es weiter nach Hofkirchen und von dort durch weite, grüne und offene Landschaft nach Niederkappel und schon finden wir uns im kleinen Obermühl erneut am Ufer der Donau wieder, wo die Kleine Mühl in den Strom mündet.

Ganze 87 Einwohner hat Obermühl Stand 2020, aber dafür gibt es hier eines der leckersten Fischrestaurants der Region. Der vom Haus selbst gefangene Donaufisch wird zum moderaten Preis serviert und schmeckt einfach köstlich. Und wer keinen Fisch mag, ordert Wild aus eigener Jagd oder einen der schmackhaften und üppigen Salate.

Im Zickzack-Kurs geht es weiter an der Donau entlang. Nicht weit von Neuhaus an der Donau, bei Hartkirchen und bei Ottensheim treffen wir unseren Flusslauf wieder und ganz im Osten der heutigen Runde rollen wir in Linz aus. Die muntere Landeshauptstadt von Oberösterreich, immerhin die drittgrößte Stadt Österreichs, hat viel zu bieten. Badeseen, Parkanlagen, ein gut besuchter Zoo, eine nette Innenstadt mit mehreren Einkaufszentren und vieles mehr locken in die Donaustadt. Ein ganz besonderes Highlight ist die Hafenrundfahrt und nicht zuletzt basiert die köstliche Linzer Torte auf dem ältesten Kuchenrezept der Welt – ein echtes Muss für Besucher.

Gut gestärkt durch die historische Süßspeise schwingen wir uns wieder aufs Mopped, verlassen Linz in nordwestlicher Richtung und nehmen, vorbei am Linzer Zoo, Kurs auf Gramastetten. Dabei passieren wir den Pöstlingsberg, den Hausberg der Stadt Linz. Wer den Gipfel des 539 Meter hohen Berges mit der urigen Pöstlingbergbahn anfährt, hat von der Aussichtsplattform einen fantastischen Blick auf die Stadt.

Wir setzen lieber aufs Mopped als Verkehrsmittel und rollen bald durch Gramastetten. Wer in Linz noch

Lehrpfad in der Erlebniswelt Granit.

nicht genug Süßes genossen hat, sollte sich unbedingt die Grammastettner Krapferl gönnen. Das leckere Mürbeteig-Gebäck gilt seit weit über 100 Jahren als Spezialität und wird im Ort in Hummel's Backmanufaktur angeboten – richtig lecker!

Im steten entspannten Wechsel zwischen Grün, bestellten Feldern und kleinen, dichten Wäldern cruisen wir durch die Landschaft Oberösterreichs. Vorbei an lässig wiederkäuenden Kühen, pflügenden Bauern und kleinen Weilern passieren wir ein paar kleine idyllische Dörfer und erreichen schließlich Rohrbach in Oberösterreich.

Schon im Mittelalter galt Rohrbach dank seiner Lage an bedeutenden alten Handelswegen als wichtige Raststation vor dem Böhmerwald. Der Stadtplatz mit der prunkvollen Pestsäule wirkt auch heute noch sehr gefällig und so lässt es sich hier noch mal prächtig relaxen bevor wir die letzten Kilometer bis nach Ulrichsberg, dem Start- und Zielort unserer heutigen Motorradrunde in Angriff nehmen. ◄

Linz, die Hauptstadt Oberösterreichs, ist unbedingt einen Besuch wert (links). Süße Delikatessen gibt es bei Hummel's in Gramastetten (unten).

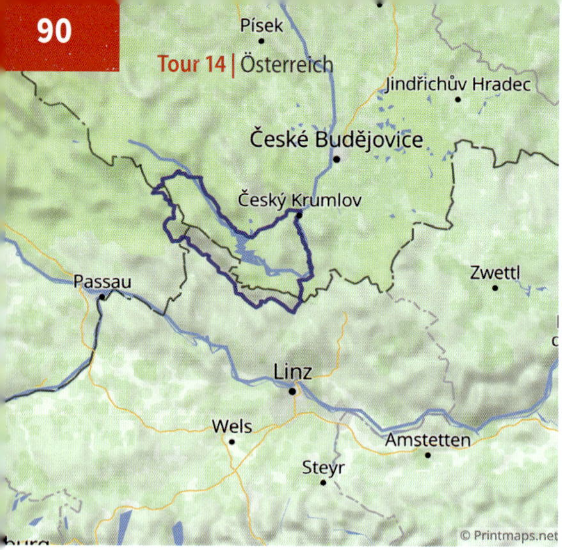

TOUR 14 | Österreich

OBERÖSTERREICH

LÄNGE | 180 km

ÜBERNACHTUNG
Gasthaus Pension Sonnenhof
Hintenberg 39, A-4161 Ulrichsberg
Freundlicher Familienbetrieb, nettes Haus mit zwölf Zimmern und eigenem Restaurant, Garage und überdachte Parkplätze.
www.sonnenhof-krauk.at
(48.684590, 13.923530)

Malerische Landschaft im Mühlviertel.

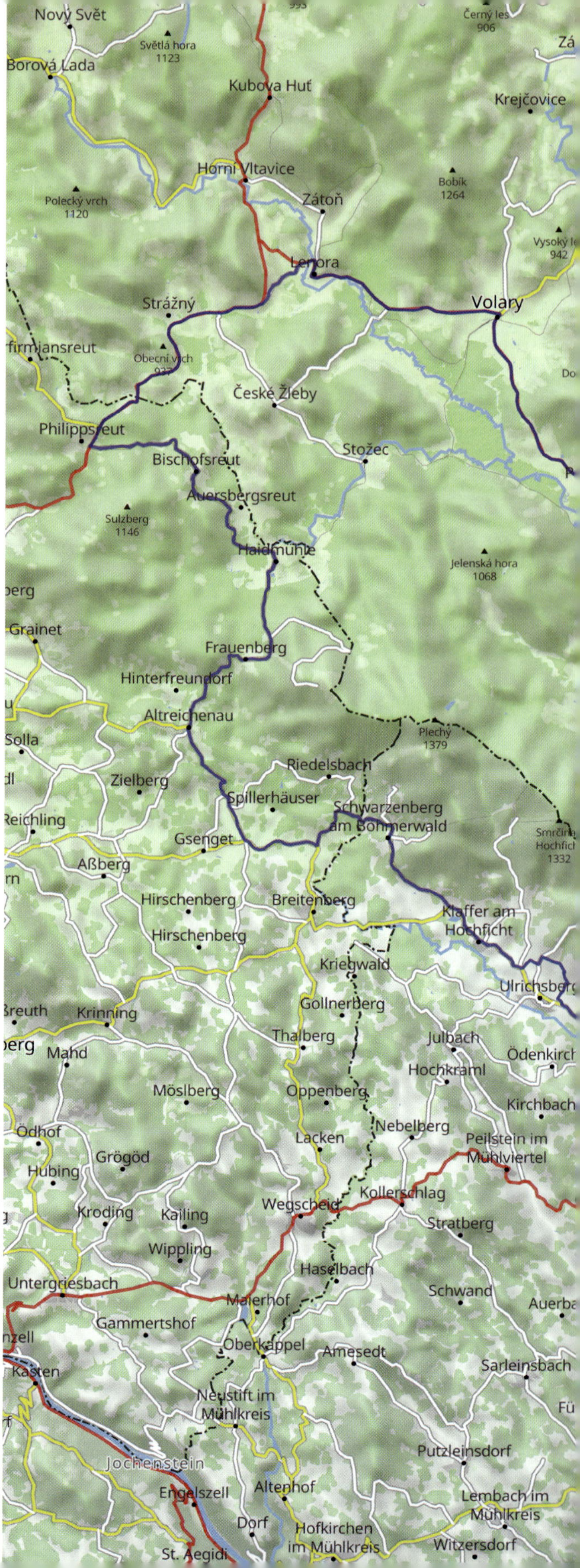

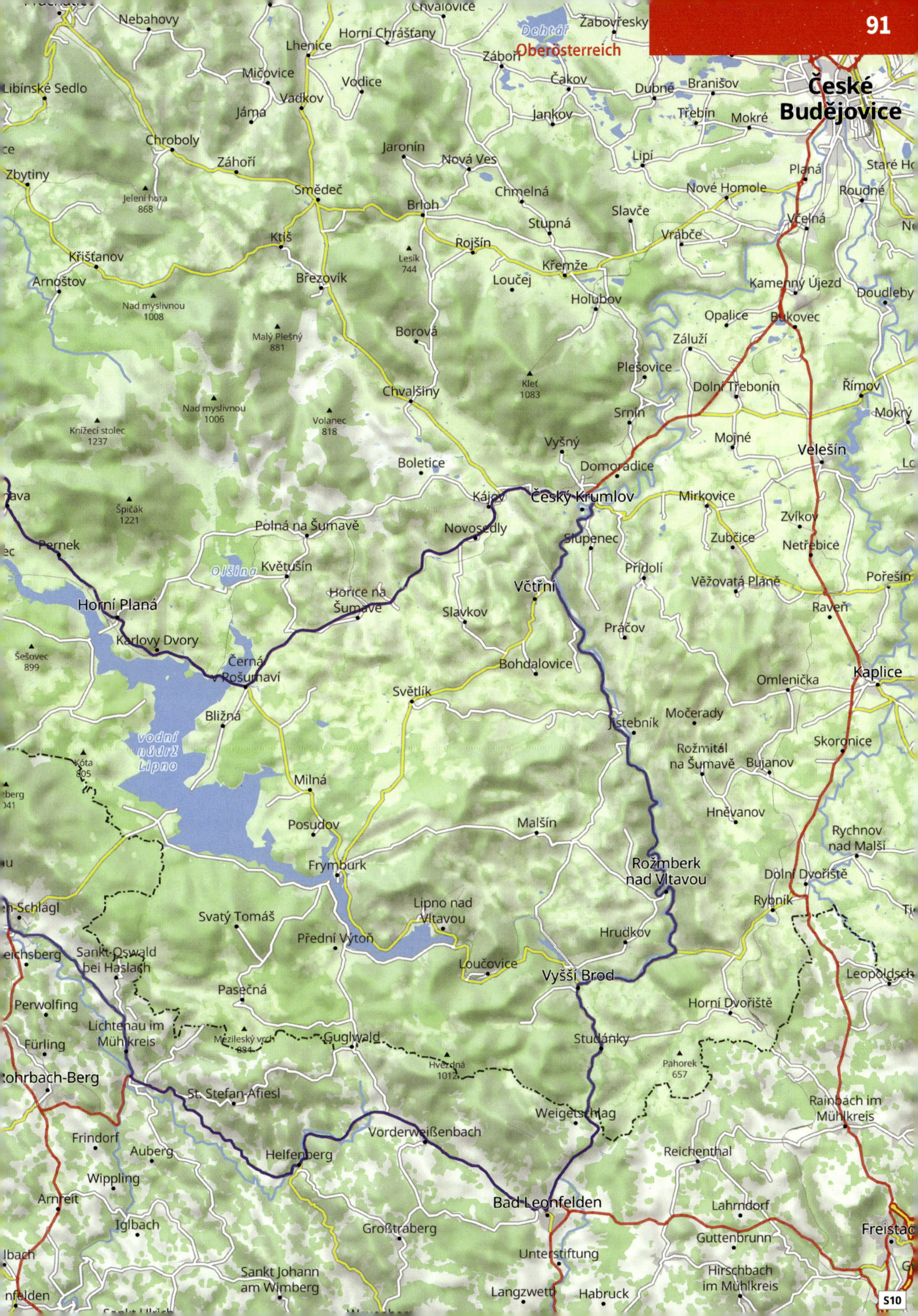
Nebahovy
Chvalovice
Žabovřesky
Dehtář
Oberösterreich
Horní Chrášťany
Lhenice
Záboří
České Budějovice
Libínské Sedlo
Mičovice
Vodice
Čakov
Dubné
Branišov
Vadkov
Jáma
Jankov
Třebín
Mokré
Chroboly
Jaronín
Lipí
Staré Hodějovice
Zbytiny
Záhoří
Nová Ves
Planá
Jelení hora
868
Smědeč
Chmelná
Nové Homole
Roudné
Brloh
Slavče
Stupná
Včelná
Křišťanov
Ktiš
Rojšín
Vrábče
Lesík
744
Křemže
Arnoštov
Březovík
Loučej
Kamenný Újezd
Nad myslivnou
1008
Holubov
Doudleby
Opalice
Bukovec
Malý Plešný
881
Borová
Záluží
Plešovice
Kleť
1083
Dolní Třebonín
Římov
Chvalšiny
Nad myslivnou
1006
Srnín
Mokrý
Knížecí stolec
1237
Volanec
818
Mojné
Vyšný
Velešín
Boletice
Domoradice
Kájov
Český Krumlov
Mirkovice
Špičák
1221
Polná na Šumavě
Novosedly
Zvíkov
Pernek
Slupenec
Zubčice
Netřebice
Olšina
Květušín
Přídolí
Věžovatá Pláně
Pořešín
Včtřní
Hořice na Šumavě
Horní Planá
Slavkov
Raveň
Karlovy Dvory
Práčov
Šešovec
899
Černá v Pošumaví
Bohdalovice
Omlenička
Kaplice
Světlík
Bližná
Jistebník
Močerady
vodní nádrž Lipno
Rožmitál na Šumavě
Skoronice
Kóta
805
Bujanov
Milná
Hněvanov
Posudov
Malšín
Rychnov nad Malší
Frymburk
Rožmberk nad Vltavou
Dolní Dvořiště
Schlagl
Svatý Tomáš
Lipno nad Vltavou
Rybník
Přední Výtoň
Hrudkov
Sankt Oswald bei Haslach
Leopoldschlag
Loučovice
Vyšší Brod
Pasečná
Perwolfing
Horní Dvořiště
Lichtenau im Mühlkreis
Mezileský vrch
834
Guglwald
Studánky
Fürling
Hvězdná
1012
Pahorek
657
Rohrbach-Berg
St. Stefan-Afiesl
Rainbach im Mühlkreis
Weigetschlag
Frindorf
Vorderweißenbach
Auberg
Reichenthal
Helfenberg
Wippling
Arnreit
Bad Leonfelden
Lahrndorf
Iglbach
Großtraberg
Freistadt
Guttenbrunn
Unterstiftung
Sankt Johann am Wimberg
Hirschbach im Mühlkreis
Langzwettl
Habruck
S10

Tour 15 Julische Alpen

Über den Berg

Gleich zwei der reizvollsten Motorradziele Sloweniens nehmen wir auf dieser Runde unter die Räder: die Mangartstraße und den grandiosen Vršič-Pass mit seinen 51 Kopfsteinkehren.

Kranjska Gora, das ehemalige Kronau, ist sommers wie winters ein quirliges Städtchen. Hier, am Dreiländereck Österreich-Italien-Slowenien, ist der ideale Ausgangspunkt für eine der spannendsten Touren in Slowenien – eine Rundreise auf und um den Mangart.

Zügig düsen wir durch das Tal der Sava Dolinka gen Westen. Nördlich von uns strecken sich die westlichen Ausläufer der Karawanken in den strahlend blauen Himmel, im Süden sind es die Gipfel der Julischen Alpen. Es ist nur eine kurze Schleife vorbei an Rateče, die uns zum westlichen Nachbarn Italien führt. Großartig kontrolliert wird hier eher selten, zumindest nicht der Grenzübertritt. Öfter liegen italienische Ordnungshüter auf dieser Strecke mit der Radarpistole auf der Lauer.

Italienischer Abstecher

Auf der SS 54 düsen wir Richtung Süden, in Richtung des grünen Val di Riofreddo. Schön geschwungen mäandert die Straße entlang des Rio del Lago, bevor sie sich mit ein paar durchaus einladenden Kehren jenseits des Lago del Predil wieder gen Osten wendet. Und schon fahren wir wieder unter dem Schlagbaum Sloweniens hindurch.

Gut einen Kilometer hinter der Grenze lockt die mautpflichtige-Mangartstraße. Man zahlt gerade mal fünf Euro (*Stand 2020*), die höchste Straße Sloweniens ist jeden Meter wert. Steil aufwärts geht es mit bis zu 14 Prozent Steigung auf einen der schönsten Gipfel der Julischen Alpen: den Mangart. Kurvenreich über spannende 17 Kehren zirkelt sich der Asphalt gen Himmel. Dabei führt die Strecke auch durch fünf unbeleuchtete Tunnel, zwei davon liegen sogar übereinander und kreuzen sich.

Wir passieren die dunklen Tunnel, genießen die knackigen Serpentinen. Grauer Fels begleitet uns, nur unterbrochen vom dichten Grün kleiner Nadelwälder und satter Wiesen.

BASISORT
Kranjska Gora

TOURLÄNGE
ca. 138 km

ROADBOOK
Kranjska Gora, Sava Dolinka-Tal, Rateče, Rio del Lago, Lago del Predil, Mangartstraße, Bovec, Soča-Tal, Trenta, Vršič-Pass, Kranjska Gora

Eine der Kehren des Vršič-Passes und Pause auf der Mangartstraße.

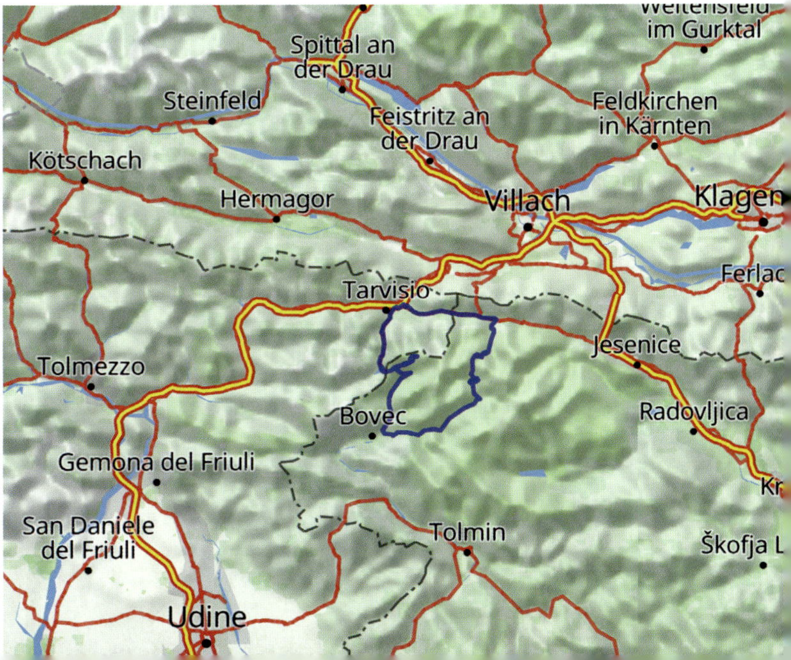

HIGHLIGHT

RAFTING AUF DER SOČA
Die Soča, die im Mangart-Jalovec-Massiv Nahe des Vršič-Passes entspringt, gilt als der schönste Fluss Sloweniens. Rund um die Schluchten lässt es sich perfekt wandern, entlang der Ufer führen fantastische Motorradstrecken und das Wildwasser lockt jährlich Tausende von Paddlern in das kristallklare Nass. Eine ganz besondere Art, die Soča näher kennenzulernen, ist das Rafting. Eine ganze Reihe Anbieter offerieren spannende Schlauchbootfahrten auf dem rauschenden Bergbach. Außer Schwimmen braucht es dafür keinerlei Vorkenntnisse und die Sache macht einen Riesenspaß.
www.soca-valley.com

Hinter einem der Tunnel fließt ein Rinnsal quer über die Straße. Das fantastische Panorama über die endlose Zahl der Alpengipfel steigert sich mit jedem Höhenmeter, bis wir schließlich in knapp über 2000 Metern Höhe am Parkplatz ausrollen. Die letzten 100 Meter geht es zu Fuß bis zum Scheitel der Lahnscharte, dann erschließt sich die einmalige Aussicht in Richtung Norden.

Im zauberhaften Soča-Tal

Irgendwann stürzen wir uns wieder über die traumhafte Passstraße in Richtung Tal. Dort angekommen treffen wir kurz vor Bovec auf die Soča. Das schöne Bovec lädt zur Pause und die umliegende Landschaft ist ein Traum. Hier wurden nicht umsonst Teile des bekannten Films „Die Chroniken von Narnia" gedreht. Offizielle Begründung war die Ähnlichkeit der landschaftlichen Kulisse zu Neuseeland. Wir halten uns in östlicher Richtung, das Flüsschen hat hier eine traumhafte Schlucht gegraben. Türkis schimmerndes, wild schäumenden Wasser rauscht neben dem Asphalt. Nicht ganz umsonst nennt sich diese Etappe der Straße 203 „Smaragdstraße": Einladende Badeplätze, kleine Kiesstrände und riesige Felsbrocken wechseln sich am Bachbett ab.

Bis Trenta führt der Weg gemächlich zwischen mächtigen Alpengipfeln hindurch. Dann geht es bergan auf den Vršič, Sloweniens höchstgelegenen Gebirgspass. Es sind genau 51 Kehren, die hinauf bis auf 1611 Meter und wieder hinunter führen. Der Verlauf des Passes, der wetterabhängig meist von November bis April geschlossen ist,

Auf der Mangartstraße hat man mitunter tierische Begleitung (oben), bei guter Sicht zudem auch phänomenale Ausblicke (rechts).

ist ein Traum. Die spannenden Kurven führen durch eine unvergessliche Landschaft, flankiert von riesigen grauen Felstürmen windet sich der Pass den Berg hinauf. Schattenspendende Nadelbäume recken sich in den Kehren empor und beschirmen kleine Parkplätzchen, von denen sich Panorama und Strecke gleichermaßen bestaunen lassen.

Kopfstein statt Asphalt

Trotz aller Euphorie ist auf dem Vršič-Pass Konzentration geboten. Die meisten Kurven des Vršič-Passes haben zwar einen mittelgroßen Radius, sind aber auch heute noch kopfsteingepflastert und nicht jeder Stein ist immer da, wo er eigentlich hingehört. Besonders an den Straßenrändern findet sich zusätzlich einiges an Split und Steinchen. Manchmal schwemmt auch ein kräftiger Regenschauer Sand und Erde auf den Asphalt. Schon so mancher, sich selbst überschätzender Biker hat hier, besonders bei Nässe, intensiveren Kontakt mit dem Pass aufgenommen. Aber keine Sorge, wer die Augen aufhält und sein Motorrad beherrscht, erreicht auch unbeschadet die andere Seite des grandiosen Vršič-Passes und rollt bald darauf in Kranjska Gora wieder aus und beendet dort diese fantastische Runde. ◂

Über Kopfstein auf dem Vršič-Pass (oben) geht es zur wilden Soča im gleichnamigen Tal (unten).

TOUR 15 | Slowenien

JULISCHE ALPEN

LÄNGE | 138 km

ÜBERNACHTUNG
Hotel und Restaurant Kotnik
Borovška cesta 75, SI-4280 Kranjska Gora
Familiäres Motorradhotel mit einladender Küche, Taverne und Pizzeria, sehr freundliches Team, große Garage, netter Service
www.hotel-kotnik.si
(46.484430, 13.785905)

Unterwegs auf der Mangartstraße.

Feistritz an der Gail
Suha
Gailtalzubringer
Gladiolenwiese
Oberfederaun
Unterschütt
Fürnitz
Draschitz
Gailitz
Erlendorf
Pessendellach
Arnoldstein
Pöckau
Riegersdorf
Sankt
Unterthörl
Seltschach
Krainegg
Kapinberg - Monte Capin di ponente
1735
Coccau
Monte Comizza
1302
San Antonio
Steinberg / Kamnati vrh
1656
Tarvisio
Poscolle
Rutte grande
Fusine in Valromana
Rateče
Podkoren
Rutte piccolo
Spaick
Kranjska Gora
Log
Plezzut
Aclete
Ortigara superiore
Col del Lago
1010
Planica
Ciutte
Dom RTV
948
1576
Jasna
Riofreddo
Ranftkofel
1895
Rifugio Luigi Zacchi
1380
Kurji vrh
1762
Muda
Monte Buconig
2075
Slemenova Špica
1911
Špik
2473
Cave del Predil
Sinji dol
Gladki rob
Greben
Ajdovska deklica
Tamar
Nad Jamo
Lago del Predil
Gladki Rob
Krnica
Log pod Mangartom
Vrh Prodov
Stena
Maklenova peč
Gamswurzrücken
Vrh Žlebičev
Spodnji Log
Korita
Pelc nad Klonicami
2391
Na Robe
Pri Cerkvi
Bricelјk
2346
dom Možnica
801
Loška stena
Trentski Pelc
2116
Trenta
Zadnjica
Skok
Šija
Planinsko učno središče (PUS) Bavšica
708
Rombon
2208
Sten
Zasavska koča na Prehodavcih
2071
Kukč
Čisti vrh
1875
Soča
Glava
1283
Bovec
Podklanec
Travniška dolina
Mala Zelnarica
2320
Zgornja Komna
Komna
Lopučniška dolina
zsoča
Vršiči
1699
Javoršček
Lepena
Dol za bajarjem

Tour 16 Istrien

Im Norden der Adria

Im Norden des Adriatischen Meeres ragt die Halbinsel Istrien weit hinaus. Bildschöne Hafenstädte, aussichtsreiche Küstenstraße und das urige Hinterland locken zu Entdeckungsreisen.

BASISORT
Savudrija

TOURLÄNGE
ca. 330 km

ROADBOOK
Savudrija, Umag, Novigrad, Poreč, Vrsar, Limski-Kanals, Rovinj, Pula, Vodnjan, Halbinsel Kamenjak, Barban, Plomin, Opatija, Lisina, Male Mune, Brest, Buze, Motovun, Buje, Savudrija

Savudrija, Ausgangspunkt dieser Istrien-Runde, ist eines der ersten Küstendörfer gleich hinter der kroatisch-slowenischen Grenze. Im Hafen dümpeln ein paar Boote im Wasser, Möwen steuern schreiend durch die Luft, das Café lädt zur Pause – Idylle pur. Wir machen uns auf die Reifen, verlassen Savudrija gen Süden und folgen der Küstenstraße. Weit kommen wir nicht, schon bald lockt das bildschöne Umag mit seinen kleinen, engen Altstadtgässchen und dem türkis schimmernden Hafenbecken, gesäumt von weißen Mauern und bunten Fassaden.

Aber wir sind ja zum Touren hier, also geht es weiter entlang der Küste. Immer wieder windet sich die Strecke zwischen den Bergen des Hinterlandes und dem Wasser hin und her. Stetig pendelt unser Blick zwischen der windgekräuselten Wasseroberfläche rechter Hand und den Feldern und Weinbergen zur Linken. Ein kurzer Abstecher nach Novigrad, dann überqueren wir schon zügig das breite Delta des Flüsschens Mirna.

Bedeutende Bauten

Poreč darf man sich einfach nicht entgehen lassen. Neben Rovinj und Pula ist Poreč die bedeutendste Küstenstadt Istriens, vielleicht sogar die schönste. Umgeben von der urigen Altstadt beherrscht die Euphrasius-Basilika das Stadtbild. Mit ihren anschließenden Sakralbauten wie dem Bischofspalast und dem Atrium ist sie eines der bedeutendsten Bauwerke Kroatiens.

Wer mag, gönnt sich in einem der gemütlichen Restaurants, die sich rund um den Hafen finden, leckeren, fangfrischen Fisch. Verlockend dazu wäre einer der hervorragenden regionalen Weine, aber Vorsicht, das verträgt sich nicht mit Motorradfahren.

Kurz hinter Vrsar biegen wir ins Landesinnere ab. Auf der abwechslungsreichen Strecke, die in das Hinterland des Limski-Kanals führt, brutzeln rechts und links der Straße jede

Unterwegs auf der Jadranska Magistrala südlich von Umag und im zauberhaften Rovinj.

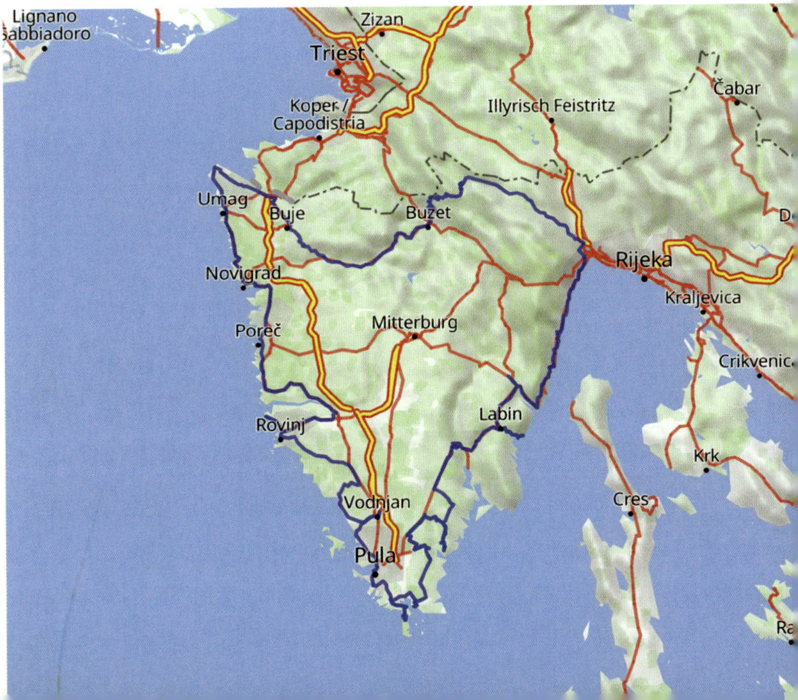

HIGHLIGHT

LOKALE SPEZIALITÄTEN
Ganz hoch im Kurs stehen in Istrien natürlich frischer Fisch und Meeresfrüchte. In Öl eingelegte Sardellen, marinierter Fisch und Salate mit Fisch sind besonders empfehlenswert. Ein Genuss ist der Pršut, sehr dünn geschnittener, luftgetrockneter Schinken. Sehr schmackhaft sind die über Holzfeuer gegrillten Lamm- und Spanferkel-Spezialitäten. Im Hinterland gibt es auch leckere Wildgerichte.

Istrien ist eine Weinlandschaft. Roter Teran wird zu Schinken und Käse getrunken, Merlot und Cabernet ergänzen sich am besten mit Wildgerichten. Malvazija ist die bekannteste weiße Traube in Istrien und passt perfekt zu Fischgerichten. Nach dem Essen gibt es traditionell Šljivovic, den köstlichen Obstbrand aus Pflaumen oder regionalen Grappa.

Menge schmackhafte Spanferkel in riesigen Grills, verführerische Düfte steigen in den Helm. Ein kurzes Stück folgen wir dem fjordähnlichen Lims-Kanal an seinem nördlichen Ufer, dann geht es hinunter ans Wasser. An einem der Marktstände am Hafenbecken lassen wir uns ein Stück frischen Käse einpacken –und weil er so richtig lecker schmeckt, kommt auch noch ein guter Grappa aus der Region in die Box.

Malerisches Rovinj

Zwar führt die Jadranska Magistrala – die adriatische Küstenstraße – ab dem Limski-Fjord schnurstracks weiter zu Istriens südlicher Spitze, aber wir biegen hinter dem vermeintlichen Fjord scharf rechts ab und folgen den Schildern nach Rovinj. Hier pulst das Leben. Das malerische Ambiente, einladende Restaurants und Kneipen, der große Hafen und zahlreiche touristische Ziele im Umland locken Heerscharen von Besuchern an. In der für Fahrzeuge gesperrten Innenstadt herrscht quirliges Treiben. Wir parken das Motorrad auf dem großen Parkplatz und erkunden die reizvolle Stadt ein wenig zu Fuß.

Bald folgen wir dann den kleinen Nebenstrecken zwischen Rovinj und Pula zum Südzipfel Istriens. Auf schmalem Asphalt geht es entlang der Küste, aber nicht ohne einen Abstecher nach Vodnjan. Das ist nicht nur seiner interessanten Altstadt wegen reizvoll, hier lockt auch die Kirche des Heiligen Blasius. In ihr finden sich die beeindruckenden, nahezu unverwesten Mumien dreier Heiligen aus dem 12. bis 15. Jahrhundert. Es ist bis heute nicht eindeutig geklärt, weshalb sich die Körper, obwohl weder einbalsamiert noch hermetisch verschlossen, in so einem guten Zustand befinden.

Die Halbinsel Kamenjak ist nur über eine einzige mautpflichtige Zufahrt erreichbar. Holprige, staubige

Traumpanorama auf der Halbinsel Kamenjak.

Pisten führen an fantastische Strände, ein-same Buchten und durch dichte Macchia, geniale Ausblicke in die Buchten ringsum mit inbegriffen. Kreuz und quer fahren wir durch die Landschaft, bis ins äußerste Eck, von wo der Blick nur noch weit hinaus ins Meer reicht.

Aussichts-Highlights

Rund um die Bucht von Medulin fahren wir von hier aus zu Istriens östlicher Küste. Wir passieren kleine Dörfer und Höfe und genießen die Landschaft. Über Barban und Plomin präsentiert die Strecke ein Aussichts-Highlight nach dem anderen. Immer wieder fällt der Blick hinaus aufs tiefblaue Meer, wo kleine Fischerboote auf den Wellen hüpfen. Etwa 20 Kilometer vor Rijeka, beim Küstenörtchen Opatija, endet die Küste.

Für uns ist es hier an der Zeit, den Bogen ins Landesinnere zu finden. Der Weg führt uns am 1400 Meter hohen Vojak vorbei wieder ins Hinterland. Über Lisina geht es auf die slowenische Grenze zu. Buze, das bildschöne Bergdorf Motovun und das ebenfalls sehenswerte Buje führen uns auf zügig befahrbarer Landstraße wieder zurück an die Küste nach Savudrija. ◀

Lohnenswert sind die Städte Buje (oben) und Motovun (unten) im Hinterland.

TOUR 16 | Kroatien

ISTRIEN

LÄNGE | 330 km

ÜBERNACHTUNG
Boutique Hotel Vela Vrata
Šetalište V. Gortana 7, HR-52420 Buzet
Sorgfältig restauriertes Hotel in schöner Lage bietet fantastische Aussicht auf den Fluss Mirna und das gleichnamige Tal, ein sehr schönes Spa, dazu ein Restaurant und Weinhandel.
www.velavrata.net
(45.405942, 13.967792)

Traumhafter Sonnenuntergang bei Rovinj.

Triest
Opicina / Opčine
Basovizza / Bazovica
Waatsche
Kozina
Dolina
Mulgs
Materija
Koper / Capodistria
Črni Kal / San Sergio
Piran / Pirano
Gračišče / Gracischie
Savudrija
Malija / Malio
Sečovlje / Sicciole
Zambratija
Kaštel
Umag
Juricani
Buje
Štrena
Zonti
Buzet
Krbavčići
Brtonigla
Grožnjan
Oprtalj
Vrh
Kršvari
Bužinija
Novigrad
Motovun
Butoniga Jezero
Kaštelir
Rakotula
Višnjan
Škropeti
Červar Porat
Poreč
Mitterburg
Žbandaj
Sankt Peter im Walde
Sveti Lovreč
Vrsar
Schwing
Rovinjsko Selo
Rovinj
Gržini
Smoljanci
Bale
Burla 35
Butkovići
Šarići
Vodnjan
Marčana
Fažana
Valtura
Pula
Šišan
Medulin
St. Peter in Krain
Drskovče
Grafenbrunn
Illyrisch Feistritz
Veliki Snežnik 1796
Lisac
Rupa
Klana
Zejane
Veli Brgud
Lanišće
Roč
Marčelji
Dražice
Kastav
Mahrenfels
Rijeka
Abbazia
Vela Učka
Borut
Lovran
Cerovlje
Mošćenička Draga
Piben
Gartschan
Brseč
Nedešćina
Labin
Barban
Kranjci (gornji)
Sveta Marina
Rebići
Rakalj
Viškovići
Porozina
Beli
Brzac
Pinezići
Vodice
Cres
Valun
Vransko jezero
Martinšćica
Belej
Ustrine
Osor

Tour 17 Insel Brač

Der Gipfel der Adria

Für nicht wenige gilt Brač als die schönste kroatische Insel der Adria. Für Motorradfahrer bietet sie tolle Straßen, beeindruckende Panoramen und eine ganze Reihe beschaulicher Dörfer.

BASISORT
Makarska

TOURLÄNGE
ca. 143 km

ROADBOOK
Makarska, Sumartin, Selca, Gornji Humac, Bol, Gornji Humac, Vidova Gora, Nerežišća, Ložišća, Sutivan, Supetar, Pučišca, Sumartin, Makarska

Das leckere Frühstück gibt es heute Morgen in einem Café direkt am Fähranleger im Hafen des sympathischen Küstenstädtchens Makarska. So entgeht uns auch nicht die erste Fähre des Tages, die wir wenig später mit dem Motorrad entern. Unser Ziel ist Brač, die drittgrößte Insel in der Adria. Kaum sind alle an Bord, geht es schon los.

Still ruht die See, nur ein paar Fischerboote kreuzen unseren Kurs. Bald wird die Stadt im Kielwasser immer kleiner und vor uns taucht langsam der in einer schützenden Bucht gelegene Hafen von Sumartin auf. Ein, zwei Manöver noch, dann fällt die stählerne Klappe und wir sind in Bračs Inselwelt entlassen.

Typische Vegetation

Die ersten Meter rollen wir ein wenig bergauf in Richtung des kleinen, noch verschlafenen Ortes Selca. Kaum haben wir das Dorf passiert, finden wir uns in der für die kroatischen Inseln so typischen Landschaft wieder: Grauer Karst wechselt sich mit blühender Macchia ab. Säulenwacholder und dichtes, üppiges, grünes Buschwerk huschen an uns vorbei. Der Duft der Blüten und würziger Aromen steigt unter dem Helm in die Nase. Über die Straße 113 steuern wir das Dörfchen Gornji Humac an und biegen dort in südlicher Richtung auf die 115 ab, den Schildern nach Bol folgend.

Schnell ändert sich das Landschaftsbild von beschaulich und idyllisch auf spektakulär und extrem motorradfreundlich. Gut zehn Kilometer lang präsentiert sich uns ein fantastischer Mix aus Panoramen und Kurvenspaß. Der Blick wechselt stetig zwischen der gut ausgebauten Straße und der mitten im dunkelblauen Meer gleich gegenüber liegenden Insel Hvar.

Bald taucht unter uns an der Küste der angeblich schönste Strandabschnitt Kroatiens auf, das gleich neben dem Küstenstädtchen Bol liegende Goldene Horn. So nennt sich

Die Straße 115 bei Bol und der Ausblick von Vidova Gora.

HIGHLIGHT

LECKER ESSEN UND TRINKEN

Auf Brač versteht man sich auf die Zubereitung köstlicher, frischer Fischgerichte. Gerne und reichlich wird hier auch das lokal produzierte Öl verwendet. Lokales Obst und Gemüse werden ebenso gerne gereicht wie die örtlichen Nudeln. Bračs besondere Delikatesse sind die gebratenen Lämmer, besonders die Butalac, die gefüllte Lammkeule oder Tingul, das geschmorte Lamm.
Köstlich ist auch der Käse von Brač, insbesondere der Procip. Das sind Stücke aus jungem Käse, gebraten in karamellisiertem Zucker. Auf Brač wird bisweilen Smutica getrunken. Ein erfrischendes Getränk aus vier Fünfteln frischer Ziegenmilch und einem Fünftel Rotwein. Wer den Rotwein lieber ohne Ziegenmilch genießt, hält sich an den Mali Plavac, einen regionalen Rotwein.

der feine Kiesstrand, der hier spitz ins Meer hinein ragt. Erstaunlich daran ist, dass dieser Strand kontinuierlich sein Aussehen und die Ausrichtung der Spitze ändert. Je nach Strömung, Wind und Wetter wogt der Ausläufer mal nach links und mal nach rechts, wird breiter oder schmaler. Hier lässt es sich entspannt baden, während wenige Meter weiter an der Promenade nette Cafés und Restaurants lauschige Plätze unter den Schirmen bieten – perfekt für eine erholsame Pause.

Der höchste Berg

Zurück bei Gornji Humac halten wir uns diesmal links. Wir kurven über die Hochfläche der Insel und halten uns gen Westen. Nach ziemlich genau 13 Kilometern biegt eine schmale Straße nach links ab, ausgeschildert nach Vidova Gora.

Durch karstige Kiefernwälder schlängelt sich der schmale Asphalt dem höchsten Punkt der Insel entgegen: dem gut 780 Meter hohen Vidova Gora. Dieser Berg ist nicht nur Bračs höchster Punkt, er ist auch gleich die höchste Erhebung aller Adria-Inseln. Entsprechend ist die Aussicht, als wir nach fünf herrlichen Kilometern oben

Die Fähre legt von Makarska ab (oben) und nimmt Kurs auf Brač. Das dortige Goldene Horn gilt als Kroatiens schönster Strandabschnitt (rechts)..

Die schmale Straße führt zum Berg Vidova Gora hinauf.

fast am Gipfel ausrollen. Weit fällt der Blick hinaus auf das Meer. Die gegenüber liegende, fast 70 Kilometer lange Insel Hvar ist mit einem Blick überschaubar, drumherum Dutzende kleine Inselchen, graugrün mit weiß leuchtenden Stränden und Küsten – ein fantastischer Ausblick.

Fährverbindung nach Split

Mit einer großen Runde über die interessanten Dörfer Nerežišća, Ložišća und Sutivan nehmen wir auf der Straße 114 Kurs auf Supetar. Die Stadt liegt an der Küste mit Blick hinüber aufs Festland und bietet eine Fährverbindung nach Split.

Der malerische Küstenort ist mit rund 4000 Einwohnern die größte Stadt auf Brač, es gibt auch einige nette Badestrände, eine ansprechende Promenade, verwinkelte Gassen und Plätze und ein großes Angebot an einladenden Unterkünften.

Mit der nun folgenden Strecke von Supetar in östlicher Richtung entlang der Küste erwartet uns ein echtes Highlight. Spannende Kurven, lauschige Buchten, die es zu umrunden gilt, einladende Küstenörtchen und fantastische Aussichten machen die Küstenstraße zu einem tollen Erlebnis.

Irgendwann ganz unvermittelt biegt die Straße ins Inland ab und windet sich wieder auf die Inselhöhen hinauf. Aber nur um sich hinter ein paar verstreuten Häusern gleich wieder in die Tiefe zu stürzen und bald haben wir an einer Abzweigung die Auswahl, entweder ins Küstendörfchen Pučišca abzubiegen oder erneut den Kurven weiter ins Landesinnere zu folgen.

Wir entscheiden uns für beides, genießen erst ein bisschen Sightseeing in Pučišca, rollen dann wieder hinauf und nehmen schließlich über die 113 Kurs auf Sumartin. Hier wartet schon die Fähre zurück nach Makarska. ◄

TOUR 17 | Kroatien

INSEL BRAČ

LÄNGE | 143 km

ÜBERNACHTUNG
Hotel Lemongarden
Perića Kala 1, HR-21403 Sutivan / Brač
Sehr ruhiges, gehobenes Hotel in herrlicher Lage, sehr gute Ausstattung, große Anlage mit Pool, moderne Zimmer, viele Angebote.
www.lemongardenhotel.com
(43.385519, 16.479226)

Fahrt auf der Küstenstraße bei Postira.

Insel Brač
Gornje Sitno
Donji Dolac
Nova Sela
Putišići
Srijane
Dubrava
Sedlo 1177
Gornji Dolac
Trnbusi
Cista Provo
Lovreć
Srinjine
Prvaj 462
Blato na Cetini
Katuni Brdo
Opanci
Hume
Tugare
Katuni
Gata
Seoca
Naklice
Ostrvica
A1
Šestanovac
Medov
Dugi Rat
Omiš
Smolonje
Žeževica
Duće
Kostanje
Kučiće
Jerčići
Zadvarje
Podašpilje
Grabovac
Stanići
Lokva Rogoznica
Gornja Brela
Mimice
Pisak
Rastovac
Splitska
Postira
Brela
Škrip
Baška Voda
Bast
Dol
Pučišća
Gračišće 131
Povlja
Promajna
Tupova gl. 458
Brač
Pražnica
Glavica 244
Krvavica
Veliko Brdo
Novo Selo
Gornji Humac
Selca
Makarska
Visoka 647
Vestac 637
Sumartin
Humačac 408
Smrčevik veli 450
Murvica
Bol
Rudina
Stari Grad
Vrboska
Dol
Vrbanj
Jelsa
Vrisnik
Humac
Zastražišće
Ivan Dolac
Zavala
Gromin Dolac
Gdinj
Bogomolje
Šćedro

Tour 18 Dalmatien

Drei-Länder-Tour

Kroatiens Süden lockt nicht nur mit der „Perle der Adria". Fantastische Küsten- und Bergstraßen führen zudem auch hinüber zu den Nachbarn: Montenegro und Bosnien-Herzegowina.

BASISORT
Dubrovnik

TOURLÄNGE
ca. 186 km

ROADBOOK
Dubrovnik, Cavtat, Čilipi, Đurinići, Kobila, Herceg Novi, Risan, Risan Downhill Road, Ledenice, Orjen-Gebirge, Trebinje, Dubrovnik

Nur wenige europäische Städte können für sich in Anspruch nehmen, eine so bewegte Geschichte zu haben, wie Dubrovnik. Die „Perle der Adria", wie sich die südkroatische Hafenstadt gerne und nicht zu Unrecht selber nennt, ist auch heute noch das kulturelle Zentrum des Landes. Über Jahrhunderte hinweg war die einst unabhängige Stadtrepublik Handelspartner des gesamten Mittelmeerraumes und des Südens Europas. Dubrovniks Geschichte ist so spannend wie verworren. Steinerner Zeuge der Vergangenheit ist die gewaltige Stadtmauer, die bis heute noch die komplette Altstadt umschließt.

Spaziergang auf der Mauer

Dubrovniks innere Schönheit lässt sich nur zu Fuß erschließen, die Altstadt ist für den motorisierten Verkehr gesperrt. Aber es lohnt sich, durch die angenehm kühlen Gassen zu schlendern, die hoch über dem Wasser wachenden Festungsmauern zu erklimmen, auf denen heute noch die Kanonen hinaus in die offene See zeigen.

An jeder Ecke entdeckt man etwas Neues und Interessantes. Drei Klöster, das Zoll- und das Rathaus, die Kirchen, die älteste Apotheke Europas, die Rolandsäule, Hafen, Promenaden – es wird einfach nie langweilig in Dubrovnik.

Aber auch um die Küstenstadt herum warten jede Menge verlockende Strecken. Also rauf auf das Motorrad und los geht es über die Küstenstraße – die Jadranska Magistrala – in Richtung Süden. Diese bietet immer wieder grandiose Ausblicke auf das Meer. Und natürlich auch jede Menge Kurvenspaß, passt sie sich doch in ihrem Verlauf immer den vielen kleinen Buchten und Felsvorsprüngen an.

Rund 25 Kilometer hinter Dubrovnik liegt Cavtat. Das malerische Küstendorf bietet schattige Promenaden, einladende Straßencafés und liegt sehr romantisch zwischen den hohen

Fahrt auf der 516 bei Durinići und Dubrovnik, die Perle der Adria.

DUBROVNIK

UNTER EINEM DACH

Ganz Dubrovnik ist eine einzige Sehenswürdigkeit. Alle Highlights zu beschreiben, würde hier den Rahmen sprengen. Neben der Hauptpromenade faszinieren vor allem mehrere Klöster, das Rat- und das Zollhaus sowie die Kathedrale, Kirchen und zahlreiche weitere historische Bauwerke. Unbedingt sollte man einen Rundgang auf der mächtigen Stadtmauer machen, die Ausblicke von der Mauer sind einfach fantastisch.

Das Büro der Touristeninformation befindet sich etwa zwischen Kathedrale und Hafen. Es ist gut ausgeschildert. Hier gibt es reichlich Material über alles Sehenswertes. Einfach damit versorgen und auf Entdeckungstour gehen.

www.tzdubrovnik.hr

Bergen des Hinterlands und der blauen Küste am Rande einer großen Bucht. Vor allem als Jachthafen ist das Städtchen beliebt.

Ab Cavtat zieht sich die Jadranska Magistrala ein wenig ins Hinterland zurück. Wir stehen gerade auf kleine Nebenstrecken, biegen bei Čilipi auf die parallel verlaufende schmale Landstraße in Richtung Küste ab. Die führt durch dichte Wälder, an Weilern und Höfen vorbei und durch kleine Dörfchen. Über Đurinići landen wir schließlich an der Bucht von Kotor bei Prevlaka. Dies ist der östlichste Zipfel Kroatiens. Mit Blick auf die Bucht hinüber nach Montenegro lässt sich hier entspannt Kaffee trinken und das Fort ganz am Ende der Landzunge erklimmen.

Grenze nach Montenegro

Mit einem kurzen Schlenker zurück auf die Straße 516 reihen wir uns in die sehr kurze Schlange an der Grenzkontrolle bei Kobila nach Montenegro ein. Der Grenzer ist sehr freundlich und nach einem kurzen Blick auf Papiere und Motorrad wünscht er uns eine gute Reise und Weiterfahrt. Schnell finden wir uns auf der Jadranska Magistrala wieder und rollen nach Herceg Novi hinein. An der Promenade warten einige einladende Cafés und Restaurants auf Urlauber, hier lässt es sich aushalten, wir genießen die Strand- und Hafenatmosphäre.

Etwas später fahren wir weiter entlang der riesigen und bildschönen Bucht von Herceg Novi, den Schildern nach Risan folgend. Dieser Abschnitt der Jadranska Magistrala ist außergewöhnlich schön und führt zwischen steilen Felswänden und der weiten

Fahrspaß pur in Montenegro: bei Kobila (oben) und auf der Risan Mountain Road (rechts).

Bucht hindurch, ein toller Anblick. Nicht minder spannend ist der hinter Risan folgende Abschnitt der sogenannten Risan Downhill Road.

Die urige Serpentinenstraße arbeitet sich von Risan hinauf in die Berge. Sie ist extrem schmal und kurvenreich, es kommt vor, dass sie auch schon mal wegen eines Felssturzes gesperrt ist. Dann kann man sie jedoch über die relativ neue P 11 umgehen.

Bosnien-Herzegowina

Kurz vor Ledenice biegt die Strecke ab in die Berge und führt durch das karstige Orjen-Gebirge auf die Grenze nach Bosnien-Herzegowina zu. Hier scheint die Uhr wirklich stehengeblieben zu sein. Verfallene Höfe, uralte Dörfer. Am Straßenrand stehen kleine Stände, an denen schwarz gekleidete Frauen einfache Kleidungsstücke verkaufen, während die Kinder mit ihren Hunden und unserem Motorrad um die Wette laufen. Auch der bosnische Grenzer überprüft unsere Papiere genau und korrekt, grüßt freundlich und lässt uns passieren.

Ziemlich gewöhnungsbedürftig und für den unbedarften Mitteleuropäer nicht zu lesen sind die kyrillischen Straßen- und Ortsschilder. Zu unserem Glück ist es ja nur eine kurze Visite am Rand. Wir können nicht viel verkehrt machen. Über die Stadt Trebinje steuern wir schon wieder auf Dubrovnik zu. ◀

Bucht bei Risan (oben) und kyrillisches Verkehrsschild in Bosnien-Herzegowina (unten).

TOUR 18 | Kroatien

DALMATIEN

LÄNGE | 186 km

ÜBERNACHTUNG
Apartments Villa Victoria I
Ulica Frana Supila 20, HR-20000 Dubrovnik
Zwei einladende klimatisierte Apartments unweit des Strands und des Zentrums, gute Ausstattung, Terrasse, Balkon, kleine Küchenzeile.
apartmentsvillavictoriai.rentalscroacia.info
(42.639175, 18.127163)

Ein traumhafter Sonnenuntergang bei Dubrovnik.

Dalmatien
Počekovići
Bilećko jezero
Ukšići
Vrpolje Ljubomir
Mosko
Ćurilo 643
Petrovići / Петровићи
Rijećani
Balosave
Riječani / Ријечани
Rudine / Рудине
Trebijovi
Gornje Vrbno
Jasen
Donje Vrbno
Vilusi
Spila
Trebinje
Necvijeće
Jazina
Kućišta
Dolovi
Lastva
Aranđelovo
Todorići
Nugo
Bihovo
Vučija
Nudo
Lapja
Gornje Polje
Grahovo
Škuljevac 1087
Velika Borova Glava 1327
Bubreg 902
Lisac 1589
Grab
Duba Konavoska
Obli Svitavac 1546
Velika Jastrebica 1861
Veljo Leto 1603
Goliš 992
Kape
Mihanići
Sitnica
Velji Vrh 1277
Kruševice
Komaji
Ljuta
Dubravka
Goli vrh 1311
Popovići
Gruda
Vodovađa
Subra 1679
Ubli
Risan
Mokrine
Kabao 1466
Strp
Poljice
Pločice
Prijevor
Morinj
Perast
Mojdež
Kameno
Mikulići
Sutorina
Stoliv
Kamenari
Sušćepan
Podi
Bijela
Gornja Lastva
Molunat
Herceg Novi
Vitaljina
Kumbor
Baošići
Njivice
Tivat
Rose
Zabrde
Krašići
Tići
Brda
Bogišići
Brguli
Bigova

Tour 19 Kreta

Inselzauber

Kreta ist der Traum für Motorradreisende schlechthin. Hier gibt es von der perfekt ausgebauten kurvigen Landstraße bis zum staubigen Pfad alles, was das Herz begehrt.

Viele Wochen ließen sich auf Kreta verbringen und doch würde man mit dem Motorrad immer wieder Neues entdecken. Nur selten liegen in Europa so viele kurvenreiche Strecken durch nur wenig besiedelte Landschaften beieinander wie auf dieser faszinierenden griechischen Insel.

Stellvertretend für all diese traumhaften Strecken haben wir die Route vom südwestlichsten Punkt der Insel, von Hrissoskalitissa, über die Küstenstadt Chania bis nach Hóra Sfakion gewählt. Auf ihr überqueren wir gleich zweimal die legendären Weißen Berge, das größte Gebirgsmassiv Kretas.

Uraltes Kloster

Hrissoskalitissa, ganz im Südwesten Kretas, ist nicht nur wegen seines uralten Klosters bekannt, hier liegen auch die fantastischen Strände von Elafonissos, die zu den schönsten Kretas zählen. Wir starten hier unsere Tour, folgen der einsamen und felsigen Küstenlandschaft zwischen dem Meer und unzähligen Olivenhainen hindurch nach Norden bis Livadia.

Dann schwenkt die Route in Richtung Hinterland und kurz darauf finden wir uns auf einer herrlichen Serpentinenstrecke wieder, die sich hinauf in Richtung einer der Hauptstraßen schlängelt. Dort geht es mit dem Kurvenspaß erst richtig los. Entlang der Berghänge arbeitet sich die Straße durch die Landschaft, Schräglage folgt auf Schräglage – ein Kurvenparadies, das erst nach vielen, vielen Kilometern bei Mili wieder endet.

Genau dort verlassen wir die Hauptstraße wieder, orientieren uns an den Schildern nach Voutas und Paleohora. Eigentlich überflüssig zu erwähnen, dass die nun folgenden 30 Kilometer bis zur schönen Küste bei Paleohora erneut ein Kurvenparadies erster Güte darstellen.

Der eine oder andere fantastische Aussichtspunkt bietet zudem herrliche Blicke in die Landschaft und an

START- / ZIELORT
Hrissoskalitissa / Hóra Sfakion

TOURLÄNGE
ca. 251 km

ROADBOOK
Hrissoskalitissa, Livadia, Mili, Voutas, Paleohora, Omalos, Fournes, Chania, Neo Horio, Vrysses, Kares, Hóra Sfakion, Agios Ioannis, Hóra Sfakion

Formidable Straßenführung bei Hóra Sfakion und das Kloster Chrysoskalitissa.

HIGHLIGHT

DIE WEISSEN BERGE

Die Lefka Ori, auf Deutsch Weiße Berge, sind das größte Gebirgsmassiv Kretas. Sie liegen im Osten der Insel. Knapp 50 Gipfel des Massivs überschreiten 2000 Meter Höhe, mit 2454 Metern ist der Pachnes der höchste Gipfel. Die karge Gipfelregion der Weißen Berge zählt zu den wenigen europäischen Wüstengebieten. Durch die Weißen Berge führen fantastische Wanderwege, unter anderem der Europäische Fernwanderweg E 4. Besonders Spektakulär ist die 17 Kilometer lange Samaria-Schlucht. Sie beginnt bei Xiloskalo und endet am Libyschen Meer.

einigen Ständen entlang der Strecke kann man sich perfekt mit frischem Orangensaft oder anderen Leckereien stärken.

Kretas wärmster Ort

Paleohora liegt sehr schön an einer in das Meer hineinragenden Halbinsel. An deren Ende dümpeln im Hafen einige Fischerboote im Wasser, auf der westlichen Seite lockt ein langer und breiter Sandstrand zum Baden. Gegenüber auf der Ostseite führt eine schmale Straße direkt am Wasser entlang. Hier gibt es einige recht nette Cafés und Tavernen, in denen sich mit einem prima Blick auf das Meer herrlich entspannen lässt – so muss Urlaub sein.

Übrigens, wer mit dem Gedanken des Auswanderns spielt, für den ist Paleohora durchaus interessant. Der Küstenort gilt als wärmste Gegend Griechenlands und selbst im tiefsten Winter liegt die Durchschnittstemperatur deutlich über 13 Grad, im November noch über 18.

Paleohora entlässt uns in nordöstlicher Richtung. Durch Berg und Tal führt uns die Strecke quer über die Insel. Wir passieren immer wieder kleine, sehr überschaubare Dörfchen.

Unser Tipp, wenn sich der Hunger meldet: Einfach mal auf dem Dorf eine sympathisch aussehende Taverne aufsuchen und nach Essen fragen. Dazu muss man kein Griechisch können, der Wirt weiß garantiert, was gemeint ist. Hier bekommt man für kleines Geld richtig leckeres Essen, unterstützt die lokale Wirtschaft und wird um ein Vielfaches herzlicher bedient als in den Touristenorten – ein sehr schönes Erlebnis. Müssten wir für diese Route ein Highlight heraussuchen, es wäre sicher der nun folgende Streckenabschnitt zwischen Omalos und Fournes.

Die grandiose Passstraße zu Füßen der Weißen Berge, des größten Gebirges Kretas, windet sich unglaublich kurven- und aussichtsreich durch die karge Landschaft. Eine Strecke, die garantiert lange in Erinnerung bleibt.

Die Küstenstadt Chania bei Nacht.

Ab Fournes ist es nicht mehr allzu weit bis Chania. Entspannt geht es mehr oder weniger geradeaus durch die Landschaft, die Verschnaufpause tut nach den vielen Kurven ganz gut. Chania mit seiner bildschönen Altstadt und dem venezianischen Hafen ist ein beliebter Urlaubsort. Von Chanias Hafen gibt es eine tägliche Verbindung zum griechischen Festland und es gibt einen internationalen Flughafen. Trotz seiner relativen Größe hat uns die Hafenstadt sehr gut gefallen, sie bietet sich auch als Basislager für abwechslungsreiche Motorradtouren an.

Karge Berglandschaft

Unsere Route hier ist jedoch noch nicht zu Ende. Wir wollen nochmals die Weißen Berge überwinden, verlassen dazu Chania gen Osten. Parallel der Hauptstraße E 75 kurven wir nach Vrysses. Die nun folgenden knapp 50 Kilometer bis nach Hóra Sfakion sind das zweite tolle Highlight dieser Route. Durch faszinierende, karge Berglandschaften mäandert die Straße in Richtung der kretischen Südküste, wo sie unmittelbar vor der Küste nochmals zu einem echten Erlebnis wird.

Fast ist unsere Tour in Hóra Sfakion zu Ende. Einen kleinen Nachschlag sollte man sich mit der Sackgasse bis nach Agios Ioannis jedoch noch gönnen, bevor dann in Hóra Sfakion endgültig die Räder ausrollen. ◀

Auf dem Weg nach Lakki (oben). Haribo macht auch Ziegen froh (unten).

TOUR 19 | Griechenland

KRETA

LÄNGE | 251 km

ÜBERNACHTUNG
Danaos Hotel
Akti Papanikoli 23, GR-73131 Nea Chora Chania
Nettes Hotel mit freundlichem Service, prima Lage direkt am Strand, Terrasse, Zimmer zum Teil mit Balkon zum Meer, kostenlose Parkplätze, Frühstücksbuffet.
www.danaoshotel.gr
(35.513861, 24.006778)

Schattiger Pausenstopp in den Weißen Bergen.

Σταυρός
Stavros
Καλαθάς
Kalathas
Χωρδάκι
Chordaki
Μάλεμε
Máleme
Άγιοι Θεόδωροι
Agioi Theodoroi
Πιθάρι
Pithari
Παζινος
Pazinos
Χανιά
Chania
Μαράθι
Marathi
Σιρίλι
Sirili
Βρύσες
Vrises
Οαση
Oasi
Σούδα
Souda
Σούδα
Αγιά
Agia
Κουφός
Koufos
Κρύο Νερό
Krio Nero
Κάργα
Λούλος
Loulos
Στύλος
Stylos
Σκινες
Skines
Μεσκλά
Meskla
Δρακόνα
Drakona
Ραμνή
Ramni
Βάμος
Vamos
Κεφαλάς
Kefalas
Ορθουνι
Orthouni
Φρες
Fres
Πρασές
Prases
Βαφές
Vafes
Σκάφη
Skafi
Mavri
1883
Αμουδάρι
Amoudari
Μονή
Moni
Psilafi
1984
Πάχνες
2453
κάστρο
2219
Ίμβρος
Imbros
Αγκαθές
1511
Αγία Ρουμέλη
Agia Roumeli
Ανώπολη
Anopoli
Πατσιανός
Patsianos
Λουτρό
Ammoudi tous
Volakous
Κατονήσι

Tour 20 Ligurien

Berge und Meer

Wer in Liguriens Hinterland unterwegs ist, trifft auf Kurven, Kehren und Bergstraßen. An der Küste darf dann in netten Küstenstädtchen und auf herrlichen Küstenstraßen relaxt werden.

Die trubelige und interessante Hafenstadt San Remo ist Ausgangspunkt für diese spannende Tour. Wir haben uns den Osten Imperias vorgenommen, die bergige Region im Dreieck zwischen San Remo, Albenga und dem fast 1000 Meter hohen Colle di Nava südlich von Ormea. Hinaus aus dem Kurort geht es entlang der Küste in Richtung Osten. Wir passieren das schöne Küstenstädtchen Bussana, kurz darauf heißt es schon links abbiegen. Tággia, nicht weniger interessant, geleitet uns gen Norden, entlang des gleichnamigen Flusses.

Unterhalb des Gipfels

Am Ortseingang des schmucken Dorfes Badalucco fällt uns gleich die steinerne, mittelalterliche Brücke ins Auge. Sie ist mehr als nur ein Foto wert. Wir rollen weiter, folgen noch ein kurzes Stück dem Valle Argentina. Dann setze ich den Blinker rechts, entlang des Flüsschens Carpasina. In unzähligen Kurven windet sich der Asphalt immer höher hinauf in Richtung des 1418 Meter hohen Monte Grande. Ziemlich einsam ist es hier, kaum jemand ist unterwegs. Kein Wunder, finden wir uns doch unterhalb des Gipfels im Parco Naturale delle Alpi Liguri wieder und nur ab und an findet sich mal ein älteres Gemäuer an den Berghängen wieder, diese Ecke ist extrem dünn besiedelt.

Ein kurzer Abstecher führt uns zum Passo di Teglia in 1387 Metern Höhe, dann steuern wir wieder gen Norden, passieren in 744 Metern die Ponte dei Passi und erreichen via Rezzo das nette Pieve di Teco. Auf dem großen, einladenden Platz gleich vor der mächtigen Kirche werden im gemütlichen Straßencafé leckere, heiße Cappuccini serviert. Der wird in Italien meist am Vormittag getrunken und bisweilen machen die Italiener wahre Kunstwerke aus dem Milchschaum.

Die SS 28 führt uns wenig später wieder aus Pieve di Teco hinaus und in einen echten Kurvenreigen hinein. In

BASISORT
San Remo

TOURLÄNGE
ca. 293 km

ROADBOOK
San Remo, Bussana, Tággia, Badalucco, Monte Grande, Passo di Teglia, Rezzo, Pieve di Teco, Colle di Nava, Passo di Prale, Capràuna, Alto, Nasino, Vesallo, Albenga, Alassio, Imperia, Vásia, Porto Maurizio, Passo del Maro, Lucinasco, Colle San Bartolomeo, Pieve di Teco, Monte Grande, Badalucco, San Remo

Toller Ausblick auf Rezzo (oben) und San Remo bei Nacht (unten).

HIGHLIGHT

SPIELCASINO SAN REMO

Das Spielcasino in San Remo gehört zu den bekannteren Spielbanken in Italien und verströmt nicht nur von Außen einen luxuriösen Flair. An zahlreichen Tischen wird französisches und amerikanisches Roulette gespielt, auch Black Jack steht auf dem Programm. Für Freunde einer gepflegten Pokerrunde werden täglich Pokerturniere veranstaltet. Wer lieber mal am „einarmigen Banditen" zocken möchte, für den stehen 470 Spielautomaten bereit, Roulette und Poker können damit auch elektronisch gespielt werden.
Einen offiziellen Dresscode gibt es zwar nicht, aber für die Roulette-Runde sollte es schon eleganter sein. Und Vorsicht: Immer vorher ein Limit setzen, sonst droht das Loch in der Urlaubskasse!

www.casinosanremo.it

wilden Schwüngen geht es hinauf auf den 934 Meter hohen Colle di Nava. Nur wenige Minuten dahinter überqueren wir die nördliche Grenze der Provinz Imperia.

Über den Passo di Prale

Zu Füßen des mächtigen Zweieinhalb-Tausenders Pizzo d'Ormea müssen wir uns entscheiden: West oder Ost. Wir nehmen letztere Richtung und nur zwei Kilometer weiter steht gleich die nächste Entscheidung an. Ab hier führt die sehr schöne SP 216 später als SP 14 in fantastischer Kurverei über den 1258 Meter hohen Passo di Prale direkt an die Küste nach Albenga. Capràuna, Alto, Nasino und das kleine Vesallo geleiten uns in Richtung Küste, wo uns am flachen Delta des Flusses Cento das von den Römern gegründete Albenga mit seinem mittelalterlichen Stadtkern empfängt.

Auf der Küstenstraße nehmen wieder Kurs auf Imperia. Mit tollen Ausblicken führt die Küstenstraße SS 1 am Wasser entlang. Verlockende Badestrände wechseln sich mit gut belegten

Mittelalterlich präsentieren sich das Valle Argentina (oben) und Badalucco (unten).

Strandpause bei Imperia (oben) und kurz vor den Kurven des Passo del Maro (unten).

Bootshäfen ab und immer wieder fällt der Blick weit hinaus aufs Meer. Bei Alassio verläuft die SS 1 mitten durch den beliebten Urlaubsort mit seinem schmalen Strand. Welch ein Kontrast zur einsamen Bergstraße im Hinterland, auf der wir vorhin noch ganz alleine unterwegs waren.

Lohnenswerte Altstadt

Imperia ist einfach zu schön, um daran vorbeizufahren. Also parken wir die Honda mitten in der spektakulären Altstadt und erkunden die herrlichen, engen Gässchen zwischen den urigen Häusern zu Fuß. Urige Gemäuer, steile Treppen, einladende Plätze und immer wieder ein toller Blick aufs Meer – es lohnt sich.

Irgendwann sitzen wir dann doch wieder auf dem Mopped und kurven in Richtung Hinterland. Es geht nach Vásia. Die SP 41, später die SP 40, führt uns ab Porto Maurizio wieder in die Berge hinauf. Wir statten mit einem kurzen Abstecher dem Passo del Maro in 1067 Metern Höhe einen kurzen Besuch ab, dann halten wir uns in Richtung Osten und steuern Lucinasco an. Hier führt die kurvenreiche Landstraße mit dem 620 Meter hohen Colle San Bartolomeo über die Berge.

Nicht mehr lange, dann trudeln wir in Pieve di Teco ein, halten uns über Rezzo und rund um den Monte Grande schließlich wieder gen Süden. Zwar nehmen wir damit für ein Stück des Rückweges wieder den gleichen Asphalt unter die Reifen, auf dem wir am Vormittag die Berge erklommen, aber es eben oft so ist, in die andere Richtung befahren, bieten die Strecken gleich wieder ein ganz anderes Erlebnis. Und die tolle Landschaft rechts und links der Straße, die kann man auch getrost zweimal genießen. ◄

TOUR 20 | Italien

LIGURIEN

LÄNGE | 293 km

ÜBERNACHTUNG
Hotel Belle Epoque
Via Roma 8, I-18038 San Remo
Sympathisches und schönes Hotel in zentraler Lage in San Remo nahe des Wassers. Motorrad-Parkplätze vorhanden, leckeres Frühstücksbuffet, prima Service.
www.hotelbelleepoquesanremo.com
(43.814903, 7.773996)

Palmenstopp bei San Remo.

Ligurien Imperia
Monte Galero
1708
Punta Alzab
784
Erli
Boissano
Loano
Monte Armetta
1739
Rocca Battaglina
1367
Balestrino
Toirano
Borghetto
Santo Spirito
Nasino
Alto
Veravo
Zuccarello
Poggio Grande
813
Monte Bello
1315
Ceriale
Aquila d'Arroscia
Cisano sul Neva
Arnasco
Cenesi
Vendone
Onzo
Borghetto
d'Arroscia
Ranzo
Ortovero
Villanova
d'Albenga
Albenga
Vessalico
Casanova
Lerrone
Garlenda
Monte Boschetto
831
Monte Castellaro
508
Monte Pagliassa
480
Cesio
Testico
Alassio
Stellanello
Caravonica
Laigueglia
Borgomaro
Chiusanico
Deglio
Diano Arentino
Chiappa
Andora
Pontedassio
Pairola
Prelà
Diano Castello
Cervo
Montegrazie
Diano Marina
Borgo Sant'Agata
Dolcedo
Cantalupo
Torrazza
Imperia
Civezza
Poggi
San Lorenzo
al Mare

Tour 21 Gardasee

Kurs Nordwest

Ein echtes Motorradfahrer-Eldorado: Geboten werden urige Tunnel in den Felswänden direkt am Seeufer, grandiose Bergpässe und bildschöne Bergseen.

BASISORT
Nago-Torbole

TOURLÄNGE
ca. 263 km

ROADBOOK
Nago-Torbole, Riva del Garda, Limone sul Garda, Tremosine, Tignale, Gardesana Occidentale, Gargnano, Lago di Valvestino, Toscolano-Maderno, Salò, Vobarno, Val Sabbia, Val Trompia, Passo del Maniva, Goletto del Crocette, Passo di Croce Domini, Val di Caffaro, Lago d'Idro, Ponte Caffaro, Storo, Val di Ledro, Lago di Ledro, Nago-Torbole

Mediterranes Ambiente, Wellen plätschern an der Kaimauer, Häuser im venezianischen Stil, einladende Cafés in der Sonne – wie an der italienischen Mittelmeerküste kann man sich in Nago-Torbole, direkt am Ufer des Gardasees, fühlen. Nago-Torbole ist nicht nur ein herrlicher Urlaubsort, es ist auch der ideale Ausgangspunkt für kurzweilige Motorradtouren zu den unzähligen Zielen in der Region.

Ganz in der Nähe startet auch gleich einer der schönsten Strecken direkt am Gardasee: die Gardesana Occidentale am Westufer. Erst seit den 1930er Jahren ist das Westufer überhaupt durchgängig befahrbar.

Galerien und Tunnel

Fünf Jahre lang wurde hier eine der reizvollsten Routen Italiens geschaffen. Allein für die ersten 28 Kilometer zwischen Riva und Gargnano mussten 74 Tunnel in die Steilhänge gehämmert und gesprengt werden. Kaum wird Riva del Garda im Rückspiegel kleiner, tauchen wir schon in die Dunkelheit der Galerien und Tunnel ein.

Durch die Öffnungen der Galerien blitzt die glitzernde Wasseroberfläche des Sees, im Minutentakt wechseln sonnenbeschienene Straßenabschnitte mit angenehm schattigen Passagen.

Kurz vor Limone sul Garda überqueren wir die offizielle Süd-Grenze des Trentino. Hier liegt das „Drei-Länder-Eck" des Trentino im Norden, der Lombardei im Westen und Venetos im Osten. Limone sul Garda, der erste Ort in der Lombardei, überzeugt mit einer wunderschönen Altstadt und einer herrlichen Promenade.

Unser Ziel ist jedoch Tremosine. Dazu heißt es aufpassen, von Limones Zentrum aus dem Norden kommend verpasst man schnell die rechter Hand liegende Ausfahrt auf die steile Bergstraße. In engen Serpentinen windet sich die SP 115 hoch in die Berghänge, der Blick nach links über den See ist einfach fantastisch. Nicht umsonst gilt die westliche Gardesana und der Bogen über Tremosine als

Von Nago-Torbole aus geht es geradewegs auf die tolle Straße Gardesana Occidentale.

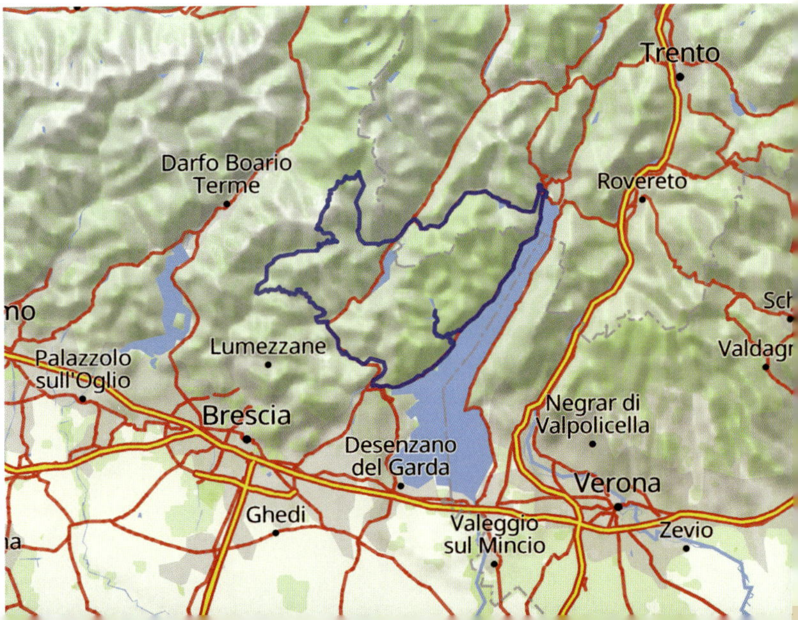

HIGHLIGHT

VOM GOLETTO DEL CROCETTE ZUM PASSO DI CROCE DOMINI

Die traumhafte Strecke zwischen dem 2070 Meter hohen Goletto del Crocette und dem Passo di Croce Domini in 1895 Metern Höhe ist zwar zum größten Teil unbefestigt, sie lässt sich aber problemlos mit jedem Motorrad befahren. Die Route lohnt sich, die Landschaft ist grandios und die Ausblicke in die umliegenden Berge fantastisch. Das Rifugio an der Passhöhe des Croce Domini ist urgemütlich, es gibt leckere Speisen und wenn es etwas kühler wird, prasselt das Feuer im Kamin. Bei Sonne sitzt man draußen. Das Rifugio ist inzwischen ein beliebter Moppedtreff.
(45.907326, 10.409512)

echtes Meisterwerk der Straßenbaukunst und als eine der Traumstraßen Europas. Der schwindelerregende Blick in die Tiefe und das grandiose Panorama sind hier das Sahnehäubchen auf dem Fahrspaß.

Gargnano lockt

Oben in den Bergen bei Vesio wird die Straße zur SP 38, führt verwinkelt und mit weiteren kernigen 180 Grad-Kurven gen Süden, wendet sich bald darauf wieder dem Gardasee zu. In spektakulärer Straßenführung geht es schließlich wieder hinunter ans Westufer, wo wir hinter Tignale erneut auf die Gardesana Occidentale abbiegen. Gargnano, einige wenige Kilometer später, überzeugt mit seiner schönen Altstadt, der urigen Uferpromenade und den vielen Cafés am Wasser und am Hafen. Hier lässt sich perfekt ein leckerer Cappuccino mit Blick auf die schaukelnden Jachten im Hafenbecken genießen.

Aber noch etwas lockt nach Gargnano: Der Abstecher auf die grandiose SP 9 mit der Fahrt zum bildschön gelegenen Lago di Valvestino – ein Abstecher, den man unbedingt gemacht

Tunnelstrecken zwischen Limone sul Garda und Vesio (oben) und auf der Gardesana Occidentale (rechts).

Östlich des Passo di Croce Domini bietet sich dieser Ausblick.

haben muss. Auch hier zirkeln die Serpentinen steil und spektakulär in die Berge empor, das Panorama ist einfach unglaublich. Auch das kurze, anschließende Stück über die Via Valvestino bis zur 124 Meter hohen Staumauer des fjordartigen Stausees lohnt sich sehr.

Kurvenreiches Sträßchen

Zurück am Ufer des Gardasees geht es via Toscolano-Maderno bis Salò. Hier lassen wir das ebenfalls sehr interessante Uferstädtchen aber links liegen, biegen rechts ins Val Sabbia ab und folgen der Ausschilderung nach Vobarno entlang des Flusses Chiese. Das kurvenreiche Bergsträßchen führt über einen hohen Bergrücken, wieder hinunter ins Val Trompia und weiter auf den 1664 Meter hohen Passo del Maniva. Wie eine Achterbahn geht es weiter hinauf auf den 2070 Meter hohen Goletto del Crocette. Der wiederum führt zum Passo di Croce Domini, der sich in 1892 Metern Höhe zum Motorradtreffpunkt entwickelt hat.

Der Passo di Croce Domini entlässt uns durch das Val di Caffaro in Richtung des Lago d'Idro. Dessen Westufer offenbart tolle Ausblicke auf die fast elf Quadratkilometer große, silbern schimmernde Wasseroberfläche. Durch Ponte Caffaro und Storo steuern wir das Val di Ledro an. Hier liegt, gleich westlich des Gardasees, der nächste bildschöne Bergsee: der Lago di Ledro.

Bei einer Tour durch das Ledro-Tal sollte die Badehose im Gepäck nicht fehlen. Schließlich ist der See vor allem aufgrund seiner tollen Badestrände bekannt. Ein paar letzte Schwünge noch, dann finden wir uns auf der Gardesana Occidentale wieder. Von hier ist es nur noch ein Katzensprung zurück ins schöne Nago-Torbole. ◀

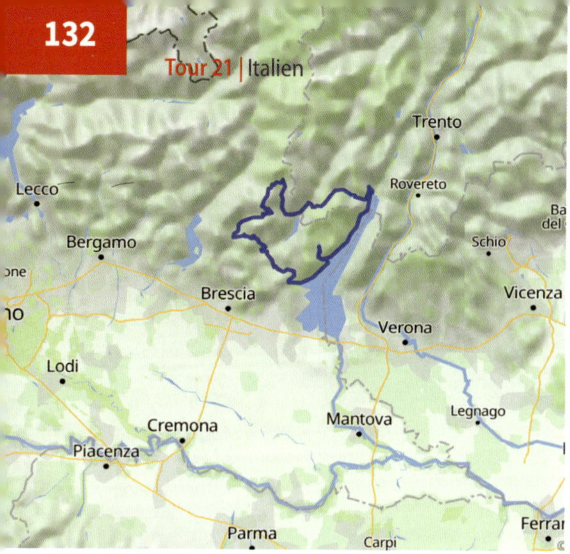

TOUR 21 | Italien

GARDASEE

LÄNGE | 263 km

ÜBERNACHTUNG
Hotel Villa Grazia
Via Benedetto Croce, 2, I-25010 Limone Sul Garda
Kleinerer Familienbetrieb, sehr sympathisch mit tollem Qualität-Preis-Verhältnis, sehr zentral, mit Garage
www.hvillagrazia.it
(45.809841, 10.789892)

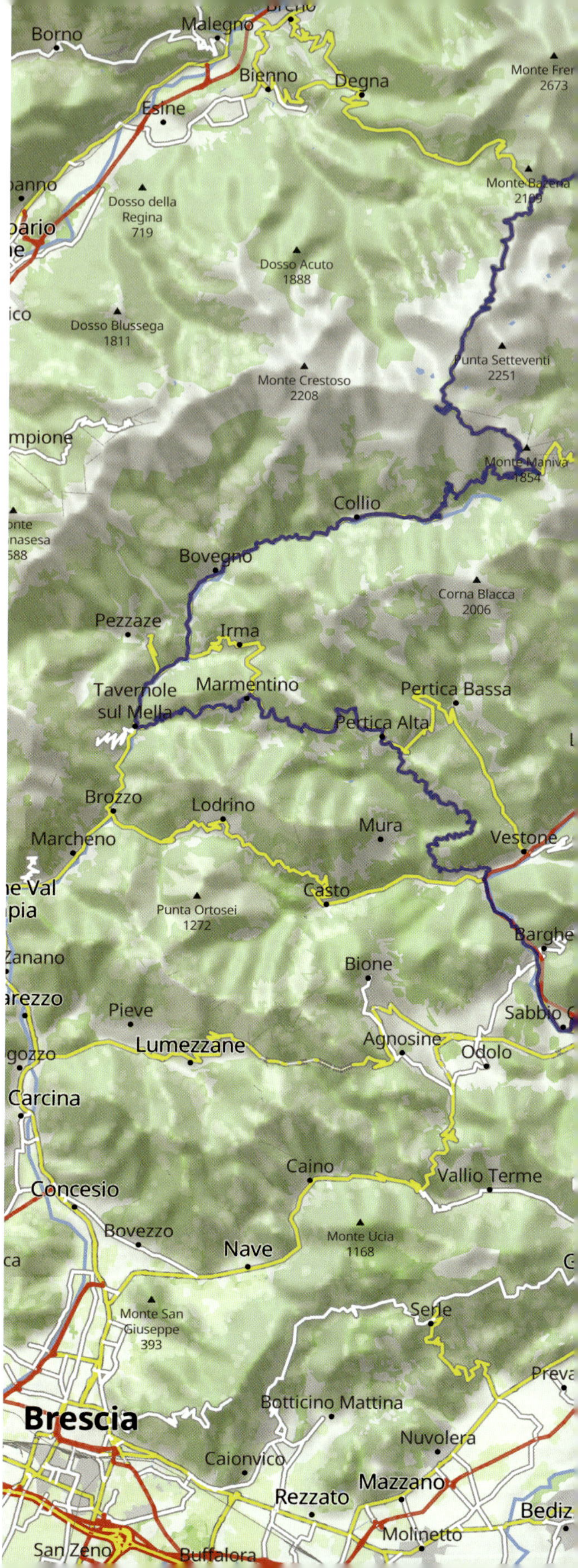

Einladende Promenade in Toscolano.

Praso
Creto
2156
Monte Bruffione
2665
Cimego
Lenzumo
Canale
Tenno
Arco
Varone
Monte Brealone
2265
Condino
Bezzecca
Tiarno di Sopra
Foci
Riva del Garda
Nago
Lago di Ledro
Corni di Groli
2194
Cima Visi
1590
Cima Rinalt
1422
Biacesa di Ledro
Pregasina
Doss Casina
979
Storo
Darzo
Monte Tremalzo
1973
Lodrone
Cima Spessa
1821
Limone sul Garda
Baitoni
Navene
Monte Altissimo di Nago
2079
Dalvra Alta
1082
Magasa
Monte Puria
1473
Lago d'Idro
Armo
Pieve
Malcesine
Turano
Campione del Garda
Capovalle
Isola del Sogno
Bollone
Tignale
Idro
Costa
Sommavilla
Cima Traverso
1264
Lago di Valvestino
Cima Valdritta
2218
Bresciano
Briano
Marniga
Monte Gallo
1144
Gargnano
Castelletto
Ferrara di Monte Baldo
Marmera
1398
Lago di Garda
Prada
Adige
Teglie
Gaino
Pai di Sotto
Rivalta
Vobarno
Toscolano Maderno
Brentino
San Zeno di Montagna
Roè
Braga
Gardone Riviera
Torri del Benaco
Caprino Veronese
Salò
Dolcè
Costermano sul Garda
Cunettone
Isola di Garda
Garda
Albarè
Rivoli Veronese
Palude
Isola di San Biagio
Polpenazze del Garda
Bardolino
Cavaion Veronese
Volargne
Solarolo
Fumane
Moniga del Garda
Cisano
Sant'Ambrogio di Valpolicella
San Pietro in Cariano
Padenghe sul Garda
Lazise
Balconi

Tour 22 Amalfiküste

Amore amalfitana

Sie ist bildschön, sie ist beliebt, sie ist legendär – die Amalfiküste im Süden der Sorrentinischen Halbinsel. Ihre Küstenstraße, die Amalfitana, gilt als eine der schönsten Routen weltweit.

START- / ZIELORT
Salerno / San Pietro

TOURLÄNGE
ca. 74 km

ROADBOOK
Salerno, Vietri sul Mare, Cetara, Capo d'Orso, Maiori, Minori, Ravello, Amalfi, Positano, San Pietro

Amalfitana – schon beim Klang des Wortes kommen Italiener reihenweise ins Schwärmen. Amalfitana, das ist der Name der Strada Statale 163, der Küstenstraße, die von Vietri sul Mare nach Meta di Sorrento führt. 1832 begannen die Arbeiten an der 50 Kilometer langen Strecke, im April 1850 wurde sie eröffnet. Seitdem begeistert die in der italienischen Region Kampanien liegende Küstenstraße Touristen wie Einheimische gleichermaßen und ist zu einer echten Attraktion geworden.

Gerade sind wir dem Trubel der interessanten und lebhaften Hafen- und Universitätsstadt Salerno entkommen, haben noch ein paar verwinkelte Kreuzungen überquert, da fällt unser Blick schon auf das Schild „Costiera Amalfitana". Das Schild sagt auch: Keine großen Lastwagen, keine Busse, Wohnmobile nur in der Nacht. Der Verkehr auf der Küstenstraße ist reglementiert und das ist auch gut so.

Blick aufs Meer

Schon gleich in der ersten Schleife in Vietri sul Mare lasse ich die Honda ausrollen. Der Blick aufs Meer, die alten Gemäuer, herrliche Fassaden, die so typisch italienische Atmosphäre – es braucht nicht viel, dass man sich hier sogleich wohlfühlt.

Entlang der mächtigen Stadtmauer und dichter Baumreihen verlassen wir den Ort, arbeiten uns Kurve für Kurve hinunter in Richtung Küste. Es wird grün, die letzten Häuser verschwinden im Rückspiegel. Der Asphalt windet sich entlang des Berghangs und entsprechend kurvenreich ist die Streckenführung.

Bei Cetara macht die SS 163 einen kraftigen Schlenker mitten durch das Städtchen. Das ist zwar für das schnelle Fortkommen nicht förderlich, aber wer möchte das schon. Die Amalfitana ist eine Route für Genießer, hier stehen Landschaft, Kultur und das italienische Leben im Vordergrund. Wir passieren den Jachthafen und schnell liegt auch der Ort wieder hinter uns.

Die Stadt Amalfi gab der legendären Küstenstraße Amalfitana ihren Namen.

HIGHLIGHT

DIE AMALFIKÜSTE MIT DEM BOOT

Natürlich ist die Amalfitana mit dem Motorrad ein Erlebnis sondergleichen. Wer aber mal eine ganz andere Erfahrung machen möchte, der schaut sich die faszinierende Amalfiküste vom Boot aus an. So legt zum Beispiel von Amalfi aus mehrmals täglich ein Schiff nach Positano ab. An Bord gibt es Getränke, leckeres Eis, Snacks und mehr. Die Ausblicke auf die Küste sind faszinierend, da sich viele Grotten, Felsen und Buchten nur vom Wasser aus entdecken lassen. In jedem Hafen entlang der Strecke lassen sich Tickets für die Fähren kaufen oder auch Angebote für ganz individuelle Touren auf dem Wasser einholen.
www.directferries.de

Bald folgt das Capo d'Orso. Das Kap ragt hinaus ins Meer, auch hier folgt die Straße der Küstenlinie und kurvt durch die Hänge. Es gibt reichlich Gelegenheit, das Motorrad am Straßenrand zu parken und den Blick hinaus aufs Meer oder entlang der Küste schweifen zu lassen – es lohnt sich.

In Maiori verläuft die Amalfitana direkt entlang der schönen Promenade, flankiert von verlockenden Eisdielen und einladenden Cafés. Wo Maiori nahezu übergangslos nach Minori führt, regelt eine Ampel die Engstelle. In der Hauptsaison gibt es hier schon mal Stau. Am besten hält man es wie die italienischen Rollerfahrer: einfach in der Mitte durchfahren. Die Autofahrer kennen das – Italien eben.

Lohnender Abstecher

Ein paar Minuten später trudeln wir unterhalb von Ravello ein. Ein Schild weist nach rechts, hier zweigt die kurvenreiche, etwa fünf Kilometer lange Bergstrecke ab, die über einige Serpentinen hinauf in das am Berghang gelegene Örtchen führt. Ein Abstecher lohnt sich, der rund 300 Meter über dem Meer thronende Ort ist wirklich etwas für das Auge und eigentlich lohnt es sich allein schon wegen der spannenden Zufahrt dorthin.

Amalfi, der Ort, der dem ganzen Küstenabschnitt seinen Namen gibt, empfängt uns nach einer kernigen Kurve. Gleich fällt der Blick auf die Reihen der wohlgeordneten Sonnenschirme am Strand, auf die herrlichen,

In Maiori verläuft die Amalfitana direkt entlang der Promenade (oben), mitunter aber auch über dem Meer (rechts).

Blick auf den Naturhafen von Positano.

schneeweißen Fassaden, auf die hoch aufragenden Felsen im Hintergrund. Was für eine Kulisse! Am zentralen Kreisverkehr versuchen eine Handvoll Polizisten Ordnung in das Verkehrschaos zu bringen. Als Zweiradfahrer hat man es hier deutlich leichter – in der Mitte durch und gut ist. In langer Reihe stehen Roller und Motorräder auf dem extra Parkplatz direkt beim Zentrum. Auch Amalfi muss man einfach mal bei einem Bummel erkunden.

Immer weiter kurven wir auf der SS 163 weiter hinaus auf die Spitze der Sorrentinischen Halbinsel. Auf Abertausenden von Terrassen oberhalb der Amalfitana stehen schmucke Häuser, wachsen Wein, Blumen und Bäume. Auch außerhalb der Orte gibt es immer wieder kleine Buchten, eingerahmt von schroffem Fels. Manchmal sind sie auch zu Fuß erreichbar, oft aber auch nur mit dem Boot. Auch die Wanderwege quer durch die Berge sind extraklasse.

Bergige, grüne Landschaft

Auch Positano gehört zu den schönsten Städtchen an der Amalfiküste. Der Blick vom Naturhafen am Strand hinauf in die Hänge ist grandios. In Riesenschleifen windet sich die Amalfitana um den Ort, um gleich westlich wieder an der Küste entlangzuführen. Der nun folgende lange Abschnitt bis zum Ende der eigentlichen Küstenstraße verläuft fast nur noch durch die bergige, grüne Landschaft. In San Pietro verlässt die großartige SS 163 die Küste, wendet sich ins Landesinnere. Sie führt weiter nach Sorrento, an den Golf von Neapel, an den Vesuv – es gibt noch unendlich viele spannende Ziele in dieser Region. Aber die legendäre Amalfitana, sie endet genau hier. ◄

TOUR 22 | Italien

AMALFIKÜSTE

LÄNGE | 47 km

ÜBERNACHTUNG
Gold Hotel
Corso Garibaldi 197, I-80055 Portici
Verkehrsgünstige Lage, freundlicher Service, Restaurant und Spa, eigener Parkplatz und ansprechende Zimmer.
www.goldhotelspa.com
(40.819109, 14.328896)

Die Amalfitana bei Cetara.

Amalfiküste
Episcopio
Monte Torrenone 1071
Bracigliano
San Bartolomeo
zigno
Striano
Sarno
Poggiomarino
Siano
San Valentino Torio
Lavorate
Castel San Giorgio
Mercato San Severino
Villa
Marchesa
San Marzano sul Sarno
Corticelle
Fisciano
Roccapiemonte
Penta
San Pietro
Pompei
Scafati
Nocera Inferiore
Baronissi
Nocera Superiore
Saragnano
Angri
E 45
Sant'Antonio Abate
Santa Maria la Carità
Corbara
Pellezzano
Mammone 709
Lettere
Cava de' Tirreni
le Creste 697
Casola di Napoli
Polvica
E 841
Monte Cerreto 1313
Monte Finestra 1145
Salerno
Pimonte
Monte Cervigliano 1203
Montalto 740
Ravello
Maiori
Cetara
Agerola
Amalfi
Bomerano
Lone
Furore
Praiano

Tour 23 Gargano

Am Sporn

Die Runde um den Sporn des italienischen Stiefels gehört mit zu den schönsten Strecken Italiens. Hier überzeugt Apulien mit bildschönen Küstenstraßen und spannenden Bergstrecken.

BASISORT
Manfredónia

TOURLÄNGE
ca. 169 km

ROADBOOK
Manfredónia, Mattinata, Pugnochiuso, Vieste, Péschici, Bellariva, Vico del Gargano, Foresta Umbra, Monte Sant'Ángelo, Manfredónia

Manfredónia, die lebhafte und sympathische Hafenstadt ganz im Süden des Gargano – dem nördlichen Vorgebirge Apuliens an der Ostküste Italiens – ist mit all ihren Sehenswürdigkeiten nicht nur das ideale Basislager für diese Runde, auch viele andere interessante Ziele sind von hier aus gut erreichbar. Für uns steht heute aber die abwechslungsreiche Erkundung des Sporns des italienischen Stiefels auf dem Programm.

Hinein in die Bergwelt

Gleich nach dem Frühstück, wozu sich einige der gemütlichen Bars am Hafen bestens anbieten, sind wir auch schon unterwegs. Auf der gut ausgebauten Strada Statale 89, der Garganica, verlassen wir die Küstenstadt in Richtung Nordosten. Schnell taucht die Garganica in die Bergwelt des Gargano ein. Einige lange Tunnel führen durch den Fels. Unsere erste Wahl statt der kalten Tunnel ist natürlich die aussichtsreiche Alternativstrecke, die sich mit unzähligen Kurven und Kehren entlang des Kaps Punta Rossa und vorbei am Hafen von Mattinata schlängelt.

Kurz vor Masseria Mattinatella treffen wir wieder auf die Küstenstraße, jetzt als SP 53 in Richtung Vieste ausgeschildert. In wildem Zickzack-Kurs führt sie durch die küstennahen Berge und immer wieder überrascht sie mit tollen Panoramen. Strahlend gelb blühender Ginster und stachelige Kakteen stehen Spalier, zahlreiche Aussichtspunkte locken mit schönem Blick auf Meer und Küstenlandschaft.

Bei der Abzweigung nach Pugnochiuso setze ich den Blinker auf die SP 54. Wir werden mit herrlichem Kurvenspaß zwischen Pugnochiuso und Portogreco belohnt – und mit dem Torre dell' Aglio. Seit gut 350 Jahren wacht dieses auch als Torre Portogreco bekannte wehrhafte Bauwerk am westlichsten Punkt des Gargano über die Küste. Die Aussicht von hier entlang der felsigen und zerklüfteten Küste ist einfach genial.

Küstenstraße bei Peschici und der Blick auf Vieste.

HIGHLIGHT

TRABUCCHI

Verlässt man Vieste an der Küste in nordwestlicher Richtung entlang der Küstenstraße, fällt er sofort ins Auge, der Trabucco. Nicht weit hinter dem Ortsausgang steht der für Apulien so typische Pfahlbau. Die Trabucchi sind auf hohen Stelzen auf das Meer hinaus ragende Holzhäuser, von denen rechteckige Netze ins Meer versenkt werden. Schon im Mittelalter wurden an der italienischen Küste aus Schwemmholz kleinere Hochstände zu diesem Zweck gefertigt. Hier im Gargano und in der Provinz Pescara hat man die Baukunst perfektioniert und nicht wenige große Trabucchi dienen heutzutage sogar als Wochenendhäuschen. Im Nationalpark Gargano werden die Trabucchi im Rahmen eines aufwendigen Projektes saniert und restauriert.

Nur wenige Minuten später lockt uns der nächste Turm von der Straße. Hier ragt der mächtige Torre di San Felice in den Himmel. Zwar können wir dieses beeindruckende Gemäuer leider nicht von innen besichtigen, aber auch hier lohnen sich ein paar Schritte um den Turm herum.

Denn von hier lässt sich ein toller Blick auf den Felsbogen von San Felice werfen, mit dem die Erosion ein bildschönes Felstor durch den Karst geschmirgelt hat. Für nicht wenige Garganesen gilt der Bogen als das Wahrzeichen des Gargano. Zurück auf der SP 53 begleitet uns für die nächsten Kilometer endloser Sandstrand.

Mächtige Natursteinsäule

Am Stadtrand von Vieste geht der Sandstrand in schroffen Fels über. Sofort fällt der Blick auf die mächtige Natursteinsäule, das Wahrzeichen der Stadt. Der Pizzomunno, wie der Fels genannt wird, ist bekanntlich ein versteinerter junger Mann. Seine Liebe

Porto di Portogreco (oben) und Vieste (rechts).

Ein Aussichtspunkt ganz im Osten von Gargano.

zur schönen Cristalda wurde ihm zum Verhängnis, als diese von eifersüchtigen Sirenen ermordet wurde. Aus Trauer darüber erstarrte der Unglückliche zu Stein. Ganz in der Nähe der Piazza Vittorio Emanuele parken wir unser Mopped und schlendern durch die Gassen der Stadt, vorbei an netten Läden, Cafés und über aussichtsreiche Balkone und Terrassen. Nicht umsonst gilt Vieste als eines der schönsten Städtchen Apuliens.

In Schräglage

Aus Vieste hinaus geht es in nordwestlicher Richtung entlang der SP 52, die sich im Schlingerkurs durch die bergige Landschaft windet. Die Küstenlinie wird immer wieder von schönen Sandstränden unterbrochen. Noch bis Bellariva folgen wir der Küste, dann geht es ins Landesinnere. Schräglage für Schräglage geht es hinauf in das fast 500 Meter hoch gelegene Vico del Gargano.

Das hübsch anzusehende Bergdorf gehört verdientermaßen zur Gruppe der „I borghi più belli d'Italia", einer Vereinigung der schönsten Orte Italiens. Mit der Honda gönnen wir uns eine Runde motorisiertes Sightseeing und rollen durch die schmalen Gassen und Wege.

Die nächsten 45 Kilometer durch den Foresta Umbra sind Bergstrecke vom Feinsten. Foresta Umbra heißt so viel wie „dunkler Wald". Das riesige Naturschutzgebiet, bis zu 800 Meter hoch gelegen, gilt als einer der am besten erhaltenen alten Wälder Italiens. Zwischen den uralten Buchen tummeln sich Wildschweine und Rehe, Mufflons und Wildkatzen.

Wieder auf der Südseite des Gargano angekommen, empfängt uns Monte Sant'Angelo. Dessen Wallfahrts- und Grottenkirche San Michele, die Überreste der Kirche San Pietro und vor allem das normannische Kastell sind durchaus sehenswert, aber in der Saison müssen Besucher schon ein wenig Leidensfähigkeit mitbringen – der Pilgerort ist meist sehr gut besucht. Eine ganze Reihe spannender Serpentinen führen schließlich wieder die Berge hinunter in Richtung Manfredónia, dem Ausgangspunkt dieser spannenden Runde. ◀

TOUR 23 | Italien

GARGANO

LÄNGE | 169 km

ÜBERNACHTUNG
Forte Hotel Vieste
Viale Italia 9, I-71019 Vieste
Modernes Hotel an der Promenade von Vieste mit schöner Anlage, Pool, nettem Restaurant, Bar und eigenem Parkplatz.
www.fortehotelvieste.com
(41.885604, 16.167292)

Formidable Küstenstraße bei Mattinatella.

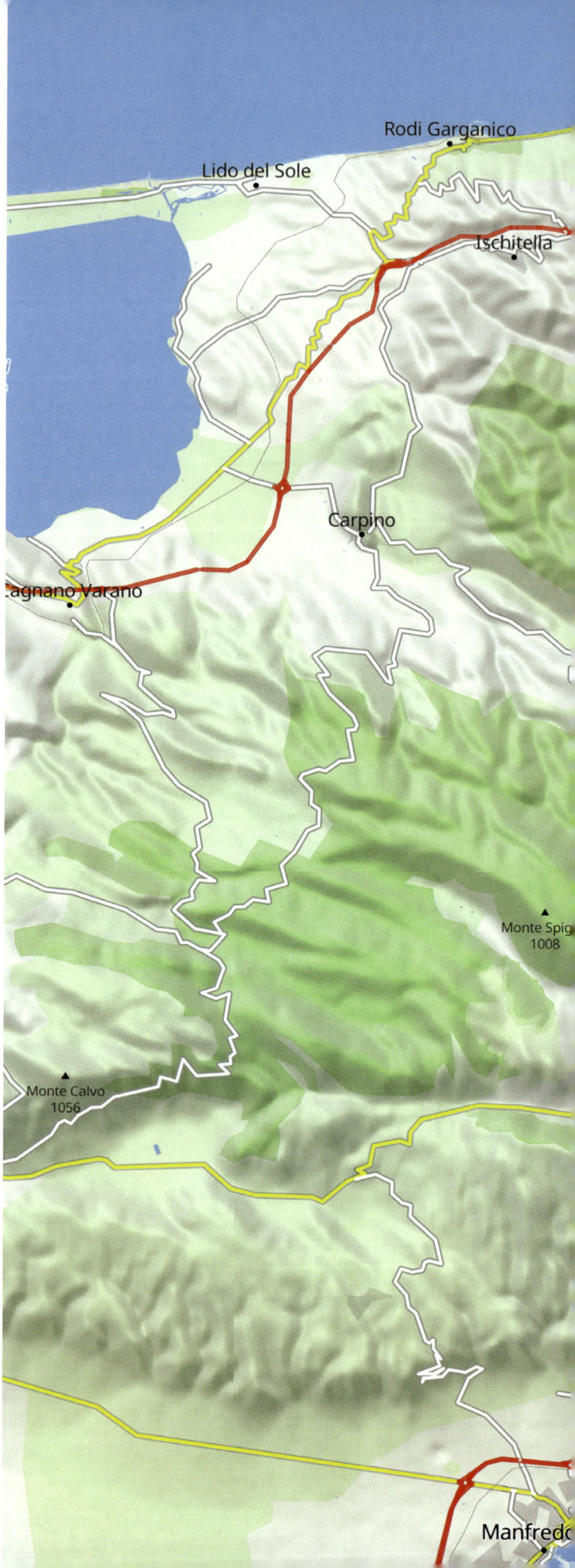

Peschici
Vico del Gargano
Vieste
Scoglio di Portonuovo
Pietra Appesa 690
Monte Iacotenente 830
Coppa Impagnatiello 830
Monte Sacro 872
Mattinata
Monte Sant'Angelo

Tour 24 Sardinien

Der Fuß im Mittelmeer

De zweitgrößte Insel im Mittelmeer ist ein Garant für Motorradspaß ohne Ende. Die Gebirge, die bildschönen Küstenstraßen und die unzähligen einsamen Nebenstrecken sind grandios.

START- / ZIELORT
Siniscola / Tortoli

TOURLÄNGE
ca. 153 km

ROADBOOK
Siniscola, Cantoniera Sant'Anna, Pass Ianna Portellitos, Lula, Lago del Cedrino, Dorgali, Cala Gonone, Dorgali, Baunei, Tancau sul Mare, Lotzorei, Tortoli

Sandalyon – so nannten die Griechen Sardinien, weil sie die Form der Insel vage an einen Fußabdruck erinnerte. Ob Sardinien daher seinen Namen hat oder eventuell durch das Volk der Schardana, dass einst als Ureinwohner der Insel galt, weiß niemand sicher. Fest steht jedoch, dass die zweitgrößte Mittelmeerinsel eine perfekte Region für reisende Motorradfahrer ist. Die enorme Vielfalt der unzähligen Motorradstrecken auf der Insel reicht für mehr als nur einen Urlaub.

Die hier vorgestellte Tour an der Ostküste Sardiniens beginnt in Siniscola. Das quirlige Zentrum zwischen den herrlichen Gipfeln des Monte Albo und den Buchten an der Küste ist der perfekte Ort, um einige Tage zu verweilen. Hier lockt nicht nur das Städtchen selber mit seiner schönen Altstadt, dem Contro Storico, sondern auch die reizvolle Umgebung.

Auf den Monte Albo

In die stürzen wir uns gleich hinter Siniscolas westlicher Stadtgrenze. Kaum haben wir den Ort verlassen, schraubt sich die SP 3 hinauf auf den bis zu rund 1150 Meter hohen Höhenzug des schroffen Monte Albo. Dabei geht es zwischendurch auch immer hinab in das eine oder andere Tal, um sogleich wieder steil anzusteigen und in wildem Zickzack die Berghänge zu überwinden. Unmittelbar vor dem Ort Cantoniera Sant'Anna macht die SP 3 einen scharfen Knick gen Süden in Richtung Lula, den man schnell verpasst. Es geht weiter bergauf, bald fällt der Blick nach links weit auf das Meer hinaus. Allzu viel sollte man aber nicht schauen, denn die unzähligen Kurven erfordern schon eine gewisse Aufmerksamkeit.

Schräglage für Schräglage führt die Strecke gen Süden durch das Bergland. Weit und breit ist nichts zu sehen außer der stacheligen Macchia, schroffem Fels und durch Abertausende Terrassen urbar gemachte Hänge.

Bei Lula am Monte Albo und der traumhafte Ausblick auf Küste bei Siniscola.

HIGHLIGHT

NURAGHEN

Weit verstreut und verbreitet auf Sardinien sind die prähistorischen Turmbauten, die Nuraghen. Zu erkennen sind heute noch die Überreste von rund 7000 dieser in der Zeit zwischen 2 000 v. Chr. und 400 v. Chr. errichteten Kultstätten, die wahrscheinlich zum Teil auch als Verteidigungsanlagen genutzt wurden. Fast immer steht ein Turm im Zentrum, der kunstvoll mit mächtigen Steinblöcken und ohne die Verwendung von Mörtel errichtet wurde. Einige der Nuraghen haben zudem weitere Anbauten oder sind in Nuraghensiedlungen zusammengefasst.

Manche Abschnitte erinnern an Mondlandschaften, so karg sind sie. Linker Hand wachsen die mächtigen Felsgipfel des Monte Albo in den Himmel. Hier lässt sich auch perfekt Wandern und Mountainbiken. Ganz unvermittelt findet sich in einer Kurve die einladende Punto Ristoro Bar. Hier lässt sich bei fantastischer Aussicht sehr, sehr lecker essen oder einfach nur ein Kaffee trinken. Ab hier verläuft die SP 3 entlang des Bergrückens wieder in Richtung Tal – mit unzähligen Kurven natürlich, wie sollte es anders ein.

Schöner Stausee

Kurz vor Lula wendet sich die Straße ein wenig von den Gipfeln ab, dann führt sie hinein in den Ort. Mitten im Zentrum heißt es links abbiegen. Ab jetzt geht es auf der SP 38 weiter. Auch die mäandert in unzähligen Schwüngen durch die Landschaft, unterquert die autbahnähnliche SS 131 und führt schließlich über den schönen Stausee Lago del Cedrino, bevor sie kurz vor Dorgali auf die SS 125 trifft. Dorgali ist wie Siniscola ein quicklebendiges Städtchen. Hier lässt sich einkaufen, speisen und wer mag, besucht die ganz in der Nähe liegende Nuraghensiedlung Serra Orrios, eine der besterhaltenen historischen Anlagen Sardiniens.

Spannend und unsere unbedingte Empfehlung ist auch der Abstecher

Unerwartete Begegnung mit einem tierischen Einheimischen (oben) und die eingeplanten Kurven auf der SS 125 (rechts).

Das gewaltige Bergpanorama an der SS 125.

hinunter ans Meer und den kleinen Küstenort Cala Gonone. Der einstige Fischerort ist über einen Tunnel und die anschließende fantastische und aussichtsreiche Panoramastraße zu erreichen. Cala Gonone selber ist ein echter Urlaubsort, der vor allem durch seine Strände besticht. Entsprechend viel los ist hier und wer Ruhe und Einsamkeit sucht, trinkt einfach nur einen leckeren Kaffee am Hafen und macht sich anschließend über die Panoramastraße wieder ins Hinterland auf.

Highlight der Insel

Nach dem Abstecher an die Küste folgt nun nicht nur das Highlight der Tour, sondern auch das Highlight der ganzen Insel. Guten Gewissens lässt sich sagen, dass die nun folgenden rund 50 Kilometer einer der schönsten Strecken sind, die auf Sardinien oder sogar im Mittelmeerraum zu finden sind. Die SS 125 zwischen Dorgali im Norden und Tortoli im Süden ist geradezu legendär. Sie passiert gleich fünf Pässe zwischen 590 Metern und 1017 Metern Höhe, der Asphalt ist vom Allerfeinsten und die Kurvenkombinationen könnten glatt in einer Rennstrecke verbaut sein. Dazu kommen hinreißende Panoramen und eine traumhafte Landschaft. Wir empfehlen, die Strecke einfach mal aus beiden Richtungen zu befahren – das verschafft ganz unterschiedliche Eindrücke.

In Tortoli endet schließlich diese wirklich geniale Sardinientour. Der nette Ort bietet alles, was man von einem Urlaubsquartier erwarten darf. Wer es lieber etwas ruhiger und beschaulicher haben möchte, quartiert sich einige Kilometer vorher in Tancau sul Mare ein. Dort gibt es auch einen urigen Campingplatz direkt am Sandstrand. ◀

TOUR 24 | Italien

SARDINIEN

LÄNGE | 153 km

ÜBERNACHTUNG

Agriturismo Su Vrau

Localita Su Vrau, I-08020 Posada

Helle, freundliche Zimmer, Terrasse, Garten, Schwimmbad, Werkstatt, überdachte Stellplätze, geführte Touren, nettes Team.

www.agriturismosuvrau.com

(40.630884, 9.694705)

Küste bei Tancau sul Mare.

Lodè
Thiniscole/
Siniscola
zi/Bitti
Luvula/Lula
Sa Punta Manna
240
une
Orosei
oro
Durgali/Dorgali
iana/Oliena
olo/
olo
Monte Oddeu
1063
Orthullè/Urzulei
Talana
Baunei
Lotzorai
Lago
Alto del
Flumendosa
Tortolì
Lanusèi/Lanusei

Tour 25 Sizilien

Feuer und Schwefel

Wie aus einer anderen Welt wirken die Straßen rund um den Ätna. Zu Füßen des höchsten aktiven Vulkans Europas windet sich kurvenreicher Asphalt durch das Bergland.

BASISORT
Taormina

TOURLÄNGE
ca. 232 km

ROADBOOK
Taormina, Giardini-Naxos, Gaggi, Francavilla di Sicilia, Castiglione di Sicilia, Linguaglossa, Fornazzo, Milo, Zafferana Etnea, Nicolosi, Belpasso, Adrano, Bronte, Randazzo, Passopisciaro, Solicchiata, Castiglione di Sicilia, Francavilla di Sicilia, Gaggi, Giardini-Naxos, Taormina

Die bildschöne Stadt Taormina zu Füßen des Monte Tauro gilt als einer der schönsten Orte auf Sizilien. Mit seinen zwei antiken Theatern, dem Dom und den Palästen und Parks sowie seinem alten Stadtkern ist es mehr als nur einen kurzen Besuch wert. Schon Goethe schwärmte in seiner „Italienischen Reise" von der malerischen Küstenstadt. Taormina ist aber auch der ideale Ausgangspunkt zur Erkundung des Ätna, dem gut 3 300 Meter hohen mächtigen Vulkan, der auch heute noch durch seine Aktivitäten regelmäßig in die Schlagzeilen gerät.

Ins Landesinnere

Wir beginnen unsere Ätna-Runde in Taorminas Zentrum, das wir über die Küstenstraße SS 114 verlassen. Giardini-Naxos steht auf den Schildern, denen wir folgen und kaum haben wir den Ort erreicht, führt uns die SS 185 ins Landesinnere. Entspannt lassen wir die Küste hinter uns, passieren Gaggi und Francavilla di Sicilia.

Hier liegen die interessanten Gole dell'Alcantara, die Schluchten des Alcantara-Flusses. Bis zu 20 Meter tief und nur mehrere Meter breit sind die urigen Schluchten, die das Wasser in das Lavagestein des Ätna schmirgelte. Erkunden lassen sie sich allerdings nur zu Fuß. Die SP 7i führt uns weiter mitten durch das schöne Stadtbild von Castiglione di Sicilia mit seinem mittelalterlichen Kastell und gibt uns einen ersten Vorgeschmack auf die kommenden fantastischen kurvenreichen Strecken.

Der Kurvenspaß beginnt dann auch bald hinter Linguaglossa. Als Via Mareneve ausgeschildert mäandert die Landstraße durch die Landschaft zu Füßen des Vulkans. Blühende Macchia, gelb leuchtender Ginster und Olivenbäume huschen an uns vorbei. „Etna Nord" steht auf den Hinweisschildern, einladende Bars und Straßencafés säumen die Strecke.

Straßenabschnitt zwischen Linguaglossa und Milo und unterhalb von Taormina.

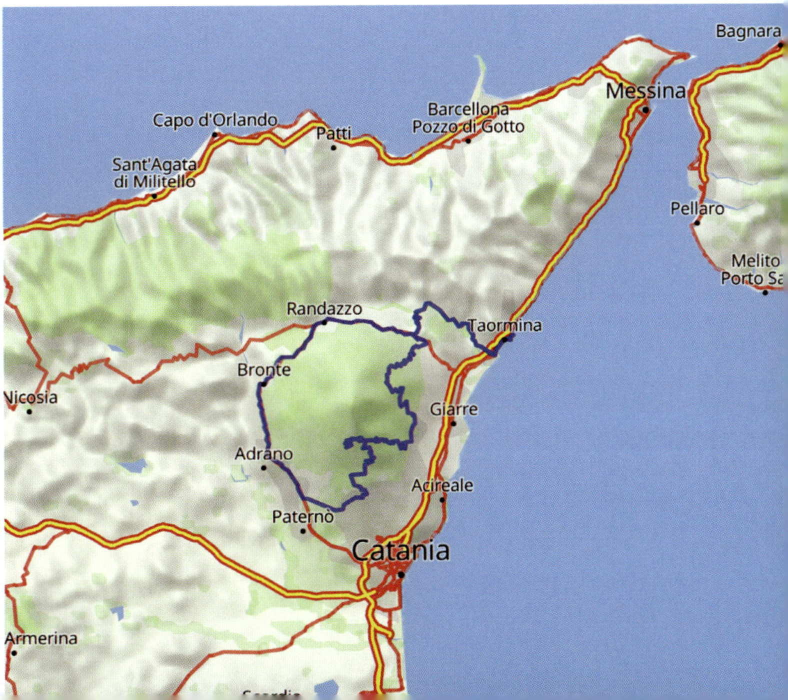

HIGHLIGHT

TAORMINA

Knapp 50 Kilometer südlich des Fährhafens Messina liegt zu Füßen des Ätna die sehr schöne Küstenstadt Taormina. Nicht zuletzt dank des milden Klimas, der nahen Badestrände und der unzähligen historischen Sehenswürdigkeiten, hat sich Taormina zu einem echten Touristenmagneten entwickelt. Die einladende Gastronomie, nette Läden, Gassen und Plätze sowie mehrere Paläste und der gepflegte Stadtpark sorgen für ein kurzweiliges Tagesprogramm. Von Taormina aus lassen sich mehrere tolle Motorradtouren starten: Es warten der Ätna, das Gebirge der Monti Nebrodi und die Monti Peloritani ganz im Nordosten der Insel. (37.851132, 15.282675)

Spannende Kurvenkombinationen und teilweise sogar knackige Serpentinen führen in dichten Wald hinein. Dann, ganz plötzlich, lassen wir das Grün hinter uns und rollen mitten durch gewaltige erkaltete Lavaströme hindurch. Das dunkle, schroffe Gestein wirkt wie eine riesige Mondlandschaft.

Asche statt Regen

Bis Fornazzo wechselt sich Wald und Lava in der fantastischen Landschaft ab, der Asphalt lässt sich prima befahren und ist griffig. Das ist nicht immer so. Je nach vulkanischer Aktivität kann es sogar zu Eruptionen kommen, deren ascheartiger Niederschlag die Straßen rund um den Ätna in rutschige Pisten verwandelt. Dann ist das Fahren mit motorisierten Zweirädern offiziell verboten, was aber zum Glück recht selten vorkommt.

Über Milo erreichen wir Zafferana Etnea, dass in der Vergangenheit durch Lavaströme zerstört, wieder aufgebaut und danach einige Male nur um Haaresbreite einer weiteren Katastrophe entging. Westlich des Ortes windet sich die SP 92 in Richtung des Hauptkraters hinauf, Hunderte Nebenkrater gibt es zudem rund um den Gip-

Fahrt durch das einstige Lava-Feld (oben) und vorbei an Castiglione di Sicilia (rechts).

Meerespanorama in der Nähe von Zafferana Etnea.

fel. Ganz oben lässt sich im Café erholen, es locken aber auch spannende Pfade in die faszinierende Landschaft zu den Kratern und zu beeindruckenden Aussichtspunkte – ein Erlebnis.

Einstige Lavaströme

In südlicher Richtung stürzen wir und entlang der SP 92 wieder in die Tiefe. Den einstigen Lavaströmen folgend kurven wir bergab bis Nicolosi, halten uns dort gen Westen, passieren Belpasso und finden uns schließlich auf der gut ausgebauten SS284 wieder.

Vorbei an Adrano steuern wir Bronte an. Die Strecke besticht weniger durch herausfordernde Kurvenkombinationen, als vielmehr durch die interessante Landschaft. Linker Hand tun sich herrliche Panoramen auf, rechts ragen die Gipfel des Ätna in den blauen Himmel. Kakteenfelder, Palmen, einzelne Häuser und kleine Weiler – es gibt immer etwas zu gucken.

Im quirligen Bronte, das ebenfalls mehrfach durch den Vulkan zerstört wurde, lohnt sich eine Runde durch die Stadt. Einige Läden und Cafés, urige Gassen und Plätze locken zum Besuch und überall stößt man auf die Pistazie, die hier in großem Stil angebaut und verarbeitet wird. Ende September startet zweijährlich das Pistazienfest, ein weit über die Region hinaus bekanntes Volksfest.

Gen Norden fahren wir wieder hinaus aus Bronte, umrunden weiter den Ätna. Wir durchqueren Randazzo, biegen dort auf die SS 120 ab und über Passopisciaro und Solicchiata erreichen wir bald wieder die Abzweigung auf die SP 7i, die uns nach Castiglione di Sicilia führt, dessen schönes Stadtbild uns schon zu Beginn dieser Tour so gut gefiel. Zurück nach Taormina folgen wir der Strecke von heute Morgen, die in umgekehrter Richtung auch gleich neue Eindrücke liefert. ◀

TOUR 25 | Italien

SIZILIEN

LÄNGE | 232 km

ÜBERNACHTUNG

Villa Chiara Taormina

Via Don Bosco 10 B, I-98039 Taormina

Nettes, freundliches Haus in toller, zentraler Lage, aber dennoch ruhig, sehr bemüht und freundlich.

www.villa-chiara.taormina.hotels-sicily.net

(37.853159, 15.287105)

Auf dem Weg zum Rifugio Sapienza.

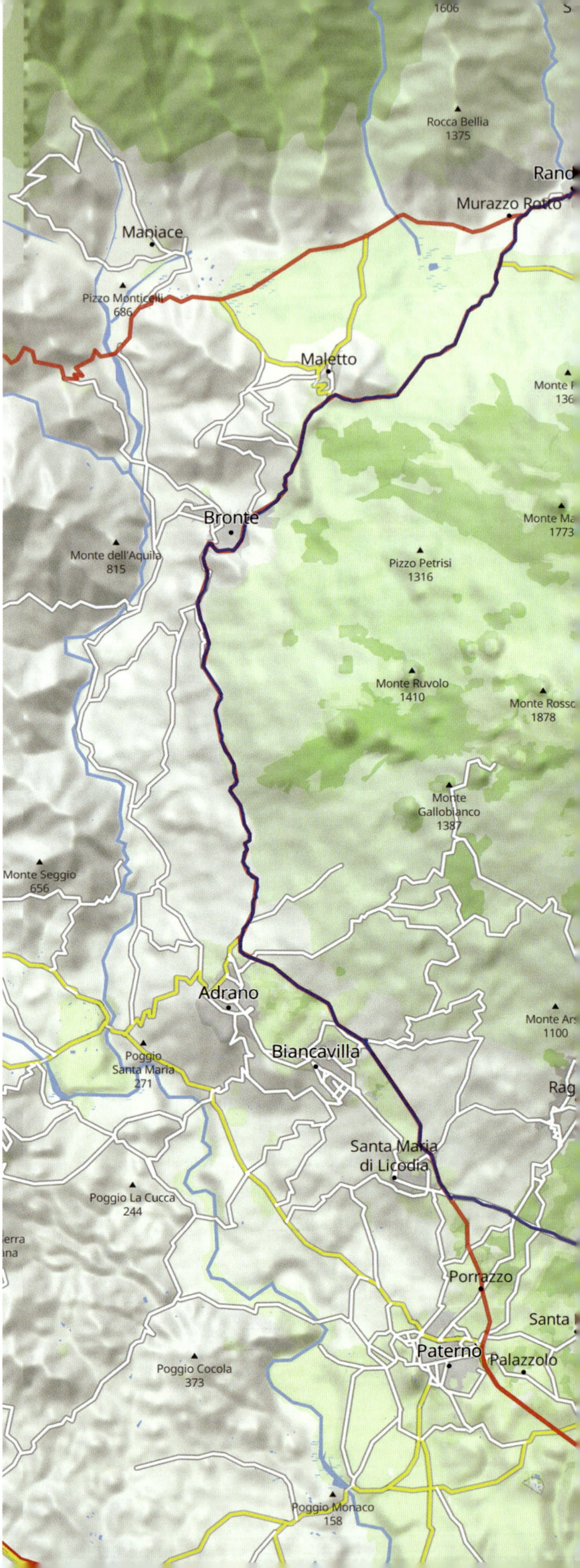

Pizzo Nigia
921
Malvagna
Rocca Badia
519
Francavilla di Sicilia
Moio Alcantara
Motta Camastra
Castiglione di Sicilia
Melia
Graniti
Monte Lapa
771
Letojanni
Passopisciaro
Solicchiata
Serra Vutturi
630
Gaggi
Taormina
Linguaglossa
Giardini-Naxos
Monte Sant'Elia
672
Calatabiano
Monte Santa Maria
1632
Monte Corruccio
1361
Piedimonte Etneo
Lapide Pasteria
Fiumefreddo di Sicilia
Vena
Monte Pizzillo
2414
Primo Monte
1635
Serra Buffa
1240
Mascali
Punta Lucia
2932
Monte Concazza
1746
San Giovanni Montebello
Monte Fontana
1278
Monte Centenari
1838
Giarre
Milo
Torre Archirafi
Monte Rinatura
2231
Petrulli
Archi
Zafferana Etnea
Carruba
Monte Faggi
1675
Sarro
Mangano
Monte Salto del Cane
1492
Poggiofelice
Guardia
Pozzillo
Tarderia
Fleri
Stazzo
Santa Maria Ammalati
Monte San Leo
1198
Pennisi
Fiandaca
Lavinaio
San Cosimo
Ragala
Nicolosi
Pedara
A18
Acireale
Viagrande
Aci Catena
Frumenti
Aci Bonaccorsi
Belpasso
Aci San Filippo
San Giovanni la Punta
Valverde
Capomulini
San Pietro Clarenza
Mascalucia
Gravina di Catania
Trappeto
Aci Trezza
Ficarazzi
Aci Castello
Cannizzaro
Canalicchio
Piano Tavola
Misterbianco

Tour 26 Engadin

Von Pass zu Pass

Reschenpass, Umbrail, Ofenpass – auf dieser grenzüberschreitenden Bergrunde überqueren wir nicht nur diese faszinierenden Übergänge, sondern kurven auch über das Stilfser Joch.

BASISORT
Schuls

LÄNGE
179 km

ROADBOOK
Schuls, Martina, Nauders, Reschenpass, Reschensee, Mals, Schluderns, Trafoi, Stilfser Joch, Umbrailpass, Ofenpass, Zernez, Guarda, Schuls

Mittendrin im schönen Tal des Unterengadin liegt Schuls oder, wie die Graubündner es nennen: Scuol. Der sympathische Badeort trägt einen sprudelnden Brunnen im Stadtwappen. Hier plätschert und sprudelt es aus unzähligen Brunnen und Quellen. Aber nicht nur deshalb ist das Örtchen so beliebt.

Das ganze Unterengadin rund um Schuls ist für sein sonniges Klima bekannt und gehört mit seiner fantastischen Landschaft zu den trockensten Regionen der Alpen. Kurz gesagt: Ein Traum für Motorradfahrer.

Für uns ist Schuls Startpunkt zur Tour durch Graubündens wunderschönen Osten. In Richtung Nordosten verlassen wir Schuls und folgen dem Verlauf des Inn.

Herrliche Streckenführung

Rechts und links des Tales türmen sich die gewaltigen Berge bis in 3000 Meter Höhe und wo sich einst der Inn mit viel Mühe ein Tal schuf, folgten ihm die Straßenbauer mit kurvenreichem Asphalt und unzähligen Felsdurchbrüchen. Mal steigt die Straße kräftig an, führt hoch über den Fluss, der wild schäumend durch das Gestein bricht, gleich danach geht es wieder hinab, fast bis ans Ufer des Wasserlaufs – eine herrliche Streckenführung.

In Martina biegen wir scharf rechts ab, Richtung Nauders, und schon stehen wir an der Grenze nach Österreich. Nicht immer wird hier auch kontrolliert. In wildem Geschlängel windet sich die schmale Straße hoch gen Nauders. Gerade mal vier Kilometern weiter passieren wir den 1455 Meter hohen Reschenpass und die Landesgrenze nach Italien. Auch hier gibt es nur sporadische Kontrollen, aber dafür jede Menge tolle Ausblicke in die grandiose Landschaft.

Südlich des Reschenpasses schließt sich der Reschensee an; kein natürlicher See, sondern künstlich geschaffen. Wären wir hier vor 1948 lang gefahren, wäre unser Blick nicht auf ein türkis funkelndes Gewässer gefallen. Damals stand hier noch der alte Teil

Auffahrt zum Stilfser Joch (oben) und Blick auf Nauders.

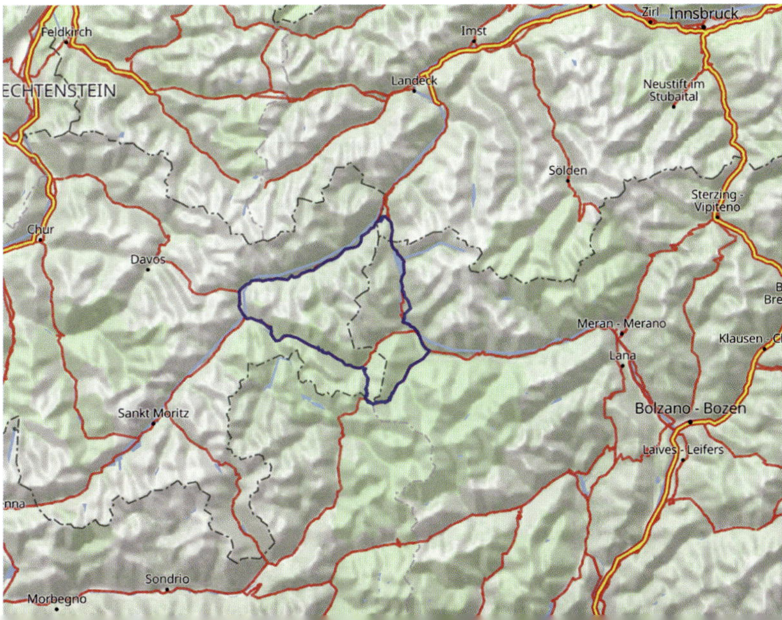

HIGHLIGHT

BURGEN AUF DER ROUTE

In Schluderns steht eine der interessantesten Burgen Südtirols: die mächtige Churburg aus dem 13. Jahrhundert. Nicht nur der Arkadenhof mit seinen einmaligen Wandmalereien und die weltweit größte private Sammlung historischer Rüstungen und Waffen machen die hochmittelalterliche Festung zu einem lohnenden Ausflugsziel.

www.churburg.com

Eine weitere gewaltige Burg steht bei Tarasp nur zehn Minuten von Schuls entfernt. Das um 1040 erbaute Schweizer Gemäuer wurde ab dem Jahr 1900 aufwendig renoviert und ist heute mit seinen Ritter- und Festsälen sowie der unvergleichlichen Lage und Aussicht ein besonderer Anziehungspunkt.

www.schloss-tarasp.ch

des Dorfes Graun. Davon zeugt noch heute die aus dem See ragende Turmspitze. Und als wäre das nicht schon schlimm genug, haben die Kastelruther Spatzen auch noch ein Lied darüber gesungen : „Atlantis der Berge". Die Ufer des Sees bieten erholsame Picknickplätze. Wohl dem, der vorgesorgt und die Proviantbox gut gefüllt hat.

Weiter geht es, vorbei am Haidersee, entlang des Flusses Adige, steil hinauf nach Mals. Die kurvenreiche Spaßstraße führt um den netten Ort herum und weiter nach Schluderns. Knapp vier Kilometer hinter der Festung von Schluderns biegen wir rechts ab und folgen dem Flüsschen Solda.

Immer steiler geht es hinauf und bei Trafoi beginnt der zweithöchste asphaltierte Alpenpass, der fantastische Passo dello Stelvio – das Stilfser Joch. Seit 1826 führen auf der Ostrampe 48 nummerierte Kehren bis auf 2 757

Südlich des Reschenpasses (unten) schließt sich der künstlich angelegte Reschensee (oben) an.

Meter Höhe hinauf. Die Nordostrampe ist eine echte Traumstrecke. An der Bergflanke arbeitet sie sich stetig in die Höhe, gibt dabei immer herrlichere Panoramen frei. In den Kehren stehen jede Menge geparkte Motorräder, deren Besatzungen die fantastischen Aussichten genießen.

Auch wir setzen uns mittendrin auf eines der Mäuerchen und schauen den zahlreichen Moppedfahrern zu, die sich hier in endlosen Schräglagen hocharbeiten. Die zum Teil recht engen Kehren bringen so manchen weniger erfahrenen Zweiradlenker doch erheblich zum Schwitzen. Dicht an dicht stehen dann oben auf dem Pass die Motorräder. Man trifft sich zum obligatorischen Gipfelkaffee.

Zurück in die Schweiz

Nicht ganz so spektakulär, aber dennoch sehr schön ist der nur wenige Kilometer weiter liegende Umbrailpass. Der bringt uns dann auch gleich wieder zurück in die Schweiz und auf eine richtig feine Bergstraße. Das Val Muraunza wird über rund 16 Kilometer von einem einfach genialen Asphaltband begleitet. Von November bis Mai dauert meist die Wintersperre, aber wenn die Straße offen ist, bietet sie Fahrspaß de luxe.

Ohne Unterlass schlängelt sich der Weg mal links, mal rechts, hinauf, hinab durch das Tal – mitreißende Panoramen inklusive. Bis Santa Maria Val Müstair geht der Riesenspaß und schon bald nimmt die Straße erneut mit steilem Anstieg und unzähligen Kurven Anlauf, um eine Berghöhe zu überwinden, den 2 149 Meter hohen Ofenpass. Seinen eigentümlichen Namen hat der Pass dal Fuorn durch die früheren Eisenschmelzen, in denen die Erze aus den umliegenden Bergwerken geschmolzen wurden. Die Überreste der Hochöfen sind auch heute noch überall erkennbar.

Langsam aber sicher schwingen wir uns wieder hinunter ins Tal. Wir erreichen Zernez und finden uns dort gleich an den Ufern des Inns wieder. Der Weg zurück nach Schuls könnte einfacher nicht sein. Wir folgen einfach der kurzweiligen Straße entlang des Inns. ◀

Wunderbare Kehren (unten) führen auf die Passhöhe des Stilfser Jochs, die ein beliebter Bikertreff ist (oben).

TOUR 26 | Schweiz

ENGADIN

LÄNGE | 179 km

ÜBERNACHTUNG
Hotel Münsterhof
Via Maistra 40, CH-7537 Müstair
Motorradaffines und freundliches Haus mit Garage, Rückholservice bei Panne, Schrauberecke, Bistro und ansprechendem Frühstück.
www.muensterhof.ch
(46.628245, 10.446646)

Das Stilfser Joch ist der zweithöchste asphaltierte Alpenpass und bietet insgesamt 87 Kehren.

Engadin
Piz Mundin
3146
Muttler
3294
Piz Mottana
2928
Nauders
Martina
Tschlin
Piz Arina
2828
Mittlerer
Seekarkopf
3063
Vnà
Ramosch
Piz Lat
2808
Plamorder Spitze -
Cima Plan dei Morti
2985
Froi - Froia
Sent
Sur En
Reschensee
- Lago di
Resia
Scuol
Vulpera
Piz S-chalambert
Dadaint
3031
St. Valentin auf
der Haide - San
Valentino alla Muta
Habicherkopf -
Cima Sparvieri
2903
Piz Lischana
3105
Haidersee
- Lago
della
Muta
Piz Pisoc
3173
Piz Rosaß
2941
Piz Cristanas
3092
Planeil - Planol
Burgeis -
Burgusio
Schlinig - Slingia
Piz Sesvenna
3205
Mot Mezdi
2492
Mals - Malles
Venosta
Matsch - Mazia
Piz Tavrü
3168
Tellakopf
2527
Schluderns
- Sluderno
Piz Starlex
3075
Taufers im
Münstertal - Tubre
Munt da la Bescha
2773
Piz Terza
2909
Tschierv
Müstair
Eyrs - Oris
Lü
Prad am Stilfser
Joch - Prato
allo Stelvio
Tschengls
- Cengles
Piz Daint
2968
Fuldera
Piz Chavalatsch
2763
Santa Maria
Stilfs Dorf -
Stelvio Paese
Piz Turettas
2958
Piz Lad
2882
Piz Murtaröl
3180
Piz Costainas
3004
Trafoi
Croda di Cengels
- Tschenglser
Hochwand
3375
Monte Solena
2912
Monte Braulio
2976
Tabarettakopf -
Dosso di Tabaretta
2594
Sulden - Solda

Tour 27 Tessin

Spaß am Pass

Reichlich Kurvenkombinationen zwischen mächtigen Dreitausendern, dazu Lukmanierpass, Sankt Gotthard und Oberalppass – diese Route geizt nicht mit Höhepunkten und Fahrspaß.

Disentis, bildschön eingebettet in die umgebenden Berge, entlässt uns in südlicher Richtung hinauf auf die Lukmanierstraße. Eng und kurvenreich präsentieren sich die ersten Kilometer des Val Medel, ungefähr bis Curaglia. Dann weitet sich das Tal immer mehr. Die steilen Wände gehen in satt grüne Berghänge über, auf denen sich Traktoren und Kühe ein Stelldichein geben. Die zackigen Kehren gehen in weit geschwungene Kurven über.

Beim Fumatschfall, dem Wasserfall hinter Medel, wird die Steigung größer, es geht steil hinauf. Kein Wunder, schließlich wartet einige Kilometer und Kehren voraus der 1920 Meter hohe Lukmanierpass auf uns.

Innerschweizer Grenze

Ein letzter Blick auf den Stausee Lai da Sontga Maria gleich neben der Straße, dann erreichen wir mit dem Pass auch gleichzeitig die Grenze zwischen Graubünden und Tessin. Übrigens ist der Lukmanierpass die einzige Möglichkeit, die Schweizer Alpen zu überqueren ohne die Zweitausend-Meter-Marke zu überschreiten. Aber dafür haben wir noch genug Gelegenheit.

Hinter dem Lukmanier geht es hinab ins Valle Santa Maria. Wir teilen uns das Tal mit dem Flüsschen Breno und der Asphalt folgt den wilden Schlenkern des Wassers.

Besonders vor und hinter Olivone kommt so richtig Fahrspaß auf. Nicht nur die fantastischen Ausblicke auf das Bergland, auch die Kurvenkombinationen wissen zu begeistern. Aquila, Torre, Dongio, kleine Dörfchen huschen auf unserer Fahrt ins Tal an uns vorbei. Linker Hand wachsen die Dreitausender in den Himmel.

Im Winter tummeln sich hier die Ski- und Snowboardfahrer, jagen die Hänge hinab, genießen den Après-Ski-Rummel. Das Bergdorf Malvaglia zur Linken erreichen wir bald den südlichsten Punkt dieser Tour, Biasca. Das Dorf liegt im Tal des Ticino, dem

BASISORT
Disentis

LÄNGE
163 km

ROADBOOK
Disentis, Val Medel, Lukmanierpass, Olivone, Dongio, Biasca, Giornico, Chiggiogna, Airolo, Gotthardpass, Andermatt, Oberalppass, Tavetsch, Disentis

Ausblick im Val Tavetsch (oben) und Kehre am Oberalppass (unten).

HIGHLIGHT

MUSEEN

Gleich drei interessante Museen locken in der Region. Auf dem St. Gotthard-Pass steht das Museo Nationale del San Gottardo. Es informiert über die spannende Geschichte des Passes und das Leben rund um den St. Gotthard.

www.passosangottardo.ch

Ein weiteres sehenswertes Museum steht in Andermatt: das Talmuseum. In einem außergewöhnlich schönen ehemaligen Wohnbau des Urserntals kann man sich über Geschichte, Wohnkultur und Brauchtum der Region informieren.

www.museum-ursern.ch

Verlässt man Airolo und durchfährt die erste Kehre zum folgenden St. Gotthardpass, liegt links das Museo Forte Airolo, das Festungsmuseum. Das Fort Airolo galt bis zum Ersten Weltkrieg als die modernste Festung Europas. Heute lässt sich hier anschaulich die Militärgeschichte des Landes studieren.

www.forteairolo.ch

Fluss, der dem Tessin seinen Namen gab.

Uns zieht es wieder gen Norden. Das Valle Leventina nehmen wir auf der wenig befahrenen Landstraße in Angriff. Fast immer in Sichtweite der Autobahn, aber dennoch sehr viel abwechslungsreicher, arbeiten wir uns das breite Tal hinauf. Immer wieder geht es durch kleine, interessante Orte. Oft bleibt unser Blick auf den mächtigen Tessiner Dreitausendern im Hintergrund hängen. Vorbei an Faido halten wir auf Airolo zu. Dessen quirliges Zentrum ist bei Sommer- und Wintertouristen gleichermaßen beliebt.

Neue oder alte Straße?

Nun geht es im wahrsten Wortsinn auf den Höhepunkt dieser Tour zu: Es heißt, 2 100 Meter Höhe zu erklimmen. Dazu gibt es zwei Alternativen. Zum einen die „neue“ (in den 1960er und 1970er Jahren eröffnete) Schnellstraße. Zum anderen die „alte“ (in den 1930er und 1940er Jahren

Motorradtreff in Andermatt (oben) und Gotthardpass.

gepflasterte) und extrem kurvenreiche Tremolastraße. Wer Passstraßen mit Herausforderungen liebt, kommt um die alte Variante nicht herum. Vorsicht mit dem Tempo – die Kurven und Kehren sind bisweilen feucht und der Belag wird dann schnell rutschig.

Ganz oben auf dem Pass weht oft ein zügiges Lüftchen. Der Gotthard ist nicht nur die Europäische Wasserscheide, er ist oft auch eine klare Klimagrenze. Und er ist ein riesiger Rummelplatz. Alles, was das Touristenherz erfreut, gibt es auf dem großen Parkplatz direkt am See. Vom ausgestopften Murmeltier über Stoffkühe im Schweizer Nationaltrikot, vom Glühwein bis zur Tessiner Wurst oder Cappuccino. Und natürlich lässt sich hier prima Schwätzchen halten mit anderen Motorrad-Reisenden – hier ist fast immer etwas los.

Richtung Oberalppass

Der Gotthard ist auch die Grenze zwischen dem Tessin und dem Urkanton Uri. Durch dieses führt uns die nördliche Passrampe hinunter nach Andermatt. Der Wintersport- und Kurort liegt immer noch 1447 Meter hoch. Andermatts Straßencafés locken mit köstlichen Kuchen, geraniengeschmückten urigen Holzhäusern, interessanten Läden und engen Gassen.

In Richtung Oberalppass rollen wir wieder hinaus aus dem Trubel und finden uns sofort auf dem kurvenreichen Anstieg wieder. Perfekt, größer könnte der Kontrast nicht sein, übergangslos vom Stadtverkehr ins Schräglagenparadies. Wir arbeiten uns hoch auf den Pass. Satte 2045 Meter hoch ist der und liegt gleich zu Füßen des Piz Calmot. So heißt auch das Restaurant auf der Passhöhe, ein beliebter Mopedtreff.

Genau 21,17 Kilometer, so verkündet ein Grenzstein am Pass, sind es von hier aus bis Disentis, dem Start und Ziel dieser Tour. Also machen wir uns auf, runde 1000 Höhenmeter hinabzurollen. Das Val Tavetsch gibt sich mit herrlicher Landschaft und prima Strecke noch mal richtig Mühe, uns diese letzte Etappe so richtig genießen zu lassen – mit Erfolg. ◄

Souvenirstand am Gotthard (oben) und das Berggasthaus in Piz Calmot (unten).

TOUR 27 | Schweiz

TESSIN

LÄNGE | 163 km

ÜBERNACHTUNG
Berggasthaus Dammagletscher
Göscheneralpstrasse 60, CH-6487 Göschenen
Gemütliche und moderne Zimmer und vielfältige Küche, Sonnenterrasse mit tollem Blick in 1800 Metern Höhe, freundliches Team, überdachter Parkplatz und Tourentipps.
www.dammagletscher.ch
(46.668531, 8.584062)

Wolkenformationen in der
Nähe des Oberalppasses.

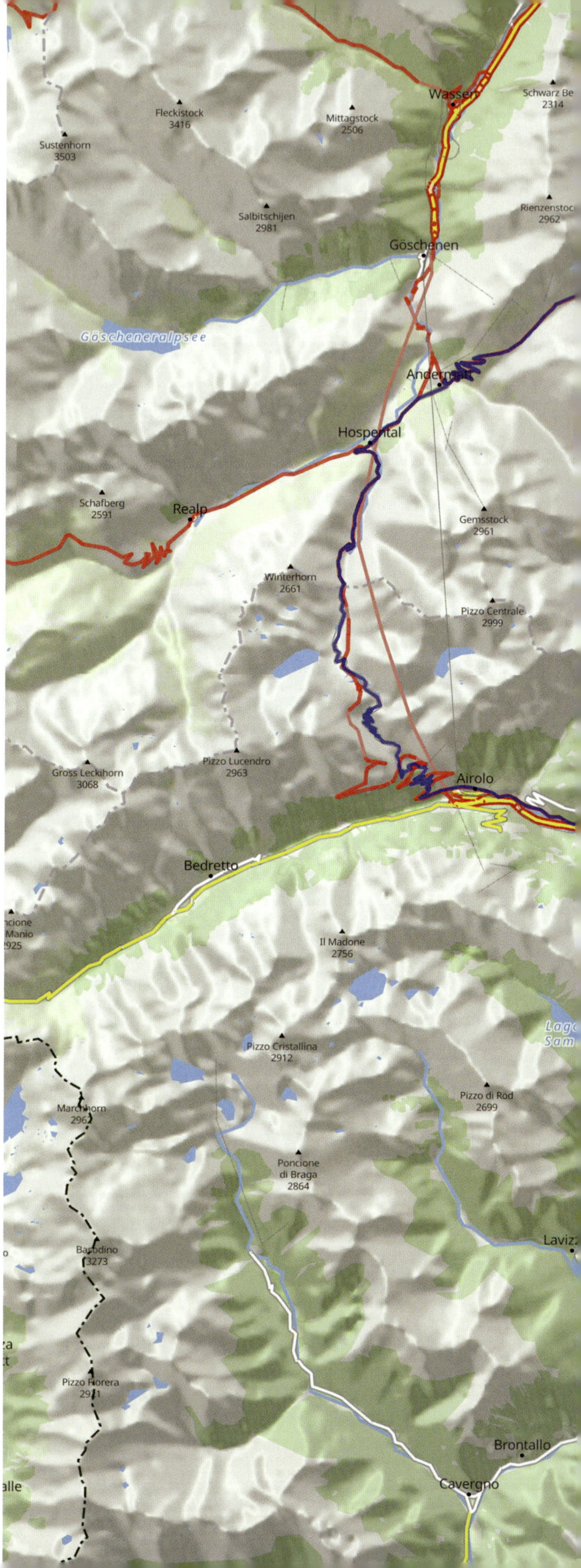

Sumvitg
Tessin
Disentis/Mustér
Chruzlistock
2709
Piz Giuv
3096
Sedrun
Rueras
Curaglia
Muraun pign
2523
Piz Val Gronda
2820
Lappi
2472
Piz Cavel
2946
Piz da Vrin
2563
Nual
2387
Piz Caschleglia
2935
Lai da Nalps
Lai da Curnera
Piz Vial
3168
Piz Stigr
2712
Piz Medel
3210
Pizzo Coroi
2785
Piz Terri
3149
Sasso Lanzone
2825
Lai da Sontga Maria
Piz Blas
3019
Scopi
3190
Lago di Luzzone
Campo (Blenio)
Vernokhorner
Pizzo di Cadreigh
2516
Olivone
Pizzo di Cassimoi
3129
Pizzo del Sole
2773
Pizzo d'Era
2618
Quinto
Blenio
Güferhorn
3379
Osco
Rodi
Torre
Pizzo Molare
2585
Ponto Valentino
Faido
Dalpe
Chiggiogna
Cima di Gana Bianca
2842
Vogelberg
3218
Motto Crostel
2300
Pizzo Campolungo
2713
Acquarossa
Lavorgo
Pizzo Forno
2907
Pizzo Campo Tencia
3072
Chironico
A2
Malvaglia
P. Ruscada
2558
Giornico
Sobrio
Cima di Biasagn
2417
Bodio
Personico
Pollegio
Biasca
Madone Grosso
2746
Monte Zucchero
2736
Sonogno
Frasco
Cima di Biasca
2574
Torent Al
2948
Iragna

Tour 28 Genfer See

Eine Seefahrt

Rund um den Genfer See führt eine abwechslungsreiche und landschaftlich richtig schöne Uferstrecke. Mediterranes Ambiente und tolle Panoramen wechseln sich im Minutentakt ab.

BASISORT
Genf

LÄNGE
175 km

ROADBOOK
Genf, Versoix, Nyon, Rolle, Lausanne, Corniche de Lavaux, Vevey, Montreux, Chessel, St. Gingolph, Meillerie, Évian-les-Bains, Thonon-les-Bains, Yvoire, Genf

Der Genfer See ist der wasserreichste See Mitteleuropas. Seine rund 170 Kilometer lange Uferstraße wollen wir heute ab der schönen Stadt Genf unter die Reifen nehmen. Schon nach einigen Minuten entlang des Nordufers verebbt der Genfer Trubel. Versoix, das kleine Städtchen mit dem großen Hafen, taucht auf. Im Café, gleich neben der Mole und mit Sicht auf das Wasser, lässt sich die beschauliche Postkartenidylle am besten genießen.

Ab Versoix beginnen die interessanten Weingüter entlang des Seeufers. Hochherrschaftliche Häuser ragen umgeben von schattenspendenden Laubbäumen in den Himmel. Ihnen zu Füßen liegen die langen, schnurgeraden Reihen der Reben. La Côte nennen sich die hervorragenden sonnenverwöhnten Lagen.

Stadt mit Historie

Nyon, das ehemalige Römer- und Fischerdorf, empfängt uns mit gewaltiger Blumenpracht und himmlischer Ruhe. Einmal im Jahr ist es damit allerdings vorbei. Ende Juli fallen beim Paléo Festival über 200 000 Besucher in die Stadt ein, um drei Tage lang bei Rock, Pop und Folk abzurocken. Durch Nyons kleine Gassen kurven wir hinauf zum Schloss. Auf der dem See zugewandten Seite des Gemäuers präsentiert sich uns ein fantastischer Blick über das Gewässer und den Ort: ockerfarbene Ziegeldächer, gespickt mit unzähligen Erkern, Gauben und Türmchen, schmale Sträßchen und in der Ferne lässt sich bei guter Sicht das gewaltige Massiv des Mont Blanc erkennen.

Weiter geht's entlang der Uferstraße. In Rolle, dem einstigen Hauptort des Kantons Waadt, reihen sich die Häuser mit ihren einladenden Geschäften und Bistros, schönen Fassaden mit unzähligen Klappläden. Im historischen Stadtkern finden sich noch zahlreiche Patrizierhäuser aus dem 17. bis 19. Jahrhundert, und gleich am Seeufer errichteten die Grafen von Savoyen das Schloss von Rolle.

Weinterrassen an der Corniche de Lavaux (oben) und Blick auf schneebedeckte Gipfel am Ostende des Sees (unten).

HIGHLIGHT

WISSENSWERTES

Der Genfer See, im französischsprachigen Raum Lac Léman genannt, ist nach dem ungarischen Balaton der zweitgrößte See Mitteleuropas. Durch seine Tiefe bis zu 310 Metern ist er dafür aber der wasserreichste. Er liegt im Südwesten der Schweiz, das Nordufer ist schweizerisch, fast das gesamte Südufer gehört zu Frankreich.

Seine Umrundung entlang der Uferstraße ist etwa 170 Kilometer lang. Die Fischerei auf dem Genfer See findet heute nur noch in ganz kleinem Rahmen statt. Es gibt nur noch wenige Berufsfischer. Dafür hat die Personen- und Ausflugsschifffahrt enorm gewonnen. Eine Tour mit einem der zahlreichen Schiffe über den See ist fast wie eine kleine Kreuzfahrt und besonders bei sonnigem Wetter der pure Genuss.

Gut 20 Kilometer weiter folgt Lausanne, die fünftgrößte Stadt der Schweiz. Es gibt viel zu gucken, unzählige Geschäfte mit bunten Auslagen, viele Cafés und vor allem jede Menge Limousinen und Sportwagen, die scheinbar gerade den Ausstellungsräumen der teuersten Autohäuser entsprungen sind. Am zentralen Hafen Lausannes lasse ich das Motorrad ausrollen. Ein paar Schritte durch das sprudelnde Stadtleben müssen einfach sein, die Kantonshauptstadt ist schließlich reich an Kultur, Sehenswürdigkeiten und Kontrasten.

Kaum sind wir wieder heraus aus Lausannes Treiben, biegen wir ab auf die Route de Vin. Mit der herrlichen Landschaft des Lavaux beginnt einer der schönsten Abschnitte entlang des Genfer Sees. Hier startet auch die Corniche de Lavaux, die sich durch steile Weinterrassen immer Höher durch eines der bekanntesten Schweizer

Sowohl Versoix (oben) als auch Nyon (unten) begannen als kleine Fischerdörfer.

Weinbaugebiete windet. Es geht malerisch hoch über der Küste entlang und die herrlichen Panoramen wirken fast wie die Blicke von den grandiosen Corniches bei Nizza.

Lecker wird es am Ende der Corniche in Vevey. Der Ort ist heute ein wichtiges Zentrum der Schokoladenindustrie. Hier wurde die erste Schokoladenfabrik der Schweiz gegründet, dabei entstand auch die eine oder andere kleine Schokoladenmanufaktur. Viele der süßen Köstlichkeiten finden sich in den Schaufenstern und Theken der Veveyer Läden wieder.

In Montreux müssen wir unserem musikalischen Helden die Referenz erweisen: Freddy Mercury, Frontmann von Queen und musikalisches Ausnahmetalent, verbrachte in Montreux seine letzten Lebensjahre. Am Seeufer steht eine beeindruckende Statue von ihm, überlebensgroß, in wohlbekannter Pose, ganz so, wie ihn seine Fans liebten.

Der französische Teil

In großem Bogen umkreisen wir das Ende des Genfer Sees. Bei Chessel überqueren wir die Rhône, wenig später beginnt bei St. Gingolph der französische Teil des Seeufers. Hier liegt die Uferstraße zumeist gleich am Wasser. Mellerie, der kleine romantische Ort, bietet sich für einen kurzen Abstecher an. Es gibt einladende, freundliche Cafés entlang des Ufers – genau der richtige Ort, um sich ein bisschen mit Koffein zu stärken.

Ein Getränk der ganz anderen Art präsentiert einige Kilometer weiter Évian-les-Bains. Seit 1826 wird hier das weltweit bekannte Mineralwasser aus der Cachat-Quelle abgefüllt.

Hinter Thonon-les-Bains verlassen wir die Hauptstraße, folgen den Schildern nach Yvoire. Das Blumendorf darf sich offiziell zu den schönsten Dörfern Frankreichs zählen. Hierher locken mittelalterliches Ambiente, unglaublicher Blumenschmuck, ein schnuckeliger, kleiner Hafen und das Schloss mit seinen urigen Türmchen. Ab hier folgen wir dann weiter dem Südufer und rollen bald wieder hinein in das Treiben der Genfer Innenstadt. ◄

Lohnenswert sind die Kurven der Corniche de Lavaux (oben) und die Fontäne Jet d'Eau in Genf (unten).

TOUR 28 | Schweiz

GENFER SEE

LÄNGE | 175 km

ÜBERNACHTUNG
Hotel – Restaurant Bären
Gsteigstraße 1, CH-3780 Gsteig bei Gstaad
Etwas neben der Route liegendes, motorradaffines Hotel mit Restaurant und Sonnenterrasse in einem urigen Bergdorf, Tourentipps, Waschplatz, Lunchpaket und mehr
www.baerengsteig.ch
(46.385331, 7.267316)

Die Uferstraße bei Lavaux.

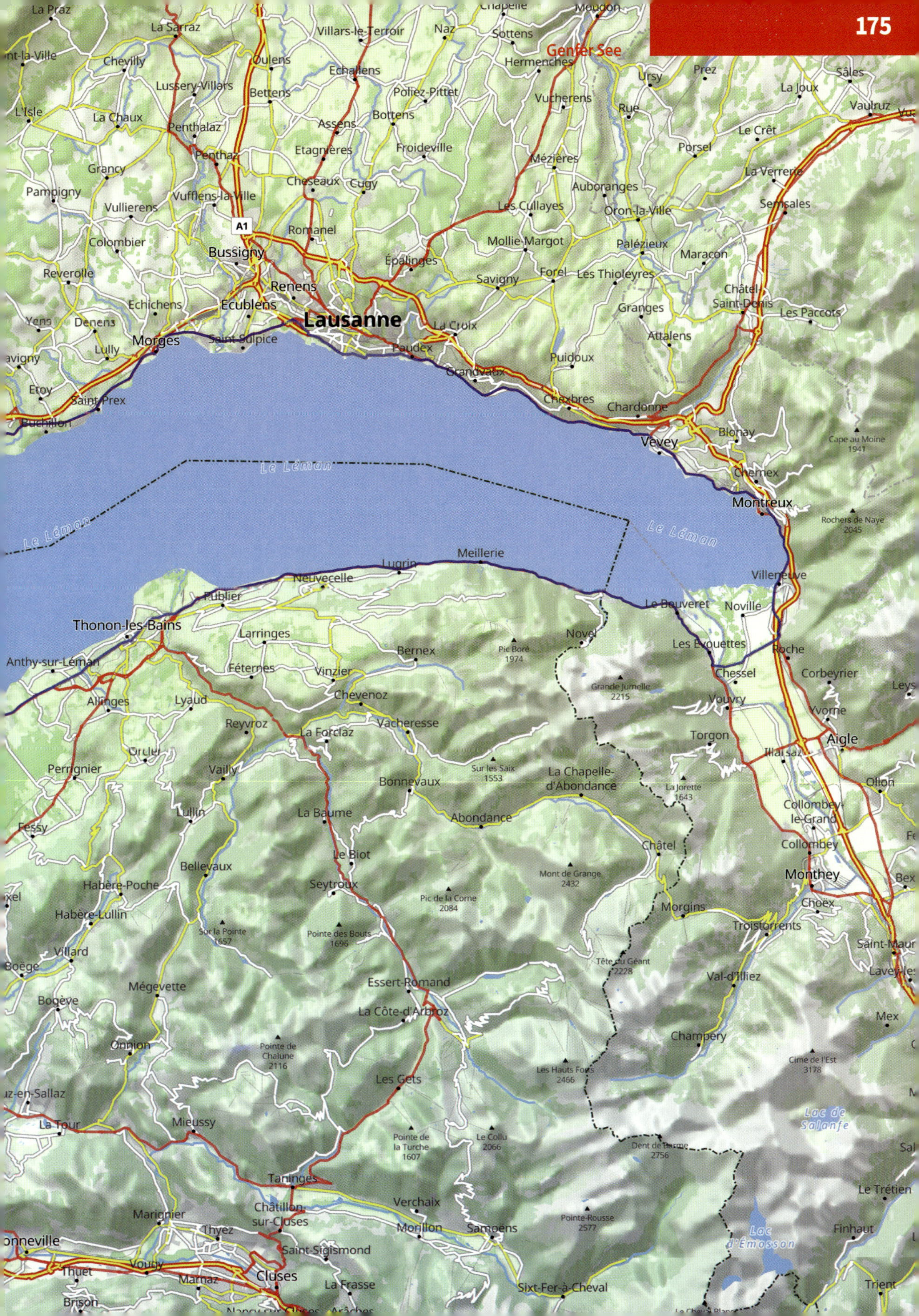
La Praz
La Sarraz
Villars-le-Terroir
Naz
Sottens
Moudon
Genfer See
Chevilly
Oulens
Echallens
Hermenches
Ursy
Prez
Sâles
Lussery-Villars
Poliez-Pittet
La Joux
Vaulruz
L'Isle
La Chaux
Bettens
Bottens
Vucherens
Rue
Penthalaz
Assens
Le Crêt
Etagnières
Froideville
Porsel
Grancy
Penthaz
Mézières
La Verrerie
Pampigny
Vufflens-la-Ville
Cheseaux
Cugy
Auboranges
Vullierens
Les Cullayes
Semsales
A1
Oron-la-Ville
Colombier
Romanel
Mollie-Margot
Palézieux
Maracon
Bussigny
Épalinges
Reverolle
Savigny
Forel
Les Thioleyres
Châtel-Saint-Denis
Renens
Echichens
Ecublens
Granges
Les Paccots
Yens
Denens
Lausanne
La Croix
Attalens
Morges
Saint-Sulpice
Lully
Paudex
Puidoux
Grandvaux
Etoy
Chexbres
Chardonne
Saint-Prex
Buchillon
Blonay
Vevey
Cape au Moine 1941
Le Léman
Chernex
Montreux
Le Léman
Le Léman
Rochers de Naye 2045
Meillerie
Lugrin
Villeneuve
Neuvecelle
Publier
Le Bouveret
Noville
Thonon-les-Bains
Larringes
Novel
Pic Boré 1974
Les Evouettes
Roche
Bernex
Anthy-sur-Léman
Féternes
Vinzier
Chessel
Corbeyrier
Grande Jumelle 2215
Chevenoz
Allinges
Lyaud
Vouvry
Yvorne
Reyvroz
Vacheresse
Torgon
Aigle
La Forclaz
Orcier
Illarsaz
Perrignier
Vailly
Sur les Saix 1553
La Chapelle-d'Abondance
La Jorette 1643
Ollon
Bonnevaux
Collombey-le-Grand
Lullin
La Baume
Abondance
Fessy
Collombey
Le Biot
Châtel
Monthey
Bellevaux
Mont de Grange 2432
Habère-Poche
Seytroux
Choëx
Pic de la Corne 2084
Morgins
Habère-Lullin
Troistorrents
Saint-Maur
Sur la Pointe 1657
Pointe des Bouts 1696
Villard
Tête du Géant 2228
Boëge
Essert-Romand
Val-d'Illiez
Mégevette
Bogève
La Côte-d'Arbroz
Mex
Champéry
Onnion
Pointe de Chalune 2116
Les Hauts Forts 2466
Cime de l'Est 3178
Les Gets
Lac de Salanfe
La Tour
Mieussy
Pointe de la Turche 1607
Le Collu 2066
Dent de Barme 2756
Taninges
Le Trétien
Châtillon-sur-Cluses
Verchaix
Marignier
Pointe-Rousse 2577
Thyez
Morillon
Samoëns
Finhaut
Lac d'Émosson
Bonneville
Saint-Sigismond
Thuet
Vougy
Marnaz
Cluses
La Frasse
Sixt-Fer-à-Cheval
Trient
Brison

Tour 29 Normandie

Türkiser Traum

Die französische Alabasterküste in der Normandie fasziniert mit den höchsten Steilklippen am Ärmelkanal, mit einladenden Hafenstädtchen und herrlich aussichtsreichen Küstenstraßen.

START- / ZIELORT
Dieppe / Honfleur

TOURLÄNGE
ca. 142 km

ROADBOOK
Dieppe, Pourville-sur-Mer, Quiberville, Sotteville-sur-Mer, Veules-les-Roses, Saint-Valery-en-Caux, Veulettes-sur-Mer, Les Grandes Dalles, Saint-Pierre-en-Port, Fécamp, Yport, Ètretat, Cap d'Antifer, Le Havre, Honfleur

Diese abwechslungs- und aussichtsreiche Tour entlang der Küste des Ärmelkanals beginnt in Dieppe, der quirligen Hafenstadt an der Mündung des Flusses Arques. Die beeindruckende Burg der Stadt, das geschäftige Treiben in den Gassen des schönen und interessanten Zentrums, aber auch der breite Strand locken zu einem ausgiebigen Besuch des Hauptortes der gleichnamigen Arrondissements. Nicht verpassen sollte man auch den fantastischen Ausblick von der Aussichtsterrasse gleich oberhalb des Châteaus am Boulevard de la Mer.

Von hier aus lässt sich dann auch gleich in Richtung Südwesten entlang der Küste starten. Die Küstenstraße D 75 schlängelt sich direkt hinter der Stadtgrenze durch grünes Land. Oberhalb der Kreidefelsen führt sie durch Weiden und Wiesen bis nach Pourville-sur-Mer, wendet sich dort vorerst vom Meer ab, um bei Quiberville erneut direkt entlang der bildschönen Alabasterküste zu verlaufen.

Uriges Flair

Sotteville-sur-Mer und Veules-les-Roses mit ihren netten Promenaden führen uns weiter nach Saint-Valery-en-Caux, für uns eines der interessantesten Städtchen dieses Küstenabschnittes. Die uralten Häuser am riesigen Jachthafen, der alte Leuchtturm aus dem Jahr 1872 und die einladenden Cafés und Bars der Hafenstadt verleihen einen urigen Flair und der wirklich sehenswerte Aussichtspunkt Falaise d'Aval am nordwestlichen Stadtrand erlaubt einen tollen Blick auf die schönsten Abschnitte der berühmten Steil- und Kreideküste.

Abstecher zu den Felsen

Über Veulettes-sur-Mer geht es weiter nach Saint-Pierre-en-Port. Kurz vor dem Hafenort sollte man jedoch unbedingt den Abstecher an die Felsformationen der Les Grandes Dalles machen. Die riesigen alabasterfarbenen

Fahrt vorbei an der steilen Kreidefelsenklippe bei Yport, (oben) und Pause am alten Hafen von Honfleur (unten).

HIGHLIGHT

PONT DE NORMANDIE

Die 1995 eröffnete, 2141 Meter lange Brücke gilt mit einer Spannweite von 856 Metern als größte Schrägseilbrücke Europas. Ihre Bauzeit betrug sieben Jahre. Sie führt in 52 Metern Fahrbahnhöhe über die Seine-Mündung, ihre Gesamt-Höhe beträgt 203 Meter. Die Maut für Autos beträgt bis zu 13,50 Euro (Stand 2020), Motorradfahrer dürfen kostenlos. Die Überfahrt ist ein tolles Erlebnis. Bei schwerem Sturm wird die Pont de Normandie auch schon mal komplett geschlossen. (49.435611, 0.273795)

Kreidefelsen, die hier weit über 100 Meter über dem tiefblau schimmernden Meer in den Himmel ragen, gaben dem gesamten Küstenabschnitt ihren Namen. Dutzendfach wurden sie gemeinsam mit den nahe liegenden etwas kleineren Petites Dalles auf den Werken der alten Meister abgebildet. Es ist schon enorm beeindruckend, diese mächtigen Kreidefelsen so hoch über sich aufragen zu sehen.

Köstliche Spezialität

Einige Kilometer westlich erreichen wir Fécamp. Der einladende Hafenort mit seinen riesigen Kiesstränden ist sehr beliebt. Hier ist fast immer etwas los, in den Bars und Restaurants direkt am Hafen gibt es leckere Fischgerichte und im historistischen Palais Bénédictine aus dem 19. Jahrhundert wird der köstliche Kräuterlikör Bénédictine destilliert, den man unbedingt mal probieren sollte. Der einstige Fischerhafen Yport liegt sehr idyllisch inmitten steiler Kreidefelsenklippen etwa mittig zwischen Fécamp und Ètretat. Er geht bisweilen etwas unter zwischen den beiden bekannten Bade- und Hafenorten, ein Besuch lohnt sich aber.

Sehr bekannt ist dagegen Ètretat, nicht zuletzt dank der 70 Meter

Die 70 Meter hohe Felsnadel Aiguille ragt bei Étretat aus dem Wasser heraus (oben). Kaffeepause an einem schönen Strandabschnitt am Cap d'Antifer (unten).

Aussicht über die Hafenstadt Dieppe.

hohen, schneeweiß im Meer leuchtenden Felsnadel Aiguille und der weiteren urigen Felsformationen der dortigen Kalksteinküste. Die locken jährlich viele Zehntausende Besucher an die Alabasterküste. Auf der weiteren Küstenstrecke in Richtung Le Havre, der größten Stadt der Normandie, lockt noch der Abstecher hinunter an den Ölhafen Port pétrolier in der Nähe von Cap d'Antifers. Hier gibt es ein sehr einladendes Strandcafé mit leckerem Essen und der Blick in Richtung Süden entlang der weiteren Steilküste ist legendär.

Sehenswerte Stadt

Le Havre ist nicht nur die größte Stadt der Normandie, sondern auch der zweitgrößte Hafen Frankreichs. Die hochinteressante Stadt mit ihrem modernen Stadtkern, den ewig langen Promenaden und der sehenswerten Küstenlinie bietet reichlich Stoff für lange Besuche. Südöstlich von ihr führt die spektakuläre Pont de Normandie über die Mündung der Seine. Sie verbindet mit den Städten Le Havre und Honfleur die Haute-Normandie mit der Basse-Normandie.

In Honfleur, der bildschönen Hafenstadt im Département Calvados, beenden wir unsere Tour entlang der Alabasterküste. Aus dem einst eher unbedeutenden Hafen- und Fischerörtchen ist dank seiner gut erhaltenen Altstadt und der schönen Anlagen ein heute recht beliebter Urlaubsort geworden, in dem sich ein Besuch unbedingt lohnt. ◀

TOUR 18 | Frankreich

NORMANDIE

LÄNGE | 142 km

ÜBERNACHTUNG
Hotel Normandy
Avenue Gambetta 4, F-76400 Fécamp
Recht ansprechendes Hotel mit nettem Restaurant und Bar, nur fünf Minuten vom Strand und Hafen entfernt, eigener Parkplatz, freundlicher Service.
www.restaurant-hotel-normandy.com
(49.758407, 0.376544)

Die Steilküste Les Grandes Dalles bei Saint-Pierre-en-Port.

Dieppe
Bracquemont
Grèges
Martin-Église
Hautot-sur-Mer
Quiberville
Longueil
Offranville
Sauqueville
Martigny
Veules-les-Roses
Le Bourg-Dun
Saint-Valery-en-Caux
Blosseville
Veulettes-sur-Mer
Ingouville
Paluel
Néville
Angiens
Gueures
Auppegard
La Chaussée
Brachy
Canouville
Clasville
Ocqueville
Drosay
Autigny
Rainfreville
Omonville
Sainte-Foy
Életot
Héberville
Gonnetot
Belmesnil
Muchedent
Fultot
Bénesville
Valmont
Routes
Cropus
Riville
Robertot
Cressy
Cleuville
Lindebeuf
Auffay
Sévis
Anvéville
Vibeuf
Vassonville
Limpiville
Yvecrique
Tôtes
Sainte-Marguerite-sur-Fauville
Rocquefort
Veauville-lès-Baons
Yerville
Bracquetuit
Étaimpuis
Bermonville
Beautot
Yébleron
Motteville
Saussay
Grugny
Rouville
Foucart
Yvetot
Limésy
Butot
Authieux-Ratiéville
Nointot
Auzebosc
Clères
Mont-de-l'If
Sierville
Bolbec
Louvetot
Fréville
Pavilly
Lintot
Bouville
Betteville
Barentin
Eslettes
Auberville-la-Campagne
Saint-Wandrille-Rançon
Malaunay
Saint-Paër
Villequier
Roumare
Le Houlme
E 05
Quillebeuf-sur-Seine
Duclair
Hénouville
Maromme
Norville
Bois-Guillaume
La Seine
Petiville
Yainville
Canteleu
Rouen
Darnétal
Jumièges
Quevillon
Trouville-la-Haule
Le Grand-Quevilly
Bouquelon
Hauville
Belbeuf
Bourneville
Barneville-sur-Seine
Routot
Étréville
Rougemontiers
Bourg-Achard
Ymare
Pont-Audemer
E 402 Calais - Le Mans
Oissel
Appeville-Annebault
Illeville-sur-Montfort
Saint-Symphorien
Campigny
Montfort-sur-Risle
Bosc-Roger-en-Roumois
Le Bosc-Roger-en-Roumois
Pont-de-l'Arche
Écaquelon
Elbeuf
Épaignes

Tour 30 Aquitanien

Meer und mehr

In der herrlichen Landschaft entlang der französischen Atlantikküste kommen nicht nur Weinliebhaber und Strandurlauber auf ihre Kosten, hier lässt sich auch vortrefflich Motorrad fahren.

START- / ZIELORT:
Bordeaux / Biarritz

TOURLÄNGE
430 km

ROADBOOK
Bordeaux, Pauillac, Saint-Christoly-Mèdoc, Valeyrac, Soulac-sur-Mer, Montalivet-les-Bains, Carcans, Lacanau-Océan, Arcachon, Dune du Pilat, Biscarosse-Plage, Parentis-en-Born, Etang de Biscarosse, Mimizan, Saint-Julien-en-Born, Léon, Vieux-Boucau-les-Bains, Hossegor, Capbreton, Biarritz

Bordeaux, die uralte und geschichtsträchtige Universitätsstadt im französischen Südwesten ist ein Urlaubsziel par excellence. Das historische Stadtbild rund um die mächtige Kathedrale fasziniert ebenso wie die kilometerlange Fassade entlang der Garonne. Hier lassen sich spielend zwei, drei interessante Tage verbringen. In Bordeaux beginnt auch unsere Motorradreise quer durch Aquitanien, ein ebenso abwechslungsreicher wie spannender Trip durch die französische Atlantikküstenregion und die großartige Weinregion des Médoc.

Landschaft des Mèdoc

In nördlicher Richtung geht es hinaus aus Bordeaux und schon nach wenigen Minuten steckt man mittendrin, in den besten Weingütern Frankreichs. Entlang der Garonne, die sich bald mit der Dordogne zur Gironde vereint, geht es zwischen Weinlagen und beschaulichen Dörfern hindurch. Bei Pauillac bietet sich ein erster herrlicher Blick auf den Fluss, dann führt der Asphalt immer weiter entlang des Ufers durch die Landschaft des Mèdoc. Saint-Christoly-Mèdoc und Valeyrac, die beiden einladenden Dörfchen führen weiter bis nach Soulac-sur-Mer. Der umtriebige Badeort an der Atlantikküste lockt mit fantastischen Stränden, Bars und netten Cafés.

Wer möchte, kann einen kurzen Abstecher an den Pointe de Grave bei Le Verdon-sur-Mer machen. Hier mündet die mehrere Kilometer breite Gironde spektakulär in den Atlantik und es locken herrliche Badestrände. Ein ganz besonderer Ausflug ist außerdem die Besichtigung des hier vor der Küste auf einer kleinen Insel liegenden Leuchtturms von Cordouan.

Nun reihen sich in südlicher Richtung die bekannten Badeorte Aquitaniens aneinander. In Montalivet-les-Bains rollen wir auf der Promenade sehr schön direkt am Meer entlang, einladende Cafés laden zur Pause oder zum zweiten Frühstück. Dann geht es wieder landeinwärts durch die riesigen

Entspannung am Strand bei Carcans (oben) und Fahrt entlang der Pinienwälder im Hinterland der Küste (unten).

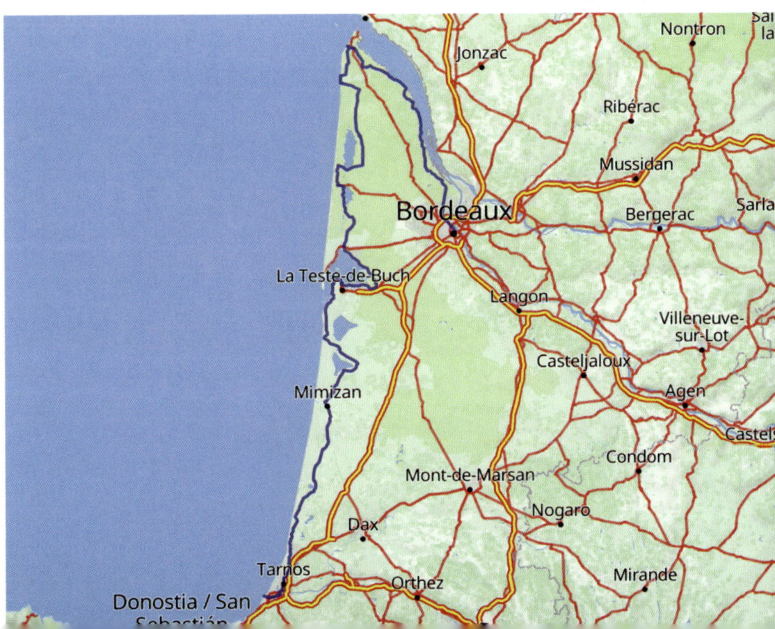

HIGHLIGHT

CARRELETS / ABLERETS

Ursprünglich waren dies die Bezeichnungen für die quadratischen Netze, mit denen bis ins 19. Jahrhundert professionell an der Gironde Fischfang betrieben wurde. Heute hat sich die Bezeichnung für die oft recht urigen Häuschen etabliert, die auf langen, hölzernen Stelzen bis weit in die Gironde hineinragen. An einem kranartigen Ausleger hängt meist besagtes Netz. Heute sind es jedoch eher Hobbyfischer, die mit dem versenkbaren Geflecht Jagd auf Neunaugen und Garnelen machen.

beeindruckenden Pinienwälder. Via Carcans kurven wir bald durch Lacanau-Océan und weiter bis Arcachon. Wer die Strecke auf zwei Tage aufteilen möchte, plant am besten hier die Übernachtung.

Riesige Wanderdüne

Arcachon hat mit seinem riesigen Becken, dem Bassin d'Arcachon, und seinen schönen Promenaden viel zu bieten. Ganz im Süden der Stadt liegt zudem die Dune du Pilat. Sie ist mit einer Höhe von über 110 Metern die größte Wanderdüne Europas und hat ein Volumen von rund 60 Millionen Kubikmetern. Unbedingt muss man sie einmal zu Fuß erklimmen. Die Aussicht von hier oben auf den Atlantik und die riesigen Wälder ringsum ist einfach fantastisch.

Über Biscarosse-Plage und Parentis-en-Born machen wir einen Schlenker um den schön gelegenen Etang de

Pauillac lockt mit seinen Straßencafés (oben). Ganz in der Nähe kann das Weingut Château Pichon-Longueville-Baron besucht werden (unten).

Biscarosse. Der mächtige See mit seinen heimeligen Ufern lädt ganz offiziell zum Baden und Picknicken.

Bad im Atlantik

Immer weiter geht es in Richtung Süden, parallel der herrlichen Sandstrände des Atlantiks. Wer Lust auf ein Bad in den abkühlenden Wellen hat, ist hier genau richtig. Direkt an den Orten ist meist viel los am Strand. Wer Einsamkeit sucht, läuft einfach ein Stück am Strand entlang. Schnell lichten sich die Reihen der Badenden und oft liegt man nur wenige Hundert Meter vom Badeort entfernt schon in seliger Ruhe weitab des Trubels.

Wir rollen durch Mimizan, Saint-Julien-en-Born und Léon und haben bald das nette Vieux-Boucau-les-Bains erreicht. Der idyllisch an einer Lagune liegende Ort gilt nicht zu Unrecht als einer der schönsten an der Atlantikküste. Von hier führt die D 79 durch dichte Pinienbestände bis nach Hossegor und Capbreton. Langsam lichten sich die Wälder und mit jedem Kilometer gen Süden nähern wir uns dem quirligen Bade- und Kurort Biarritz. Das See- und Heilbad, in dem sich schon Napoléon, die Kaiserin Sissi und seinerzeit fast der gesamte europäische Adel erholten, strahlt auch heute noch etwas Mondänes aus. Für Motorradfahrer ist vor allem das Festival Wheels and Waves interessant, zu dem sich jährlich im Juni Tausende Biker in Biarritz treffen.

Wir beenden hier unsere Tour, wohl wissend, dass Biarritz nicht nur ein toller Badeort, sondern auch der ideale Ausgangspunkt für spannende Pyrenäenausflüge und urige Touren ins bergige Baskenland ist. ◄

Kaffeepause in Biarritz, eibnem tollen Badeort und idealem Ausgangspunkt für Pyrenäenausflüge.

TOUR 30 | Frankreich

AQUITANIEN

LÄNGE | 430 km

ÜBERNACHTUNG
ROC Hôtel
200-202 Boulevard de la Plage,
F-33120 Arcachon
Sehr freundliches Haus mit gemütlichem Garten, nettem Frühstück und klasse Service. Strand, Restaurants, Bars und Zentrum sind in unmittelbarer Nähe und zu Fuß schnell erreichbar.
www.roc-hotel.fr
(44.662583, -1.164560)

Die Dune du Pilat an der Atlantikküste bei Arcachon ist Europas größte Wanderdüne.

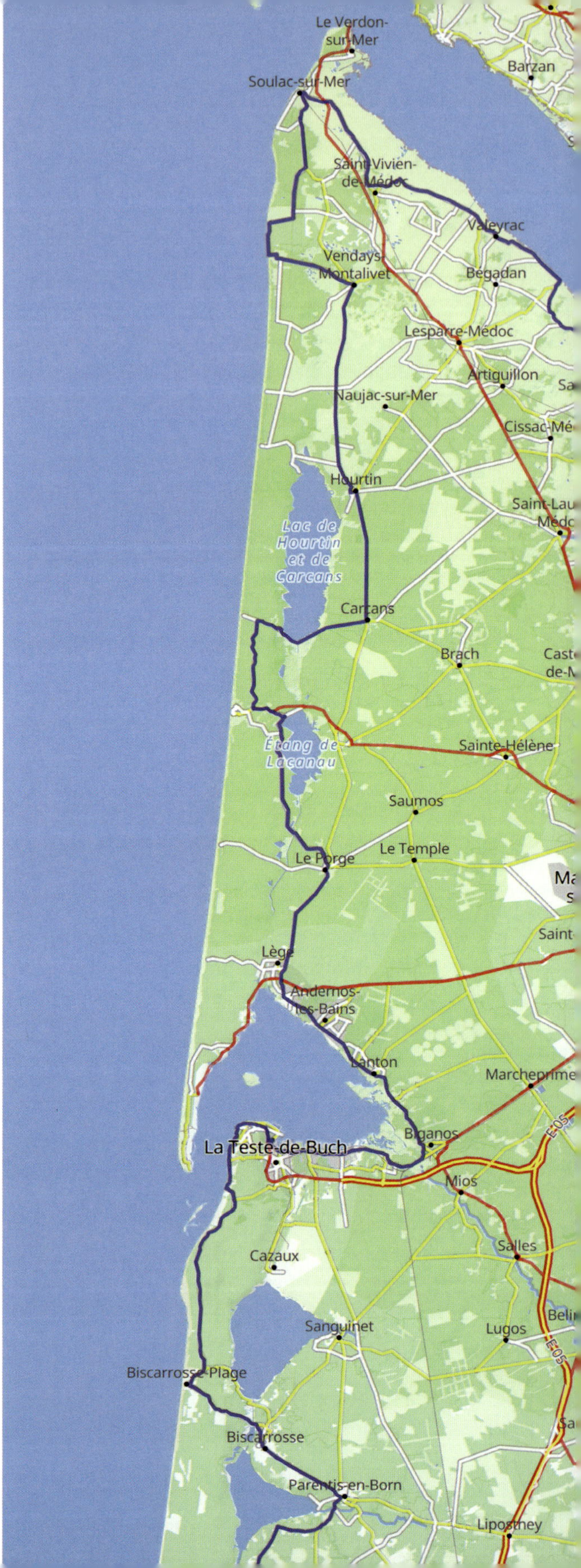

Givrezac
Avy
Mosnac
Clam
Bois
Moings
Jonzac
Consac
Ozillac
Semoussac
Soubran
Chaunac
Saint-Ciers-sur-Gironde
Coux
Jussas
Donnezac
Étauliers
E05
Cartelègue
Saint-Savin
Blaye
Berson
Laruscade
Rugnac
Peujard
Bourg
Saint-André-de-Cubzac
Macau
Arsac
Ambarès-et-Lagrave
Izon
Lormont
Bordeaux
Pompignac
Pessac
Bègles
Bonnetan
Villenave-d'Ornon
Créon
Cestas
Léognan
Cambes
Haux
Portets
La Brède
Podensac
Cabanac-et-Villagrains
Landiras
Guillos
Sauternes
Saint-Magne
Hostens
Origne
Noaillan
Saint-Symphorien
Mano
Préchac
Argelouse
Cazalis
Sore
Callen

Biscarrosse
Parentis-en-Born
Pontenx-les-Forges
Mimizan
Escource
Bias
Mézos
Lit-et-Mixe
Lesperon
Linxe
Étang de Léon
Castets
Taller
Moliets-et-Maâ
Vieux-Boucau-les-Bains
Azur
Herm
Gourbera
Soustons
European route E70
Dax
Le Penon
Tosse
Angoumé
E05
Capbreton
Cours de l'Adour
Siest
Le Marais d'Orx
Saint-Martin-de-Hinx
Bélus
Biaudos
Tarnos
Peyrehorade
Guiche
Biarritz
Mouguerre
Urt
Bardos
Bidart
Villefranque
Charritte-Mixe
Jatxou
Saint-Jean-de-Luz
Bonloc
Sumberraute
Ascain
Itxassou
Macaye
Saint-Esteben
Sare
Ainhoa
Orsanco
Bera
Zugarramurdi
Iholdy
Arhansus
Lesaka
Ossès
Suhescun
Bunus
Arantza
Jaxu
Erratzu
Anhaux

Tour 31 Ardèche

Gorges et Corniche

Gorges et Corniche – Schluchten und Panoramastraßen: Dieser Titel passt perfekt für die fantastische Strecke durch die spektakulären Landschaften des französischen Zentralmassivs.

START- / ZIELORT
Saint-Martin-d'Ardèche / Aubenas

TOURLÄNGE
ca. 167 km

ROADBOOK
Saint-Martin-d'Ardèche, Gorges de l'Ardèche, Pont d'Arc, Vallon-Pont-d'Arc, Sampzon, Ruoms, Gorges Ligne, Largentière, Valgorge, Col de Meyrand, Col du Pendu, Col de la Chavade, Aubenas

Saint-Martin-d'Ardèche ist nicht nur der ideale Einstieg in das Département Ardèche, sondern auch in die gleichnamige spektakuläre Schlucht. Von der ruhigen Anfahrt durch das Tal der Rhône kommend, lässt sich in Saint-Martin-d'Ardèche mit Blick auf den Fluss und die alte, einspurige Brücke herrlich relaxen. Zudem gibt es in dem kleinen Städtchen einen freundlichen Bäcker und einen kleinen Laden. Hier gibt es die perfekten Zutaten für ein leckeres Picknick oberhalb der Ardèche-Schlucht.

Noch einen Café au Lait unter den schattenspendenden Bäumen genießen, dann geht's los. Kaum haben wir den Ort hinter uns gelassen, da geht es schon los mit dem unvergleichlichen Kurvenreigen. Unglaublich, was die D 290 auf den nun folgenden knapp 40 Kilometern zu bieten hat.

In wilder Kurvenfahrt

In großer Höhe über dem Canyon der Ardèche geht es in wilder Kurvenfahrt von Aussichtspunkt zu Aussichtspunkt. Der Asphalt ist griffig und genau richtig für kernige Schräglagen. Der Blick in die Tiefe ist genial, unten im Fluss tanzen Kajaks durch die rauschenden Wellen und die riesige Flussschleife am Cirque de Madeleine erinnert an so manche bekannten amerikanischen Canyons.

Zu Ende ist die tolle Kurvenstrecke vorerst kurz vor Vallon-Pont-d'Arc. Hier markiert ein mächtiger, natürlicher Felsbogen – der Pont d'Arc – das Ende der Schlucht. Die Hauptstrecke wird an Vallon-Pont-d'Arc vorbeigeführt. Es wäre aber sehr schade, diesen netten Ort mit seinem gemütlichen Dorfplatz zu verpassen. Ein bisschen Zeit sollte man sich schon dafür nehmen, interessant sind auch die schmalen Gassen mit einigen schönen Läden. Wieder hinaus aus Vallon-Pont-d'Arc geht es über die D 579 in nordwestlicher Richtung. Die Strecke führt nun fast immer an der Ardèche

Oberhalb der Schlucht Gorges Ligne gibt es Kurvenvergnügen satt (oben). Die Hängebrücke über der Ardèche in der Ortsmitte von Saint-Martin.

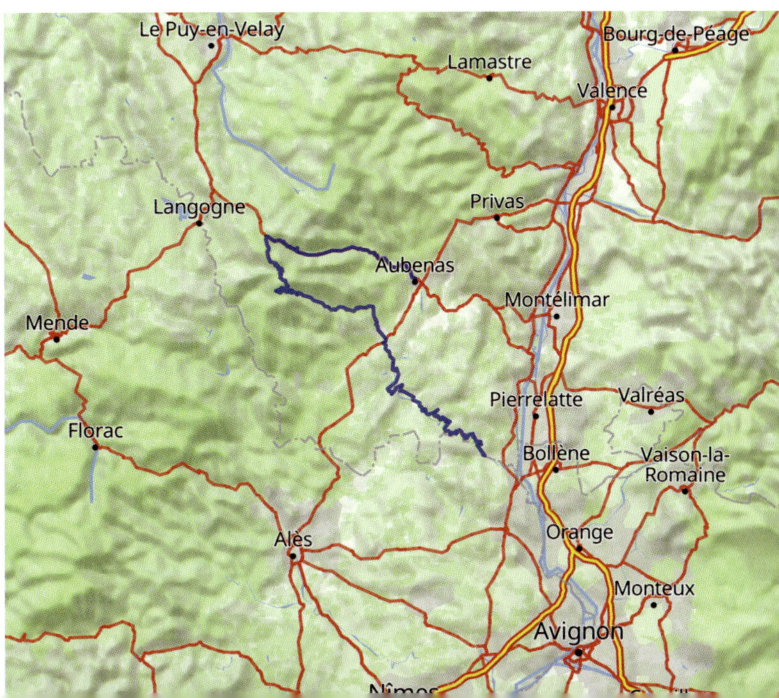

HIGHLIGHT

GORGES DE L'ARDÈCHE

Zwischen Vallon-Pont-d'Arc im Nordwesten und Saint-Martin-d'Ardèche nahe dem Tal der Rhône hat die Ardèche eine spektakuläre Schlucht in den Fels des Zentralmassivs geschliffen. Die kurvenreiche Landstraße Haute Corniche am Nordrand des Canyons bietet fantastische Ausblicke und jede Menge Fahrspaß. Auf der Strecke liegen die Höhlen Grotte de la Madeleine und Grotte de Saint-Marcel, eine Besichtigung lohnt sich.

Unser Tipp: In Vallon-Pont-d'Arc eines der vielen Leih-Kanus borgen und damit durch die Schlucht paddeln, ein unvergessliches Erlebnis.
www.canoe-kayak-lavernede.com

entlang. Hier bieten sich tolle Bademöglichkeiten im kristallklaren, sprudelnden Wasser und eine Gelegenheit zu einem Abstecher in das kleine Dorf Sampzon. Den sollte man sich nicht entgehen lassen.

Genialer Straßenverlauf

Bald haben wir Ruoms erreicht. Auch hier gibt es einige nette Läden rund um das mittelalterliche Dorfzentrum. Achtung – gleich nach dem Ort heißt es links abbiegen. Die D 4 lockt mir ihrem genialen Verlauf entlang des Flusses. Grob in den Fels gehämmert, führt sie durch einige Engstellen und Unterführungen. Zum Glück ist die Durchfahrt mit Ampeln geregelt, sonst gäbe es ganz schön Chaos bei Gegenverkehr.

Die Schlucht Gorges Ligne schließt sich direkt an, bietet reichlich Fahrspaß und eine faszinierende Landschaft. Auf beiden Streckenabschnit-

Am Rande von Vallon-Pont-d'Arc (unten) befindet sich der Pont d'Arc (oben), ein mächtiger, natürlicher Felsbogen.

ten ist nach heftigen Regenfällen etwas Umsicht geboten, dann liegen schon mal Steine und Sand auf der Fahrbahn.

Burg mit Prachtpanorama

Kurz queren wir die D 104. Als wichtige Nord-Süd-Verbindung ist sie meist stark befahren. Macht aber nichts, keine Minute später biegen wir schon wieder ab. Es geht auf die D 5 in Richtung Largentière. Ein Stop in dem einladenden Dorf lohnt sich. Hoch über dem Ort thront die Burg aus dem 13. Jahrhundert und bietet ein tolles Panorama. Der mittelalterliche Ortskern ist mit seinen wehrhaften Stadtbefestigungen gut erhalten und einige der schmalen Gassen sind gerade mal einen guten Meter breit.

Gen Norden geht es auf der D 5 hinaus aus Largentière, die bald in die D 24 übergeht und mitten hinein führt in den Regionalen Naturpark Monts d'Ardèche. Bis in eine Höhe von rund 1800 Metern ragen die Gipfel des Parks in die Höhe, die abwechslungsreiche und stark bewaldete Berglandschaft steht unter dem besonderen Schutz der UNESCO. Hier gedeihen riesige Kastanienwälder, Vulkankegel steigen aus der Landschaft und kleine, urige Weiler schmiegen sich an die schroffen Berghänge.

Dementsprechend Spaß macht die Fahrt durch diese herrliche Gegend bis hinauf auf den 1370 Meter hohen Col de Meyrand. Etwas nordwestlich lockt dann auch der noch etwas höhere Col du Pendu, seine Höhe beträgt 1435 Meter. Aller guten Dinge sind bekanntlich drei. Am Col de la Chavade, 1266 Meter hoch, schlagen wir einen Bogen in Richtung Osten, der uns über die nicht minder schöne N 102 in unzähligen Kurven nach Aubenas führt, dem Ende dieser Route. ◀

Der mittelalterliche Ortskern von Largentière ist gut erhalten.

TOUR 31 | Frankreich

ARDÈCHE

LÄNGE | 167 km

ÜBERNACHTUNG
Domaine de Ribière
F-07120 Grospierres
Sehr nettes, motorradaffines Haus mit 20 Zimmern, Maisonettes und Chalets, Biergarten, Pool, großer Garten und klasse Frühstück in ruhiger Lage, deutschsprachig.
www.domainederibiere.fr
(44.4072249, 4.2937192)

Pont du Diable oder Teufelsbrücke bei Thueyts.

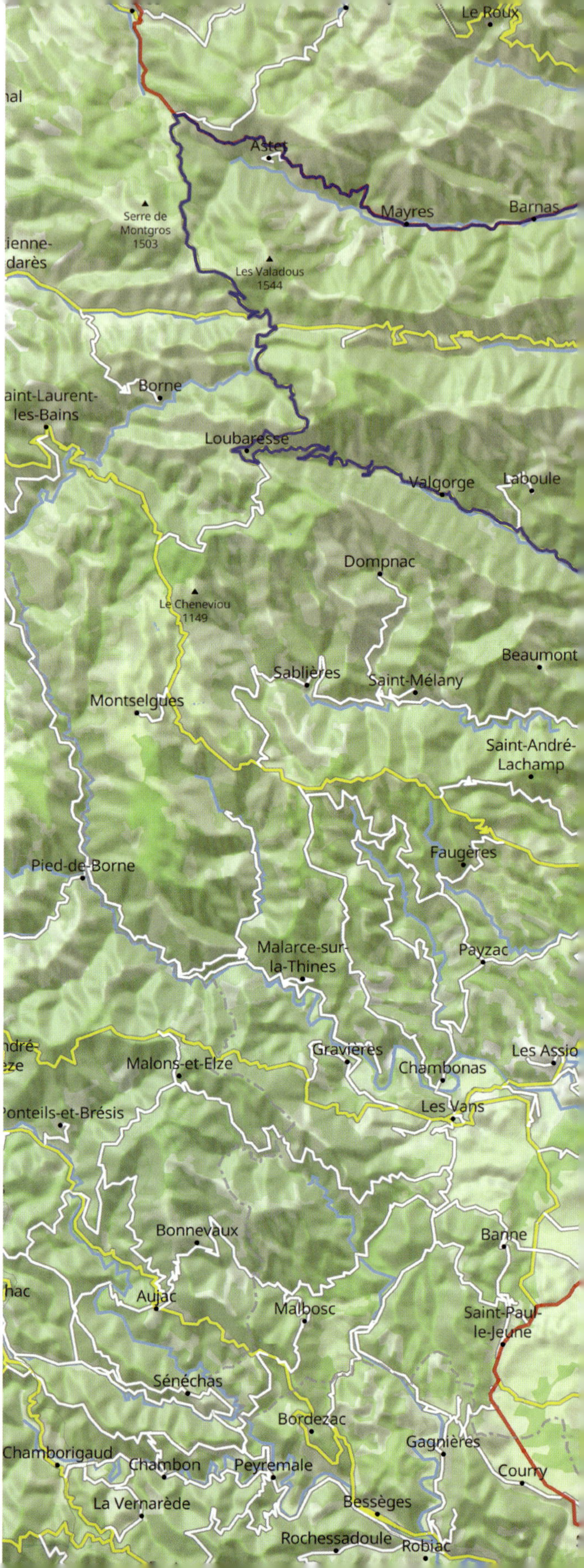

Ardèche
Bésorgues
Genestelle
Saint-Pierre-de-Colombier
Juvinas
Aizac
La Roche
Saint-Andéol-de-Vals
Saint-Étienne-de-Boulogne
Asperjoc
Meyras
Pont-de-Labeaume
Lalevade-d'Ardèche
Fabras
Labégude
Vesseaux
Freyssenet
Rochessauve
Berzème
Darbres
Jaujac
Prades
Mercuer
Saint-Privat
Saint-Gineys-en-Coiron
Aubenas
Saint-Didier-sous-Aubenas
Eyriac
Lentillères
Mirabel
Sceautres
Les Rieux
Ailhon
Prunet
Chazeaux
Saint-Jean-le-Centenier
Saint-Pons
Aubignas
Fons
Rocher
Lavilledieu
Saint-Sernin
Joannas
Villeneuve-de-Berg
Saint-Germain
Alba-la-Romaine
Tauriers
Vogüé
Largentière
Vinezac
Sanilhac
Lanas
Saint-Andéol-de-Berg
Montréal
Rochecolombe
Uzer
Laurac-en-Vivarais
Balazuc
Vernon
Saint-Maurice-d'Ibie
Valvignères
Saint-Thomé
Chauzon
Joyeuse
Pradons
Ruoms
Labeaume
Lagorce
Larnas
Gras
Saint-Alban-Auriolles
Dent de Rez
726
Sampzon
Chandolas
Grospierres
Vallon-Pont-d'Arc
Salavas
Saint-Remèze
Bidon
Beaulieu
Labastide-de-Virac
Bessas
Vagnas
Saint-Marcel-d'Ardèche
Saint-Just-d'Ardèche
Saint-Sauveur-de-Cruzières
Barjac
Orgnac-l'Aven
Le Garn
Laval-Saint-Roman
Aiguèze
Saint-Julien-de-Peyrolas
Saint-Privat-de-Champclos
Le Mas

Tour 32 Pyrenäen

Burgen, Berge, Bäche

Die beiden Départements Aude und Pyrénées-Orientales bilden Frankreichs südlichste Ecke und bestechen durch fantastische Motorradstrecken durch urige Berglandschaften.

START- / ZIELORT
Narbonne / Collioure

TOURLÄNGE
310 km

ROADBOOK
Narbonne, Abbaye de Frontfroide, Saint-Laurent-de-la-Cabrerisse, Lagrasse, Carcassone, Limoux, Forêt des Corbières Occidentales, Col de Louviéro, Col de Redoulade, Gorges de Galamus, Orgues d'Ille sur Tet, Força Réal, Castelnou, Col de Llauro, Céret, Argelés-sur Mer, Collioure

Natürlich könnte man die rund 100 Kilometer von Narbonne nach Collioure auch ruckzuck in einer Stunde über die A9, die die Franzosen La Catalane nennen, zurücklegen. Dann würde man jedoch einige der schönsten Ecken der beiden Départements Aude und Pyrénées-Orientales verpassen – welch ein Fauxpas.

Unzählige römische Hinterlassenschaften, eine faszinierende Altstadt, einladende Läden und Cafés – Narbonne ist jederzeit eine Reise wert. Für uns ist Narbonne, das quirlige Mittelzentrum, heute Ausgangsort unserer Variante zur schnellen Autobahnfahrt gen Süden.

Weine und Geistlichkeit

Über die N 113 verlassen wir die Stadt in westlicher Richtung, biegen bald links auf die D 613 ab und rollen entspannt durch die riesigen Weinlagen des Languedoc. Hier gedeihen köstliche Weine, Weingut folgt auf Weingut. Wer statt auf geistige Getränke eher auf Geistlichkeit steht, legt hier einen Besuch des interessanten Zisterzienserklosters Abbaye de Frontfroide ein. Die beeindruckende Anlage lässt sich besichtigen, das Restaurant lädt zur Pause und zum Mahl.

Weiter führt uns die scheinbar unendliche Weinlandschaft nach Saint-Laurent-de-la-Cabrerisse. Ab hier folgen wir den Schildern nach Lagrasse. Das im Bergland der Corbières liegende Dorf gehört nicht umsonst zur Vereinigung „Plus beaux villages de France", der schönsten Dörfer Frankreichs. Die Liste der Sehenswürdigkeiten ist riesig, das ganze Dorf ist ein einziges Freilichtmuseum. Hier ließe sich locker ein halber Tag verbringen.

Aber jenseits der spaßigen D 42, die nun folgt, liegt schon gleich das nächste Highlight: Carcassone. Dessen mächtige, auf einem Hugel gelegene Festung, die Cité de Carcassonne, ist die größte Festungsanlage Europas. Innerhalb eines perfekt erhaltenen

Pause auf dem Gipfel des Força Réal (oben) und Fahrt entlang der Felsformation Orgues d'Ille sur Tet (unten).

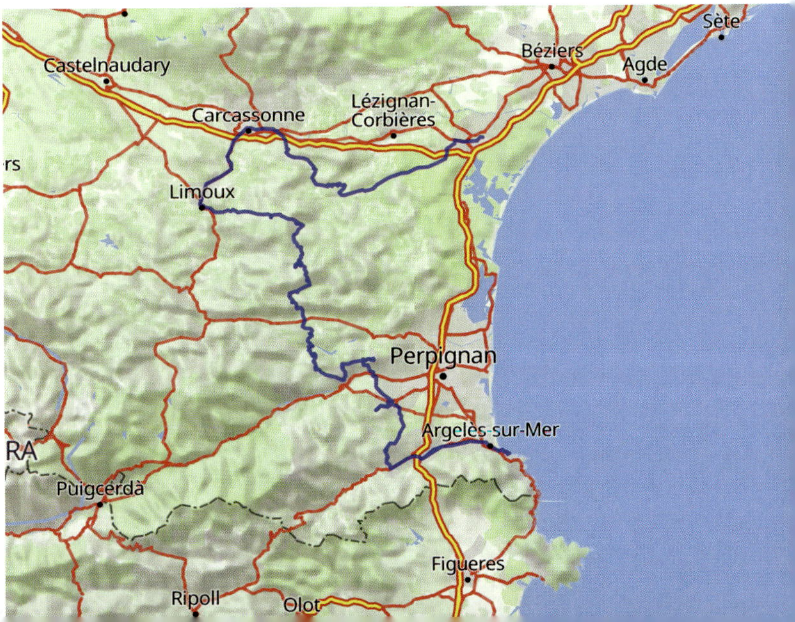

HIGHLIGHT

CITÉ DE CARCASSONNE

Auf einem Hügel der Altstadt von Carcassonne, hoch über dem Fluss Aude, liegt Europas größte mittelalterliche Festungsstadt: die Cité de Carcassonne. Das im 19. Jahrhundert perfekt restaurierte historische Monument steht seit 1997 als Weltkulturerbe unter dem Schutz der UNESCO. Innerhalb der gut drei Kilometer langen, doppelten Festungsmauern liegt die heute noch von rund 250 Bürgern bewohnte und normalerweise autofreie Altstadt. Sie ist von 52 Türmen umgeben. In den schmalen Gassen und den Plätzen innerhalb der Festungsmauern laden Cafés, Bars und Restaurants sowie einige Läden zum Verweilen.

www.tourismus-carcassonne.de

doppelten Mauerrings verstecken sich die Altstadt, eine Burg und die Basilika – ein ungemein beeindruckendes Ensemble.

Schluss mit Geradeaus

Carcassone entlässt uns in südlicher Richtung. Bis Limoux folgen wir der gut ausgebauten D 118 entlang des Flusses Aude. Dann ist Schluss mit Geradeaus. Wir biegen auf spannende Nebenstrecken ab, die sich nun durch die herrliche Berglandschaft des Forêt des Corbières Occidentales winden.

Rechts und links ragen bewaldete Berghänge in die Höhe, kurvenreich schlängelt sich der Asphalt durch das Tal und über die Berge. Es geht über den 599 Meter hohen Col de Louviéro und in 685 Metern Höhe über den Col de Redoulade und schließlich hinein in die grandiosen Gorges de Galamus. Hier wurde die Strecke spektakulär in den schroffen Fels hinein gesprengt und gemeißelt – was für ein Erlebnis.

Südlich der fantastischen Schlucht hört der Kurvenspaß noch lange nicht auf. Wir folgen dem Flüsschen Agly, kurven- und aussichtsreich geht es weiter Schräglage für Schräglage durch das Vorland der Pyrenäen. Im Süden sind bereits die ersten, noch schneebedeckten Pyrenäengipfel am Horizont auszumachen.

Mit einem Schlenker entlang der urigen Felsformationen der Orgues d'Ille sur Tet, die sich übrigens herrlich auch zu Fuß erwandern lassen, nehmen wir Kurs auf einen der schönsten Aussichtspunkte der ganzen Region: auf den Força Réal. Auf den markanten, 507 Meter hohen Berggipfel, auf dessen Spitze eine kleine Kapelle thront, führt eine asphaltierte Sackgasse. Der Blick auf die umliegende Landschaft und die Pyrenäen ist fantastisch. Dieser Abstecher ist ein Muss!

Und gleich noch ein zweiter Abstecher gehört zum Pflichtprogramm in dieser abwechslungsreichen und schö-

Abendspaziergang durch die Altstadt von Narbonne.

nen Landschaft: das auf einem Hügel thronende Castelnou. Auch dieses Bergdorf gehört zu den „Plus beaux villages de France“. Kein Wunder, die kleine, mittelalterliche Altstadt wird noch von einer Burg und einem Wachturm überragt, fasziniert mit kleinen, sehr schönen Gassen und liegt perfekt eingebettet und idyllisch zwischen grünen Hügeln und Weinbergen.

Zum alten Fischerdorf

Einen letzten kernigen Kurvenspaß bietet die Auffahrt über den 380 Meter hoch gelegenen Col de Llauro nach Céret. Dann neigt sich die Tour langsam ihrem Ende zu. Gen Osten folgen wir der gut ausgebauten Landstraße über Argelés-sur Mer nach Collioure. Mit dem alten Fischerdorf mit seiner malerischen Wehrkirche direkt am Strand haben wir unser Ziel erreicht. Ab hier schließt sich die faszinierende Küstenstraße hinunter nach Spanien an, aber das ist schon wieder Stoff für ein ganz neues Kapitel. ◀

Von der Schlucht Gorges de Galamus (oben) geht es nach Collioure mit der malerischen Wehrkirche (unten).

TOUR 32 | Frankreich

PYRENÄEN

LÄNGE | 310 km

ÜBERNACHTUNG
Villa du Parc
49, route de Ria, F-66500 Prades
Tolles Haus für Motorradfahrer, es gibt prima Tipps. Man fühlt sich hier einfach wohl!
www.villa-du-parc.com
(42.614739, 2.413083)

Altstadt Narbonne.

Puichéric
Lézignan-Corbières
Marcorignan
Pyrenäen
Narbonne
Moux
Bizanet
n-Val
Bages
Thézan-des-Corbières
Ribaute
Étang de Bages
Talairan
Fontjoncouse
Sigean
eille
Albas
Étang de la Palme
Palairac
Embres-et-Castelmaure
Feuilla
Maisons
Fitou
Padern
Étang de Leucate
Vingrau
Tautavel
Saint-Laurent-de-la-Salanque
Estagel
Baixas
Pia
Sainte-Marie-la-Mer
Corneilla-la-Rivière
lach
Perpignan
Ille-sur-Têt
Canohes
Saleilles
Thuir
Saint-Cyprien
Bages
Montauriol
Brouilla
Argelès-sur-Mer
Oms
© Printmaps.net / OSM Contributors
Montesquieu-des-Albères
Taulis
Vivès
Port-Vendres
Palalda
Céret
Les Cluses
Banyuls-sur-Mer

Tour 33 Pyrenäen

Grenzerfahrung

Diese Tour führt über eine ganze Reihe herrlicher Pässe halb durch Spanien und halb durch Frankreich. Schroffe Berge, tiefe Täler und einsame Landschaften wollen erkundet werden.

BASISORT
Argelès-Gazost

TOURLÄNGE
ca. 378 km

ROADBOOK
Argelès-Gazost, Arrens, Col du Soulor, Col d'Aubisque, Hôtel des Crêtes Blanches, Gourette, Eaux-Bonnes, Laruns, Col du Pourtalet, Bielle, Plateau de Bénou, Col de Marie-Blanque, Escot, Col d'Ichere, Col de Labays, Pas de Guilhers, Col de la Pierre St. Martin, Bois du Bager, Gorges du Ponte-Germe, Ferrières, Col du Soulor, Argelès-Gazost

Argelès-Gazost ist der perfekte Standort für Touren durch die Hochpyrenäen. Bis zu 600 Meter hoch mitten im Département Hautes-Pyrénées – also in Frankreich – gelegen, lockt das gastfreundliche Städtchen mit einem schönen Ortsbild, mit ansprechenden Unterkünften, Bars und Restaurants.

Ab hier starten wir diese spannende Runde über einige der schönsten Pyrenäenpässe. Gen Westen führt uns dazu die D918 aus Argelès-Gazost hinaus und kurvenreich hinauf zum Col du Soulor. Über 1000 Höhenmeter gilt es dafür zu überwinden und weit fällt unser Blick über das Vallée d'Arrens auf die schroffen Gipfel des Parc National des Pyrénées.

Bildschöne Passstraße

Der Col du Soulor ist ein beliebtes Ziel bei Ausflüglern, auf der Außenterrasse des Restaurants sitzen oft viele Besucher. Uns ist es für eine Pause noch zu früh und ich folge den Schildern zum Col d'Aubisque. Die folgenden 17 Kilometer gehören zu den schönsten Strecken in den Pyrenäen.

Schon im Jahr 1860 von Napoleon III. als Teil der Route Thermale des Pyrénées in den Fels geschlagen, führt die bildschöne Passstraße entlang der Felswand des Cirque du Litor und lässt den Blick frei auf eine fantastische Berglandschaft.

Auf dem Col d'Aubisque in 1709 Metern Höhe angekommen, stürzen wir uns gleich wieder die nicht minder spektakuläre westliche Passrampe hinunter. Kurz hinter dem Pass halten wir am Hôtel des Crêtes Blanches, dass einen tollen Blick auf das Bergmassiv des über 2 600 Meter hohen Pic de Ger bietet.

Über die Skistation Gourette geht es dann in knackigen Kurven hinunter in den Kurort Eaux-Bonnes und weiter nach Laruns. Laruns liegt verkehrsgünstig an der D934, die nach Süden in Richtung der spanischen Grenze und zum Grenzpass Col du Pourtalet führt.

Pause am Col du Pourtalet und Fahrt entlang der Schlucht Congosto de las Devotas.

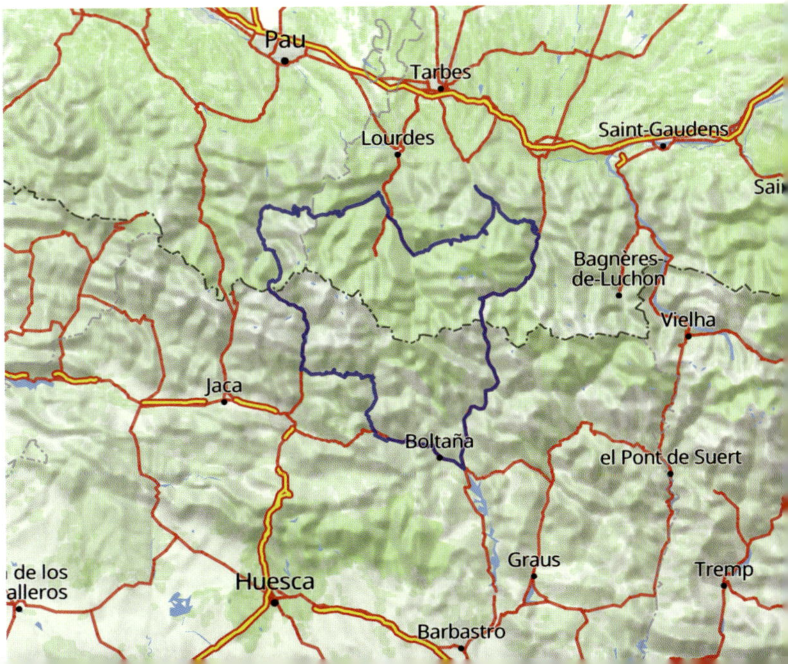

HIGHLIGHT

CAMPAN

Im Nordwesten dieser Tour liegt das französische Städtchen Campan im Arrondissement Bagnères-de-Bigorre im Département Hautes-Pyrénées. Der beliebte Urlaubsort ist weit über die Region hinaus bekannt für seine witzigen Figuren, die Mounaques. Überall im Ort sitzen und stehen die lebensgroßen mit Stroh gefüllten Puppen. Es gibt Feuerwehrleute, ganze Hochzeitsgesellschaften, Radfahrer und vielerlei Gestalten mehr. Entstanden ist diese Tradition aus dem alten Brauch, bei einer Hochzeit auch die jungen Menschen des Ortes zur Feier einzuladen. Wer das nicht tat, dem setzte die Jugend eine Puppe vor die Tür und schlug einen Monat lang regelmäßig vor der Haustür ordentlich Krach.

Es ist nicht lange her, da wurde der Col du Pourtalet von den Lesern einer bekannten deutschen Motorradzeitschrift zum beliebtesten aller Pyrenäenpässe gewählt. Eine Wahl, der wir nur zustimmen können.

Mächtige Felswände

Die Strecke ist ein Traum. In sanften Bögen führt der Asphalt in die Höhe, auf die mächtigen Felswände zu, in deren Scharten sich selbst jetzt im Juli noch vereinzelte Schneereste verstecken. Von der Sonne beschienene Wiesen wechseln sich mit dichten, dunklen Nadelwäldchen ab, Wasser rauscht durch steinige Bachbetten, steile Bergflanken ragen in den Himmel.

Spektakulär schraubt sich der Asphalt hinauf auf den Pass. Der Col du Pourtalet ist der Treffpunkt der Motorradfahrer. Bisweilen parken auf der 1794 Meter hohen Passhöhe weit über 100 Motorräder. Auf der Südrampe lasse ich unsere GS über die spanischen Berghänge wieder in die Tiefe rollen. In Biescas, dem sympathischen Örtchen und Touristenzentrum der Region, setze ich den Blinker und biege auf die N-260 ab. Hier verspricht ein Kurvenschild mit dem Zusatz „35 km" jede Menge Spaß. Kernige Kehren

Nahe des Col du Pourtalet (oben) und Auffahrt zum Col du Pourtalet (rechts).

und zackige Kurven bestimmen den weiteren Verlauf des Asphalts über den 1423 Meter hohen Puerto de Cotefablo und hinüber nach Broto.

Zerklüftete Schlucht

Ab Broto folgen wir dem Rio Ara durch sein schönes Tal, arbeiten uns durch die Berge hindurch bis Ainsa und schlagen dann einen nördlichen Kurs ein. Die A-138 führt uns mitten hinein in die zerklüftete Pyrenäenlandschaft der Schlucht Congosto de las Devotas. Die spektakuläre, enge Schlucht zirkelt entlang steiler, hoch aufragender Felswände. Beeindruckend, aber nach heftigen Regenfällen ist hier doch Vorsicht geboten. Das Wasser stürzt in heftigen Kaskaden direkt auf die Straße und wenn es ganz dick kommt, tritt auch schon mal der Fluss über die Mauern am Straßenrand, dann geht hier nichts mehr.

In Bielsa, mitten im Parque Nacional de Ordesa y Monte Perdido gelegen, lässt sich in den örtlichen Cafés bestens relaxen und spanisch speisen, bevor etwa 15 Kilometer weiter der Bielsa-Tunnel wieder zurück nach Frankreich führt. Nach der Grenze folgen wir der D929 via Saint-Lary-Soulan nach Arreau. Das schöne Bergdorf entlässt uns in westlicher Richtung auf die Rampe des Col d'Aspin, der in 1489 Metern Höhe das Aure- mit dem Campan-Tal verbindet. Südlich des Col d'Aspin öffnet sich das Vallée de Campan und führt weiter in Richtung des spektakulären Col du Tourmalet. Zuvor lockt uns jedoch noch ein Abstecher nach Campan.

Blick auf das spanische Dorf Sallent de Gállego.

Der großartige Col du Tourmalet führt uns schließlich zurück nach Argelès-Gazost. Er bildet den höchsten asphaltierten Pass der französischen Pyrenäen und ist gleichzeitig der am meisten frequentierte Pass der Tour de France. 1910 wurde er als erster Hochgebirgspass überhaupt in das Repertoire der Tour aufgenommen.

Für Motorradfahrer ist er der Traum schlechthin: Die nicht enden wollende Kurvenfahrt führt durch eine der aufregendsten und schönsten Berglandschaften der Pyrenäen. Ein würdiger Abschluss für eine grandiose Bergrunde. ◄

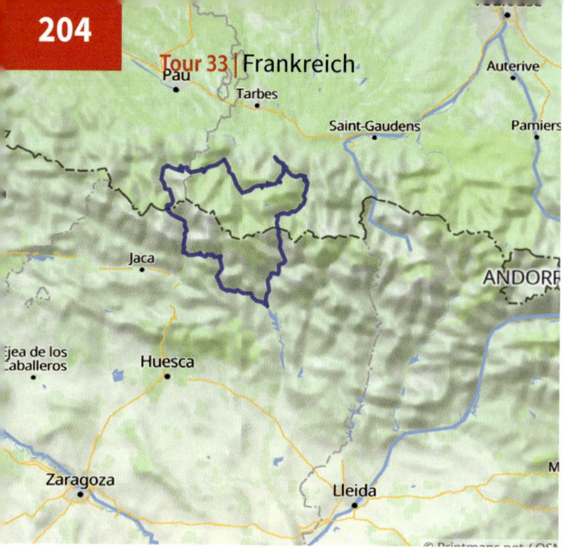

TOUR 33 | Frankreich

PYRENÄEN

LÄNGE | 378 km

ÜBERNACHTUNG

Camping L'Ideal

An der D-918, F-65400 Arras-en-Lavedan
Einfacher, aber netter und sauberer Campingplatz in sehr schöner Lage, Zeltplätze und Mietchalets verschiedener Größen, Schwimmbad

www.camping-ideal-pyrenees.com
(42.995084, -0.120862)

Südlich des spanischen Ortes Bielsa.

Marsas
Asté
Bulan
Pyrenäen
Ourdon
Campan
Gez
Pic de l'Oussouet
1873
Signal de Bassia
1921
Uz
Pic de Mont Asp
1849
Pic du Midi
de Bigorre
2877
Cauterets
Vizos
Sers
Cadéac
Mont Né
2147
Aulon
Guchan
Saint-Lary-Soulan
Pic d'Ardiden
2988
Gèdre
Pic Long
3192
Aragnouet
Germ
Central
3235
Gavarnie
Pic de Lustou
3023
Pet
Pic de la Munia
3133
Taillon
3144
Espadas o
Llardaneta
3328
Torla-Ordesa
Bielsa
Broto
Fanlo
Plan
Sahún
Sarvisé
Sestral Alto
2101
Cortalavina
Villanova
sín de Broto
Castejón
Laspuña
Cotiella
2912
Fiscal
Seira
Labuerda
Boltaña
Llert
Aínsa
Laguarta
Campo
Egea
Tierrantona
Embalse de

Tour 34 Korsika

Der Zeigefinger der Insel

Hoch im Norden Korsikas ragt das Cap Corse wie ein Zeigefinger weit hinaus ins Meer. Es wird von der schönsten Küstenstraße der Halbinsel umrundet – ein Traum für Motorradreisende.

START- / ZIELORT:
Bastia / Saint-Florent

TOURLÄNGE
ca. 128 km

ROADBOOK
Bastia, Pietranera, Erbalunga, Marine de Porticciolo, Rogliano, Col Saint-Nicolas, Barcaggio, Tollare, Centuri-Port ,Centuri, Golfe d'Aliso, Marine D'Albo, Nonza, Patrimonio, Col de Saint Bernardino, Saint-Florent

Willkommen auf Korsika! Dröhnend und vibrierend legt die mächtige Fähre nach vierstündiger Fahrt ab Livorno in Bastias Hafen an. Bald öffnen sich die mächtigen Klappen und gemeinsam mit dem Strom der Fahrzeuge rollen wir durch das Hafengelände. Die Orientierung ist denkbar einfach. Schließlich ist unser Ziel das Cap Corse, die bildschöne, gut 40 Kilometer lange Halbinsel im Norden.

Dazu müssen wir nur einfach die Küste rechter Hand im Blick behalten und schon bald haben wir Bastias Stadtgrenze hinter uns. Wir passieren Pietranera, dass sich fast nahtlos an Bastia anschließt und schon wird es deutlich leerer auf der D 80, die sich von nun an eng entlang der Küstenlinie gen Norden windet.

Entlang der Küste

In Erbalunga, dem kleinen Fischerdorf mit seinem einladenden Hafen, lasse ich unser Motorrad ausrollen. Hier lockt das eine oder andere Café mit Leckereien, erfrischenden Getränken oder einem heißen, stärkenden Kaffee. Mit einem schönen Blick auf den Hafen genießen wir die mediterrane Atmosphäre, die frische Luft und den herrlichen Ausblick. Der perfekte Einstieg in eine spannende Moppedrunde. Bald schwingen wir uns wieder aufs Motorrad, verlassen Erbalunga und rollen weiter gen Norden entlang der Küste.

Von Bucht zu Bucht kurvt der Asphalt und immer wieder wartet die Küstenlinie mit menschenleeren Badebuchten auf. Meist sind es felsige und steinige Abschnitte, aber mit dem Plage de Grisgione, dem Plage de Miomo und vielen weiteren Badestränden liegen hier auch bildschöne Sandbuchten. Immer wieder tauchen auch die Überreste der alten Genuesertürme neben der Straße auf. Insgesamt 67 der befestigten Bauwerke gibt es heute noch auf Korsika. Ab dem 16. Jahrhundert dienten die Türme zur Verteidigung gegen nordafrikanische Piraten und als Signaltürme. Ein besonders schönes Exemplar ist der Tour

Die verlockende Küstenstraße an der Westseite Korsikas (oben) und Centuri Port, ein idyllischer Hafenort an der Spitze von Cap Corse.

de Losse. Er steht gleich neben unserer Route kurz vor Cagnano unweit des Hafens Marine de Porticciolo.

Ins Innere der Insel

Nur wenige Minuten hinter dem Turm zweigt die sehr schöne D 180 in das Innere der Insel ab. Wer mehr als einen Tag auf der Halbinsel verbringen möchte, dem sei hier der Abstecher über den Col de Sainte Lucie auf die Westseite der Insel empfohlen, eine tolle Strecke. Wir nehmen jedoch den größeren Bogen unter die Räder, steuern weiter entlang der Küste. Über Rogliano und den 200 Meter hohen Col Saint-Nicolas folgen wir der D 80 und biegen kurz hinter dem Pass ab in Richtung Barcaggio und Tollare. Die beiden Örtchen bestehen nur aus wenigen Häusern und markieren gemeinsam mit dem Cap Punta di Agnello den nördlichsten Punkt der französischen Insel.

Zurück auf der Küstenstraße D 80 halten wir uns an die Schilder nach Centuri-Port. Der schöne Hafen gehört zum nicht minder netten Ort Centuri und ist der perfekte Platz für eine erholsame Mittagspause. Einige einladende Restaurants und Straßencafés laden zum Essen und sind vor allem durch die leckeren fangfrischen Langusten bekannt, die hier angeboten werden. Die sollte man sich nicht entgehen lassen. Als besten Ausklang des Stopps empfehlen wir einen kleinen Verdauungsspaziergang durch die verwinkelten Wege und Gassen Centuris. Das bringt den Kreislauf wieder in Schwung und macht munter.

Wieder zurück auf der Küstenstraße D 80 folgt sogleich zum wieder Aufwärmen eine richtig tolle Kurvenstrecke. Zackig kurvt die Strecke entlang der Küste. Gleich nach der Bucht Golfe d'Aliso kommt linker Hand die vorhin beschriebene D 180 über den Col de Sainte Lucie an. Wer mag, biegt genau hier links ab und folgt der Küste über die etwas höher liegende D 33.

Die schmale Nebenstrecke bietet fantastische Aussichten und herrliche Kurvenkombinationen. Aber auch auf der D 80 kann man sich über einen Mangel an Schräglagen nicht

HIGHLIGHT

KORSISCHE WILD- UND HAUSSCHWEINE

Irgendwann begegnen sie fast jedem Reisenden auf den Straßen Korsikas. Sie stehen im Schatten am Straßenrand oder liegen in der Sonne, graben nach Fressbarem oder schnüffeln einfach nur herum. Die Rede ist von den wilden Hausschweinen Korsikas, die mittlerweile zu einer eigenen Spezies erklärt wurden. Sie entstammen einer Kreuzung zwischen dem korsischen Wildschwein und ausgebüxten, domestizierten Hausschweinen.
Es gibt auch noch echte Wildschweine auf Korsika, die sieht man jedoch eher selten, und wenn, dann höchstens beim Wandern im tiefsten Wald. Und Vorsicht! Im Gegensatz zu den „Straßenschweinen" reagieren die echten Wildschweine bisweilen recht aggressiv. echten Wildschweine bisweilen recht aggressiv.

Die Hafenstadt Bastia liegt am Fuße des Pigno-Massivs.

beklagen. Die Strecke ist einfach ein Gedicht.

Schwarzer Strand

Kurz hinter dem Hafen Marine d'Albo fällt der Blick auf den schwarzen Strand von Nonza, ein faszinierender Anblick. Rund um Nonza wurde früher Asbest abgebaut, die Rückstände des Bergbaus in Verbindung mit dem dunklen Schiefer der Region schufen den Strand, dessen Schwarz in herrlichem Kontrast zum türkisfarbenen Wasser steht. Aber auch Nonzas alter Genuesenturm, der sich besichtigen lässt, und auch das Städtchen selber sind unbedingt einen Besuch wert.

Zwei weitere Genuesertürme geleiten uns nach Patrimonio. Dort liegt auf der Küstenstraße der gerade mal 76 Meter hohe Col de Saint Bernardino. Gleich dahinter ließe sich der Kreis schließen, wenn man über den 536 Meter hohen Col de Teghime zurück nach Bastia lenkt. Wir wollen noch ein paar Kilometer weiter und folgen der D 81 bis nach Saint-Florent. Am unteren Ende des Cap Corse gelegen, lockt das „korsische Saint Tropez" mit einladenden Bars und Restaurants, mit interessanten Läden und Gassen, einer bemerkenswerten Zitadelle und viel mediterranem Flair – gerade richtig um hier die spannende Cap Corse-Runde zu beenden. ◄

Kurven satt bei Cagnano (oben) und auf der D 80 im Norden von Korsika (unten).

TOUR 34 | Frankreich

KORSIKA

LÄNGE | 128 km

ÜBERNACHTUNG
Hôtel Napoléon
43 Boulevard Paoli, F-20200 Bastia
Zentral in der Innenstadt gelegenes Hotel. Klimatisierte und modern eingerichtete Zimmer. In der Nähe befinden sich die Zitadelle und der alte Hafen. Vom Fähranleger etwa 500 Meter entfernt. Perfekt für die An- oder Abreise.
www.hotel-napoleon-bastia.fr
(42.701746, 9.450456)

Die Küstenstraße bei Erbalunga auf Cap Corse.

Tollare
Ersa
Cannelle
Centuri
Rogliano
Macinaggio
Tomino
Morsiglia
Meria
Pino
Luri
Minervio
Santa Severa
Barrettali
Cagnano
Marine de Porticciolo
Canari
Pietracorbara
Ogliastro
Olcani
Sisco
Nonza
Monte Stello 1307
Olmeta-di-Capocorso
Erbalunga
San-Martino-di-Lota
Farinole
Bastia
Patrimonio
Barbaggio
Saint-Florent
Furiani

Tour 35 Mallorca

Hoch über dem Meer

Die Ma-10 an Mallorcas Nordküste gilt als eine der weltweit schönsten Küstenstraßen. Die Kurvenstrecke überzeugt mit grandiosen Panoramen und herausfordernden Schräglagen.

START- / ZIELORT
Andratx / Cap de Formentor

TOURLÄNGE
ca. 171 km

ROADBOOK
Andratx, Cala de ses Ortigues, Mirador Ricardo Roca, Estellencs, Banyalbufar, Port de Valldemossa, Valldemossa, Deià, Sóller, sa Calobra, Coll de sa Batalla, Santuari de Santa Maria de Lluc, Pollenca, Port de Pollenca, Mirador des Colomer, Cap de Formentor

Es ist eine Binsenwahrheit: Die spanische Insel Mallorca ist weit mehr als Ballermann und Strandurlaub. Nicht nur, dass sich das Image der größten Baleareninsel derzeit kräftig zum Positiven wandelt, das Eiland bietet auch reichlich Gelegenheit für fantastische Motorradtouren. Und das zu nahezu jeder Jahreszeit.

Unser Tipp dazu: Preiswerte Flugverbindungen auf die Insel gibt es reichlich und der größte Motorradverleiher der Insel, Mallorquin-Bikes, bietet nicht nur einen Shuttle-Service, sondern auch bestens gewartete Motorräder und die komplette Ausrüstung und Bekleidung zum Motorradfahren.

Parallel der Küste

Das fahrerische Highlight der Mittelmeerinsel ist die ganz im Norden liegende Ma-10. Sie führt parallel der Küste quer durch die bergige Serra de Tramuntana, beginnt ganz im Westen bei Andratx und endet an der Halbinsel Formentorganz im Norden Mallorcas. Schon gleich hinter der Stadtgrenze warnt ein Verkehrsschild vor den folgenden 17 Kilometern Kurven.

Ein Schild, welches sich jeder Motorradfahrer wünscht. Und nicht zu viel versprochen – zwischen grauem Fels und dichtem Nadelwald windet sich der Asphalt immer weiter in die Höhe. Nur wenige Minuten, dann wird die Landschaft immer offener, Buschwerk und würzig riechende Macchia säumen rechts und links die Straße. Der Blick wird schnell frei auf die bergige Landschaft der Tramuntana, deren faszinierende Bergwelt seit 2011 komplett als Welterbe unter dem besonderen Schutz der UNESCO steht.

Die ersten Kilometer liegen hinter uns, es geht auf das Meer zu und oberhalb der schönen Bucht Cala de ses Ortigues lockt der erste Aussichtspunkt. Noch spektakulärer ist die Aussicht wenige Meter weiter beim Mirador Ricardo Roca, wo auch gleich ein

Kurvenvergnügen satt bei Banyalbufar und im Westen der Halbinsel Formentor.

HIGHLIGHT

SA CALOBRA

Ein echtes Meisterstück der Straßenbaukunst ist die Serpentinenstrecke nach Sa Calobra. Die gut zwölf Kilometer lange Strecke, die mit zwölf Serpentinen nur vier Kilometer Luftlinie und eine Höhe von 682 Metern überwindet, wurde um 1932 ohne jeden Einsatz von Maschinen erbaut. Dazu wurden 31 000 Kubikmeter Fels von Hand gelöst und bewegt.

Das Highlight der Bergstraße ist der Krawattenknoten, er führt die Straße mit einer 270 Grad-Kurve unter ihr selbst hindurch.

nettes Restaurant lockt. Wie eine abgerollte Luftschlange windet sich die Ma-10 weiter durch die bergige Küstenlandschaft. Immer wieder glitzert linker Hand das Meer durch die Bäume. Griffiger Asphalt sorgt für spannende Schräglagen.

Reizvolle Nebenstrecke

Wir passieren das kleine Örtchen Estellencs, den Küstenort Banyalbufar und treffen kurz vor Valldemossa auf die Abzweigung hinunter nach Port de Valldemossa. Der Abstecher in den hübschen Hafenort ist ein Muss. Aber Vorsicht – die rund fünf Kilometer lange Strecke hat es in sich. Zwar gehört sie zu den reizvollsten Nebenstrecken der Insel, weist aber eine ganze Reihe enger und knackiger Serpentinen auf. Wer hier entspannt hinunterkurven möchte, sollte ein wenig Erfahrung mitbringen. Zur Belohnung gibt's in der Bar Es Port gleich am Ortseingang ein leckeres Eis.

Über Deià und Sóller folgt nun ein weiterer reizvoller Abschnitt der Ma-10. In unzähligen Kurven und Kehren mäandert der Asphalt entlang des Puig Major. Mit 1445 Metern Höhe ist er der höchste Berg Mallorcas und gemeinsam mit den beiden türkis

Serpentinenstrecke nach Port de Valldemossa (oben) und nach Sa Calobra (rechts).

Ab durch den Tunnel bei Cala Figuera auf der Halbinsel Formentor.

schimmernden Stauseen zu seinen Füßen ist er ein beliebtes und bildschönes Wanderrevier. Gleich hinter dem Gipfel lockt die Ma-2141 nach sa Calobra an die Küste. Die 14 Kilometer lange Serpentinenstrecke mit dem legendären Krawattenknoten, einer 270 Grad-Kehre, ist DAS Motorradfahrer-Highlight Mallorcas.

Das Örtchen sa Calobra selber ist sehr übersichtlich und besteht nur aus wenigen Häusern. Wenige Hundert Meter entfernt liegt die Schlucht Torrent de Pareis. Hier hat sich ein reißender Gebirgsbach eindrucksvoll durch die Felsen gefräst und eine dramatische Kulisse hinterlassen. Der kurze Fußweg dorthin lohnt sich.

Zurück auf der Ma-10 kurven wir in Richtung des 576 Meter hohen Coll de sa Batalla. Hier bietet sich ein Besuch des Wallfahrtsortes und Kloster Santuari de Santa Maria de Lluc an, bevor die Ma-10 in Pollenca ihr Ende findet. Ganz ist der Fahrspaß aber noch nicht vorbei. Ab Port de Pollenca lockt noch ein toller Abstecher auf die Ma-2210. Über den reizvollen Aussichtspunkt Mirador des Colomer führt die faszinierende Strecke als Sackgasse hinaus auf das Cap de Formentor, eine Felsen-Halbinsel, die spektakulär und weit hinaus ins Mittelmeer ragt.

Zeitliche Sperrung

Zwar ist dieser Abschnitt ab Port de Pollenca in der Hauptsaison von Mitte Juni bis Mitte September für den privaten Verkehr gesperrt, aber die Sperre gilt nur von 10 bis 19 Uhr und gerade am Abend ist die Fahrt zum Leuchtturm am Cap der perfekte Abschluss für die grandiose Küstenstrecke durch Mallorcas Norden. ◀

TOUR 35 | Spanien

MALLORCA

LÄNGE | 171 km

ÜBERNACHTUNG
Hostel Sóller
Carrer de Santa Teresa 27, ES-07100 Sóller
Das 2017 neu eröffnete Hostel bietet tolle Atmosphäre und ein klasse Team. Es gibt eine Bar, prima Frühstück und die Parkplätze sind kostenlos.
www.hostelsoller.com
(39.766325, 2.718998)

Leuchtturm am Cap de Formentor.

El Pal
434
Port de Pollença
penya del Migdia
354
Pollença
Puig Caragoler
921
Morro de sa Vaca
279
cuculla de
Fartàritx
711
Alcúdia
Alcanada
Lluc
Platja de Muro
S'Obac
Port de Sóller
Puig de ses Vinyes
1106
Fornalutx
d'Avall
Sóller
Caimari
Campanet
Sa Pobla
Can Picafort
Búger
Selva
Muro
S'Esta
Orient
Biniamar
Inca
Puig de
Son Sastre
289
Santa Margalida
Alaró
Llubí
Ma-13
Bunyola
Binissalem
Consell
Maria de la Salut
Costitx
Santa Maria
del Camí
Sencelles
Ariany
Biniali
Sineu
es Caülls
Lloret de
Vistalegre
Puig de Son
Sureda
288
Santa Eugènia
Pòrtol
Petra
Mallorca
Pina
Sant Joan
s'Hostalot
Vilafranca
de Bonany
Son Gual
Manacor
Algaida
Montuïri
es Pil·larí
Randa
Ses Cadenes
Porreres
Son Macià
Son Verí
Llucmajor
Cala Blava
Ma-19
Felanitx
Sa Torre
Campos
Cas Concos
des Cavaller
Tolleric
s'Horta
s'Alqueria Blanca
Cala d'Or
Son Bieló

Tour 36 Picos de Europa

Gipfeltreffen

Die Picos de Europa an der Biskaya im Norden Spaniens sind mit ihren Gipfeln mit bis zu 2 650 Metern Höhe und einer fantastischen Karstlandschaft das perfekte Motorradrevier.

Die Gipfel Europas, die Picos de Europa – so nennt sich das mächtige Faltengebirge, das sich über Asturien, Kantabrien und Kastilien-León an der nördlichen Atlantikküste Spaniens erstreckt. Gleich hinter der Küstenlinie steigen die steilen Gipfel der Picos in die Höhe.

Über 200 Gipfel des Gebirges überragen die 2 000 Meter-Grenze – eine beeindruckende und ganz zu Unrecht oft unbekannte Region. Die höchsten Gipfel liegen inmitten des gleichnamigen Nationalparks, um den herum eine fantastische Route führt.

Runde im Uhrzeigersinn

Wir starten diese Rundtour in Cangas de Onis. Der freundliche Ort im Nordwesten der Picos lockt nicht nur mit einer uralten romanischen Brücke und einer netten Altstadt mit einladenden Bars und Cafés, sondern auch mit einem Campingplatz und gastfreundlichen Unterkünften. Zu empfehlen ist die Runde im Uhrzeigersinn, so scheint ab Mittag die Sonne mit dem Blick in die schönsten Ausläufer der Picos hinein.

Auf der AS-114, AS steht für Asturia, geht es gen Osten. Zügig fahren wir auf der gut ausgebauten Straße durch die hier noch unspektakuläre, flach gewellte Landschaft. Grüne Weiden, Wäldchen, ein paar Häuser – bis Canales passiert nichts Spannendes, lockeres Cruisen ist angesagt. Dann ändert sich jedoch bald die Landschaft.

Es wird immer bergiger, immer mehr der Gipfel tauchen rechts und links der Strecke auf und immer näher rücken die Felsen an die Straße. Entsprechend kurviger wird es auch auf dem Asphalt. Die perfekte Vorbereitung für die folgenden spannenden Kilometer, auf die wir im kleinen Bergstädtchen Panes abbiegen. Hier führt die N-621 in südliche Richtung und kaum haben wir Panes verlassen, geht es schon los.

Mit der Desfiladero de la Hermida bietet sich der perfekte Einstieg in die schroffe Bergwelt der Picos. Entlang

BASISORT
Cangas de Onis

TOURLÄNGE
ca. 220 km

ROADBOOK
Cangas de Onis, Canales, Panes, Desfiladero de la Hermida, Potes, La Vega, Puerto de San Glorio, Collado de Llesba, Puerto de San Glorio, Portilla de la Reina, Posada de Valdeón, Puerto del Pontón, Desfiladero de los Beyos, Cangas de Onis

Grandiose Gipfellandschaft nahe Puerto del Pontón und der Pass Puerto de San Glorio.

HIGHLIGHT

COLLADO DE LLESBA

Der grandiose Aussichtspunkt, auch Mirador del Oso genannt, liegt etwa 1680 Meter hoch und ist über die gut zwei Kilometer lange asphaltierte Stichstraße vom Puerto de San Glorio erreichbar. Er liegt an der Grenze zwischen Kantabrien und Kastilien-León. Von hier bietet sich der beste Blick über die Picos de Europa. Auf dem nahe liegenden Gipfel thront das mächtige steinerne Bären-Denkmal. Der Fußweg dorthin lohnt sich allein schon wegen des fantastischen Panoramas. Die lebenden Braunbären wird man als motorradfahrender Tourist allerdings wohl eher nicht zu Gesicht bekommen. (43.076383, -4.749719)

des Rio Deva, der hier eine fantastische Schlucht in die Berge geschliffen hat, schlängelt sich der graue Asphalt durch die östlichen Ausläufer der Picos de Europa.

Kleiner Weiler und Dörfchen huschen an uns vorbei, rechter Hand ragen die mächtigen Gipfel weit über 2 000 Meter in die Höhe. Wir rollen nach Potes hinein.

Geschütztes Kulturgut

Mit seinen vielen uralten Bauwerken und der historischen Altstadt ist Potes als künstlerisch und geschichtlich bedeutsames Kulturgut besonders geschützt. Nicht ohne Grund, der Ortskern wirkt ungemein beeindruckend, die engen Gassen laden zum Bummeln und Entdecken, im Schatten der Festung mitten im Dorf locken ein paar einladende Cafés und Restaurants – der perfekte Platz für eine erholsame Pause. Zudem locken hier freundliche Unterkünfte und in die umliegenden Berge führen herausfordernde Wanderwege.

Ein wenig südlich von Potes geht es dann ins Eingemachte. Ab La Vega warten die wildesten Kurvenkombinationen auf sportliche Moppedfahrer. Die recht gut ausgebaute N-621 lädt zum ordentlichen Kurvenspaß. In unzähligen Windungen und Serpentinen arbeitet sich die Straße hinauf in Richtung des 1675 Meter hohen Passes Puerto de San Glorio. Schon

Der Ortskern von Potes ist als Kulturgut geschützt (oben) und Blick auf die schroffe Bergwelt bei Desfiladero de la Hermida (rechts).

Nahe Posada de Valdeón (oben) und östlich von Posada de Valdeón (unten).

auf der Passhöhe, die die natürliche Grenze zwischen Kantabrien und Kastilien-León darstellt, lässt sich ein fantastisches Panorama genießen. Wer es noch ein wenig beeindruckender haben möchte, befährt die hier abzweigende rund zwei Kilometer lange Sackgasse zum Aussichtspunkt Collado de Llesba – es lohnt sich.

Noch ein kleiner Abstecher

Bei Portilla de la Reina verlassen wir die N-621 und über eine nicht minder kurvenreiche Bergstrecke geht es in westlicher Richtung über Posada de Valdeón auf den 1280 Meter hohen Puerto del Pontón hinauf. Wer noch Lust auf einen kleinen Abstecher hat, der biegt bei Posada de Valdeón rechter Hand in Richtung Cain de Valdeón ab.

Der Ort liegt sehr schön am Ende einer Sackgasse gleich zu Füßen der höchsten Pico-Gipfel und ist ein recht beliebtes Ausflugsziel. Jenseits des Passes Puerto del Pontón schließt sich nach unzähligen Kurvenkilometern und Aussichtspunkten die Schlucht Desfiladero de los Beyos an.

Hier führt die N-625 erneut spektakulär durch die hoch aufragenden Felswände. Vom nördlichen Ausgang der Schlucht bis zurück nach Cangas de Onis sind es dann nur noch ein paar ruhigere, erholsame Kilometer, womit sich der Kreis um die spannenden Picos de Europa schließt ◄

TOUR 36 | Spanien

PICOS DE EUROPA

LÄNGE | 220 km

ÜBERNACHTUNG

Hotel La Palma de Llanes

Avenida Félix Fernández Vega, ES-33509 Llanes
Sehr freundliches Hotel etwas außerhalb von Llanes, tolle Anlage mit Pool, gemütliches Restaurant mit gutem Essen und Bar, große Zimmer, gutes Frühstück.

www.lapalmadellanes.com
(43.406958, -4.758739)

Der Berggipfel Collado de Llesba.

Villahormes
Nueva
Quintana
Celoriu
Po
Llanes
Cue
Porrúa
A-8
Vibañu
San Roque
A-8
Colombres
Peña Blanca
1182
Torbina
1317
Oriquero /
Hortigueru
Asiegu
Berodia
Roo
Alles
Pica Peñamellera
765
Panes
Cuetón
1651
Tresviso
Linares
Sobrel
La Quintana
Samelar
2229
Peña Castil
2439
Pico Cortés
2371
San Pedro
de Bedoya
Tama
Torre de
Llambrión
2647
Posada de
Valdeón
Camaleño
Potes
Cabezón
de Liébana
Maredes
Espinama
La Vega
Peña Gabanceda
2036
Coriscao
2234
Pesaguero
Peña Bistruey
2000

Tour 37 Extremadura

Land der Eroberer

Aus der Extremadura kamen einst viele der Eroberer Südamerikas – die Conquistadores. Erobern lässt sich dieser Landstrich eher nicht, aber für Motorradfahrer ist er ein echtes Eldorado.

BASISORT
Plasencia

TOURLÄNGE
ca. 177 km

ROADBOOK
Plasencia, Puerto de la Serrana, Parque natural de Monfragüe, la Bazagona, Jaraíz de la Vera, Garganta la Olla, Puerto del Piornal, Valdastillas, Valle de Jerte, Puerto de Honduras, Hervás, Casas del Monte, Plasencia

Die Extremadura, eine der 17 autonomen Gemeinschaften Spaniens, liegt im Südwesten des Landes. Bei mitteleuropäischen Motorradfahrern ist sie als Reiseregion eher unbekannt – sehr zu Unrecht. Herausfordernde, einsame Bergstrecken wechseln sich in der extrem dünn besiedelten Landschaft mit weitem, steppenartigem Land ab. Es gibt viel zu entdecken in der Region.

Wir starten unsere Entdeckungsreise in Plasencia. Nicht zuletzt ihrer unzähligen historischen Bauwerke und Plätze wegen lädt Plasencia zum Besuch. Hierher locken auch nette Bars und Restaurants, freundliche Unterkünfte und das bildschöne Umfeld.

Stiere und Schweine

Das erkunden wir auch gleich, verlassen den Ort in südlicher Richtung auf der EX-208. Entspannt geht es entlang vorerst schnurgerader Straßen. Rechts und links der Straße liegen riesige Weiden, saftige Wiesen, grüne Büsche. Die mächtigen Stiere der Extremadura fühlen sich in dieser Region wohl, in der auch das Zuchtgebiet der fast schwarzen Ibérico-Schweine liegt. Die mit den Eicheln der Kork- und Steineichen gefütterten Borstentiere sind die Lieferanten des bei Feinschmeckern geschätzten Ibérico-Schinkens.

Beim 387 Meter hohen Pass Puerto de la Serrana passieren wir die Grenze des Parque natural de Monfragüe. Der Naturpark am Zusammenfluss von Rio Tajo und Rio Tiétar ist ein einzigartiges Reservat und bietet idealen Lebensraum für Greifvögel, wie es ihn sonst in Europa kaum noch gibt. Am Embalse de Torrejón-Tajo lassen sich oft mächtige Mönchs- und Gänsegeier mit einer Spannweite von über zweieinhalb Metern beobachten – ein tolles Bild. Auch Wölfe streifen durch die Region, die lassen sich normalerweise aber eher nicht blicken.

Einen großen Bogen schlagen wir durch den Naturpark, wenden uns bald wieder gen Norden. Die kurven-

Auf dem Pass Puerto de Honduras und am Aussichtspunkt im Naturpark Monfragüe.

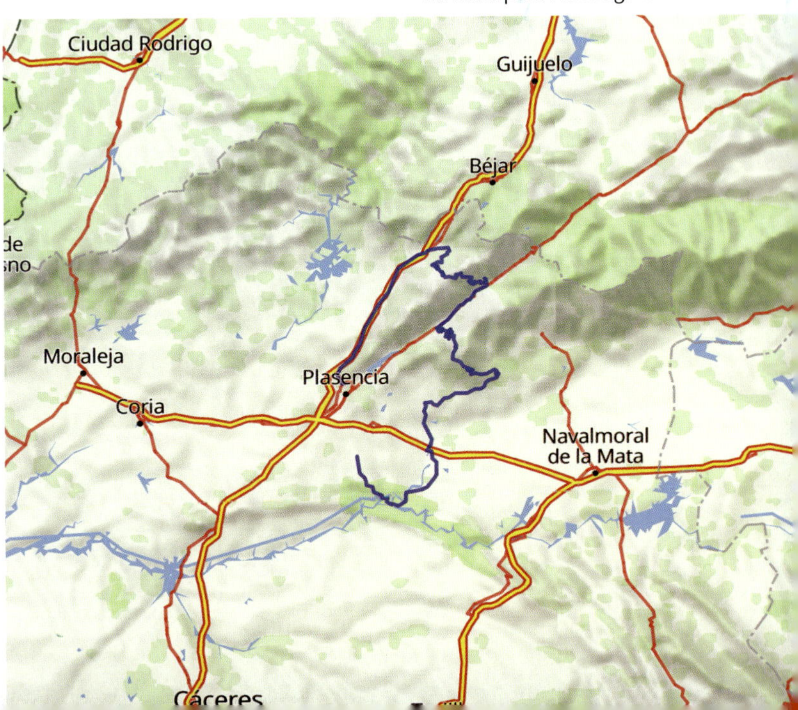

HIGHLIGHT

SPEZIALITÄTEN DER EXTREMADURA

Das schwarze Ibérico-Schwein, größtenteils mit den Eicheln der Extremadura genährt, liefert unter strengen Richtlinien den berühmten Jamón Ibérico, den luftgetrockneten Schinken, mit seinem besonderen Geschmack und seiner exquisiten Qualität. Auch das zart gebratene Lammfleisch mit extremadurischer Paprika, angeblich dem aromatischsten ganz Spaniens, und reichlich Knoblauch ist ein ganz besonderer Leckerbissen. Unbedingt die Chorizo, die schmackhafte Paprikawurst, probieren. Es gibt sie auf Brot, als Vorspeise, gebraten oder gegrillt und natürlich in würzigen Eintöpfen.

reiche und einsame Strecke bietet einige herrliche Aussichtspunkte – und reichlich Fahrspaß.

Schräglagen

Es geht bergauf, bergab und für Schräglagen ist bestens gesorgt. Das ändert sich auch nicht auf der EX-203, in Richtung Jaraíz de la Vera, auf die wir etwas später abbiegen. Hier ist zwar schon deutlich mehr los, sie ist breiter und befahrener, geizt aber bis zum Ort ebenfalls nicht mit Kurven. Jaraíz de la Vera, das quirlige Mittelzentrum bietet sich perfekt für eine Pause an. Hier gibt es einige freundliche Straßencafés und wer mag, kauft sich in den zahlreichen Läden die passenden, frischen Zutaten für das Picknick.

„Recorrido difícil o peligroso" verkündet unsere spanische Michelin-Straßenkarte, was so viel heißt wie „Schwierige oder gefährliche Straße" – klingt spannend. Von Jaraíz de la Vera nehmen wir Kurs auf Garganta la Olla und von dort über den 1269 Meter hohen Pass Puerto del Piornal nach Valdastillas. Für die Etappe über den Pass zeigt unsere Karte zwei Zentimeter. Bei einem Maßstab von 1 zu 400000 sollten das acht Kilometer

Olivenbaum südlich von Plasencia (oben) und das hübsche Dorf Garganta la Olla (rechts).

Südlich des Valle del Jerte.

sein. Das daraus auf der Straße etwa 35 werden, sagt schon einiges. In wilden Kehren und Serpentinen schraubt sich die Straße in die Höhe. Wirklich schwierig oder gefährlich ist die Straße jedoch nicht. Lediglich die bisweilen fehlende Leitplanke mahnt zur Achtsamkeit.

Kirschbäume en masse

Bei Valdastillas erreichen wir das Jerte-Tal. Hier blühen im Frühjahr Hunderttausende Kirschbäume – mehr als 200 verschiedene Sorten. Es gibt alles rund um die kleine rote Frucht: Süßigkeiten, Schnäpse, Seifen, Duftwässerchen und vieles mehr. Wir empfehlen die köstliche lokale Kirsch-Schokolade – ein Traum.

Nach gut sechs Kilometern geht es wieder hinaus aus dem Valle de Jerte. Links weist ein Schild den Weg zum 1440 Meter hohen Pass Puerto de Honduras und nach Hervás. Was für eine fantastische Strecke! Die CC-102 – CC steht für die Provinz Cáceres – windet sich mit unzähligen Kurven und Kehren durch das Bergland. Über knackige Serpentinen geht es zu Füßen des über 1800 Meter hohen Berges Valdeamor bergauf und bergab, entlang steiler Berghänge, durch Schluchten und über aussichtsreiche Kuppen. Grauer Fels und würzig riechende Macchia geleiten den Asphalt durch die aussichtsreiche Berglandschaft bis Hervás. Zur Belohnung lockt in dem schönen Bergdorf die eine oder andere Bar. Zudem lohnt sich ein Gang durch die urigen, mit Kieselsteinen gepflasterten, engen Gassen des Örtchens.

Mit einem kleinen Bogen über Casas del Monte geht es schließlich über die gut ausgebaute E-803 in südwestlicher Richtung wieder zurück nach Plasencia, was diese Runde durch die faszinierende Landschaft der Extremadura komplett macht. ◀

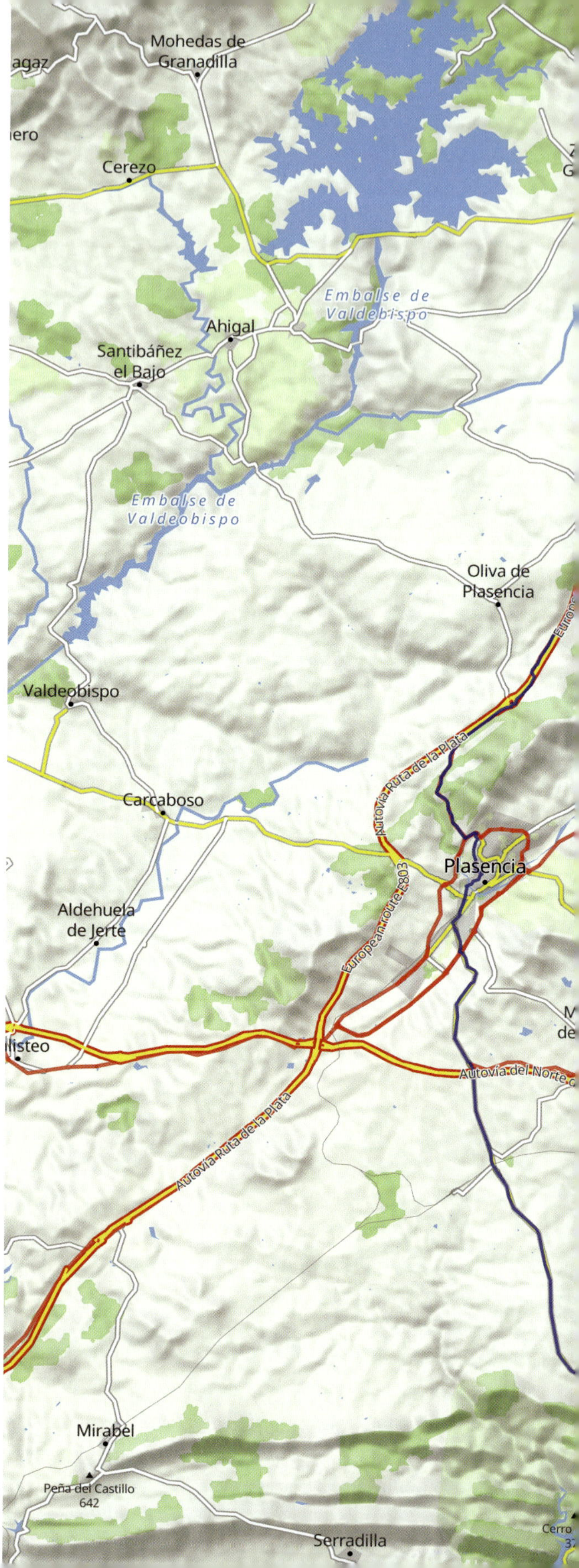

TOUR 37 | Spanien

EXTREMADURA

LÄNGE | 177 km

ÜBERNACHTUNG

Parador de Trujillo

Calle Santa Beatriz de Silva 1, ES-10200 Trujillo
Gehobenes Hotel im alten Kloster Santa Clara inmitten der Altstadt mit toller Anlage und Pool, klasse Frühstück, Bar und Restaurant, sehr freundliches Personal, eigene Parkplätze.

www.parador.es

(39.461504, -5.878332)

Traumpanorama südlich von Hervás.

Extremadura
Hervás
Aldeanueva del Camino
Abadía
Gargantilla
La Granja
Segura de Toro
Casas del Monte
Jarilla
Cabezabellosa
Portilla El Zapatero 1854
Valdeamor 1847
Camocho 1826
Tornavacas
Jerte
Cabezuela del Valle
Navaconcejo
Risco de la Buitrera 2169
Rebollar
El Torno
Valdastillas
Piornal
Casas del Castañar
Garganta la Olla
Cuacos de Yuste
Guijo de Santa Bárbara
Aldeanueva de la Vera
Jarandilla de la Vera
Barrado
Embalse de Plasencia
Gargüera de la Vera
Pasarón de la Vera
Jaraíz de la Vera
Torremenga
Tejeda de Tiétar
Majadas
Autovía del Norte de Extremadura
Toril
Casatejada
Embalse de Torrejón-Tiétar
Saucedilla

Tour 38 Costa Brava

Wilde Küste

Die kurvenreichen Küstenstraßen der Costa Brava sind fantastisch. Zudem lockt im Hinterland die bedeutendste Vulkanlandschaft der iberischen Halbinsel.

Es hat einen besonderen Flair, das Fischerdorf Collioure am nördlichen Ende der französischen Côte Vermeille. Der kleine Stadtstrand mit der dahinter liegenden hübschen und farbenfrohen Häuserzeile, die Wehrkirche mit ihrem markanten Turm und die fotogene Festung gleich neben dem Strand verleihen Collioure seinen speziellen Charme.

Wir starten hier, unser Ziel ist aber die Costa Brava, die „wilde Küste“ Spaniens. Vorerst genießen wir jedoch noch die Küstenstraße der wild zerklüfteten Côte Vermeille. Über Port-Vendres und Banyuls erreichen wir über unzählige Kehren und Auf- und Abstiege die Grenze nach Spanien bei Portbou. Sie ist lediglich am Schild des Col de Balistres und dem ehemaligen Zöllnerhaus erkennbar.

Am Cap del Bol

Noch gut zwölf Kilometer kurven wir auf der Küstenstraße weiter, die sich in Spanien N-260 nennt, dann erreichen wir den Badeort Llançà. Linkerhand liegt die felsige Halbinsel des Cap de Creus. Die etwa zehn mal zehn Kilometer große Halbinsel ragt weit hinaus ins Mittelmeer, markiert den östlichsten Punkt der Iberischen Halbinsel und den Beginn der Costa Brava. Fast die komplette Halbinsel gilt heute als Naturpark. Wir folgen der GI-613 nach Cadaqués. Ab Llançà windet sie sich erst mal entlang der schönen Küste des Cap del Bol bis nach El Port de la Selva, einem hübschen Badeort mit großem Yachthafen. Im weiteren Verlauf geht es dann quer durch den Naturpark an die Küste.

Das ehemalige Fischerdorf Cadaqués liegt malerisch in einer offenen Bucht. Die weiß strahlenden Häuser rahmen das türkis schimmernde Wasser im Hafen ein und auf den einladenden Terrassen der Straßencafés ist es nie wirklich leer. Cadaqués und das kleine, direkt anschließende Portlligat sind die Heimat Salvador Dalís. Auch andere bekannte Künstler wie Pablo

START- / ZIELORT
Collioure / Barcelona

TOURLÄNGE
ca.330 km

ROADBOOK
Collioure, Portbou, Col de Balistres, Llançà, El Port de la Selva, Cadaqués, Portlligat, Punta de Cap de Creus, Roses, Figueres, Besalú, Castellfollit de la Roca, Olot, Banyoles, Sant Feliu de Guíxols, Tossa de Mar, Barcelona

Cadaqués auf der Halbinsel Cap de Creus und das Hinterland der Costa Brava.

HIGHLIGHT

MIT DEM HOP-ON / HOP-OFF-BUS DURCH BARCELONA

Auch wenn es vielleicht komisch erscheint, in einem Motorrad-Reiseführer den Bus zu empfehlen, wir tun es dennoch. Die Fahrt mit dem Hop-on / Hop-off-Bus durch die Hauptstadt Kataloniens ist ein tolles Erlebnis. Der oben offene Doppeldecker fährt alle interessanten Ziele an und wie der Name schon sagt, kann man überall an den Haltestellen aus- und zusteigen. Die Ausblicke vom Oberdeck sind fantastisch und die mehrsprachigen Ansagen sind hochinteressant. So lassen sich auch Ziele entdecken, die man später intensiver erleben möchte, wie zum Beispiel den Park Güell oder den Olympiapark auf dem Berg Montujic. Vorab online buchen macht den Spaß billiger.
www.barcelonasmartmoving.com

Picasso und Joan Miró prägten das Image des Ortes und trugen zu dessen Bekanntheit bei. In Portlligat kann man Dalís Wohnhaus besuchen, das heute als Museum eingerichtet ist und über das aufregende Leben und Schaffen des großartigen Malers, Schriftstellers und Bildhauers berichtet.

Dalís Gedankenwelt

Die schmale Straße nach Portlligat führt gleich weiter zur nordöstlichsten Ecke des Cap de Creus, zum Punta de Cap de Creus. Dessen 1853 errichteter Leuchtturm liegt knapp 80 Meter über dem Meer und leuchtet mehr als 60 Kilometer weit auf das Mittelmeer hinaus. Rechts und links der Straße wechseln sich grüne, blühende Macchia und bizarre Felsformationen ab, die durch ihre Formen an verschiedene Tiere erinnern. So gibt es ein Kamel von Tudela und das Kaninchen von Culip. Was sich der große Meister Dalí bei dem von ihm persönlich verliehenen Namen „Der große Masturbator" für einen markanten Felsen dachte, ist allerdings der Fantasie des Betrachters überlassen.

Am Leuchtturm machen wir kehrt und über die GI-614 lassen wir das Cap de Creus hinter uns. Nach einem kurzen Abstecher über den Urlaubsort Roses steuern wir in das Hinterland der Costa Brava. Da es hier am Golf de Roses keine durchgehende, reizvolle Küstenstraße gibt, wenden wir uns dem Parc Natural de la Zona Volcanicà Garrotxa zu. Sanft steigt die N-260 auf in die Höhen, die einst durch gewaltige vulkanische Aktivitäten entstanden. Die Städtchen Besalú und Castellfollit de la Roca locken mit ihrer alten Bausubstanz und netten Plätzen, das Zentrum der Region ist Olot.

Über unzählige Kilometer führt die kurvenreiche GI-524 durch den Naturpark. Die Region gilt als die bedeutendste Vulkanlandschaft der iberischen Halbinsel. Entsprechend verläuft der Asphalt im Zickzack durch die Landschaft und der Kurvenspaß endet erst wieder bei Banyoles. Über die gut ausgebaute C-66 und die Berg-

Küstenstraße am Cap de Creus.

kette Les Gavarres haben wir bald wieder die Mittelmeerküste erreicht. Hier lockt der einladende Strand Platja d'Aro, bevor wir bei Sant Feliu de Guíxols auf die GI-682 steuern.

Jede Menge Schräglagen

Ab hier folgen 20 Kilometer Küstenstraße, die es in sich haben. Aussichtsreich folgt der Asphalt der felsigen Küstenlinie und sorgt für jede Menge Schräglagen. Das wissen natürlich auch alle Motorradfahrer der Region und so gilt dieses Stück als echter Hotspot der lokalen Sportmotorrad-Fraktion. Bei Tossa de Mar ist vorerst Schluss mit dem Kurvenspaß. Die Straße wendet sich ins Landesinnere.

Erst hinter Calella nähert sie sich wieder der Küste. Etwa hier geht nun auch die Costa Brava in die Costa de Maresme über. Aber eigentlich hat sich der Begriff der Maresme nie so richtig durchgesetzt. Im allgemeinen Verständnis endet die Costa Brava bei Barcelona. Das ist nun auch unser Ziel und gleichzeitig das Ende dieser Cost Brava-Route. ◀

Zwischen Figueres und Olot (oben) und im Hinterland der Costa Brava (unten).

TOUR 38 | Spanien

COSTA BRAVA

LÄNGE | 330 km

ÜBERNACHTUNG
Hotel el Jardi
Plaça Sant Josep Oriol 1 , ES-08002 Barcelona
Uriges, historisches Hotel mit sehr freundlichem Team in absolut zentraler Lage. 40 nette Zimmer, ansprechende Atmosphäre.
www.eljardi.com
(41.382562, 2.174046)

Endstation dieser Tour in Barcelona.

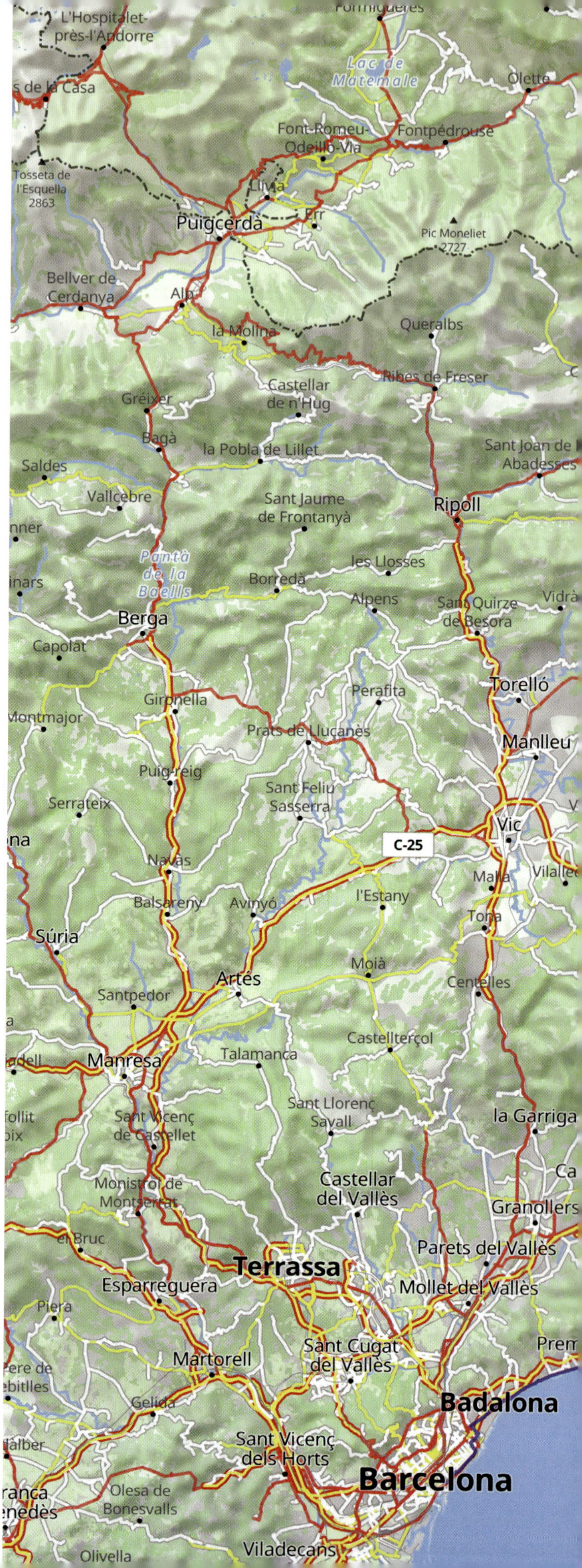

Bages
Montauriol
Baillestavy
Brouilla
Argelès-sur-Mer
Oms
Vivès
Montesquieu-des-Albères
Taulis
Port-Vendres
Palalda
Céret
Les Cluses
Banyuls-sur-Mer
Pic Rougeat 2724
Corsavy
Cerbère
Cantallops
Saint-Laurent-de-Cerdans
la Vajol
Colera
Capmany
Rabós
Pantà de Darnius-Boadella
Llançà
Garriguella
Beget
Peralada
Palau-saverdera
Albanyà
Llers
Cadaqués
Castelló d'Empúries
Sadernes
Figueres
Roses
Lladó
Tortellà
Beuda
Sant Joan les Fonts
Borrassà
Sant Pere Pescador
Olot
Crespià
Bàscara
Santa Pau
Melianta
Sant Esteve d'en Bas
Camallera
Banyoles
l'Escala
les Planes d'Hostoles
Palol de Revardit
Jafre
Torroella de Montgrí
Bordils
Rupit
Canet d'Adri
Rupià
Amer
la Bisbal d'Empordà
Pals
Girona
Pantà de Susqueda
Anglès
Begur
Sau
Aiguaviva
Palafrugell
Sant Hilari Sacalm
Cassà de la Selva
Santa Coloma de Farners
Vall-llobrega
Caldes de Malavella
Palamós
Arbúcies
l'Esparra
Sils
Sant Feliu de Guíxols
Riells
Hostalric
Montbarbat
Gualba
Tossa de Mar
Sant Celoni
Blanes
Vallgorguina
Pineda de Mar
Arenys de Munt
Arenys de Mar
Mataró

Tour 39 Sierra de los Filabres

Kurvenrausch

Diese Runde durch die grandiose Bergwelt der Sierra de los Filabres punktet durch unglaublichen Kurvenspaß und eine fantastische Straßenführung.

Hören wir Tabernas, kommen wir sofort ins Schwärmen. Rund um das andalusische Städtchen zu Füßen der weit über 2 000 Meter hohen Sierra de los Filabres gibt es unendlich viele Ziele für Motorradfahrer. Da gibt es zum Beispiel die legendäre Desierto de Tabernas – die Wüste von Tabernas – die als einzige echte Wüste Europas gilt und jede Menge Spaß auf und neben dem Asphalt bietet.

Dann lockt die Sierra Nevada mit ihren über 3 400 Meter hohen Gipfeln und nicht zuletzt liegen nur wenig östlich vom Ort gleich zwei Rennstrecken in der sonnenverwöhnten Landschaft, die das ganze Jahr über befahren werden können.

Für Rennsportfans

Zu letzteren sind wir gerade unterwegs. In östlicher Richtung geht es hinaus aus Tabernas. Wir folgen der N-340a und auf schnurgerader Strecke haben wir bald den Circuito de Almería erreicht. Je nach Veranstaltungsplan kommt man frei auf das Gelände, in der Cafeteria lässt sich zudem entspannt dem Renn- und Trainingsbereich zuschauen.

Unmittelbar neben der bewährten Rennstrecke wurde gerade der neue Circuito Nuevo Andalucía aus dem Boden gestampft. Auch hier geht regelmäßig die Post ab.

Relativ unspektakulär führt uns die schnelle Landstraße weiter in Richtung Sorbas. Kurz vor dem netten Städtchen, das auf Felsen oberhalb einer Flussschleife thront, lässt uns ein Kreisverkehr nach Norden abbiegen. Uleila del Campo steht auf den Schildern. Nach entspannten 13 Kilometern auf der AL-4101 durch flaches Land rollen wir dort hinein, während sich am Horizont bereits die beeindruckende Bergkette der Sierra de los Filabres abzeichnet. In Uleila lassen sich prima ein paar leckere Ingredienzien für das Picknick einkaufen, dann geht es auf die A-1100. Sie ist schon nach

BASISORT
Tabernas

TOURLÄNGE
ca.239 km

ROADBOOK
Tabernas, Circuito de Almería, Sorbas, Uleila del Campo, Cantoria, Olula del Río, Tahal, Velefique, Pass Alto Velefique, Bacares, Cala Alto-Observatorium, Gérgal, Tabernas

Kurvenstrecke bei Sorbas, im Hintergrund ist die Sierra de los Filabres zu erkennen und Aussichtspunkt Alto oberhalb der Serpentinen des Velefique.

HIGHLIGHT

OBSERVATORIO ASTRONÓMICO CALAR ALTO

Hoch über der Sierra de los Filabres thront in 2168 Metern Höhe das Calar-Alto-Observatorium, eine deutsch-spanische Sternwarte. Hier befindet sich unter anderem das größte Spiegelteleskop Westeuropas. Das Observatorium wurde im September 1979 vom spanischen König Juan Carlos I. Feierlich eröffnet. Seit März 2016 ist die Sternwarte auch der Öffentlichkeit zugänglich. Man kann sie in Gruppen oder auch einzeln besuchen. Die Führungen sind hochinteressant, man muss sich jedoch über die Internetseite anmelden. Dort finden sich auch alle weiteren Infos.

www.azimuthspain.com

Cantoria ausgeschildert und gleich hinter der Stadtgrenze geht es los mit 38 Kilometern Spaß auf dem Mopped. Entlang steiler Berghänge, Olivenbaumplantagen und ausgewaschener Bachbetten wurstelt sich der Asphalt durch das bergige Land. Kurve folgt auf Kurve, es geht in alle Himmelsrichtungen, mal scheint die Sonne von rechts, mal von links, von vorne, von hinten – ein fahrerischer Traum.

Durch die Berge der Sierra

In Cantoria endet die Kurvenorgie kurzzeitig, um bei Olula del Río in umgekehrter Richtung gleich wieder zu beginnen. Ab hier führt die A-349 erneut über die Berge der Sierra de los Filabres. Sie ist leicht zu finden und in Richtung Tabernas ausgeschildert.

Über knapp 50 Kilometer führt sie gen Süden, mäandert dabei in wilden Schwüngen durch die Berge der Sierra. Etwa auf halber Strecke lässt sich am Örtchen Tahal prima pausieren. Zwei, drei nette Bars und Cafés offerieren Tapas oder einen köstlichen Café con leche, einen Milchkaffee. Plätze fürs Picknick gibt es natürlich auch reichlich auf der schönen Route. Wer schon genug hat, klinkt sich kurz vor Tabernas am Ende der A-349 aus dieser Runde aus. Aber Achtung – das schönste Stück kommt noch!

An der letzten Abzweigung vor Tabernas laden die Schilder auf die AL-3102 Richtung Velefique. Entlang des Flussbetts Rambla de la Galera steuern wir wieder nach Norden den Bergen entgegen. Ein paar bescheidene Schwünge, dann rollen wir an Velefique vorbei und finden uns sogleich in einem der spannendsten Straßen-

Blick über die Sierra de los Filabres (oben) und Kurvenstrecke bei Uleila (rechts).

abschnitte Andalusiens wieder. In unglaublichen Serpentinen arbeitet sich der Asphalt hinauf auf den 1820 Meter hohen Pass Alto Velefique. Dass hier zudem so gut wie nie andere Fahrzeuge unterwegs sind, macht den Spaß gleich doppelt so groß.

Schräglage für Schräglage kurven wir hoch hinauf und stoppen bald am grandiosen Aussichtspunkt, der einen wirklich tollen Blick über die komplette Bergwelt der Sierra de los Filabres bietet. Hier möchte man gar nicht wieder weg. Machen wir dann aber doch und kurven weiter bis nach Bacares.

Zum Observatorium

Ab hier gönnen wir uns noch einen Abstecher zum Cala Alto-Observatorium. Hier lohnt es sich unbedingt, das Mopped abzustellen und zu Fuß ein paar Meter in Richtung Süden zu gehen. Schnell erreicht man den Gipfelgrat und der Blick hinab in die umliegende Landschaft ist den Weg allemal wert. Die A-1178 gönnt uns noch ein paar Kurven hinunter bis Gérgal, dann lassen wir entlang der autobahnähnlichen A-92 diese fantastische Runde in Richtung Tabernas ausklingen. Die letzten schnurgeraden Kilometer sind als Erholung gar nicht mal schlecht. ◀

Blick über den Velefique (oben) und auf seine Serpentinen (unten).

TOUR 39 | Spanien

SIERRA DE LOS FILABRES

LÄNGE | 239 km

ÜBERNACHTUNG
Cortijo Olivar del Desierto Spa
Ctra Nacional 340a KM480, ES-04200 Tabernas
Freundliches Haus, außerhalb liegend in toller Landschaft, moderne und helle Zimmer, schöne Anlage mit Pool und Sauna, leckeres Essen.
www.olivardeldesierto.com
(37.091524, -2.298209)

Abendstimmung in der spanischen Wüste.

Albox
El Prado
Sierra de los Filabres
Autovía del Almanzora
Fines
Olula del Río
Cantoria
Arboleas
chena
Zurgena
Macael
Laroya
Líjar
Albánchez
Chercos
Cóbdar
Benitorafe
Tahal
Benitagla
El Pocico
Benizalón
Lubrín
Senés
El Pilar
Uleila del Campo
El Chive
El Puntal
Casa Blanca
Moras
Gochar
Autovía del Mediterráneo
Sorbas
Lucainena
de las Torres
Turrillas
Colativí
1387
Níjar

Tour 40 Almería

Am Kap des Achats

Die Sierra del Cabo de Gata an der Costa de Almería wartet mit schönsten Küstenstraßen auf. Sie führen entlang endloser Sandstrände und durch felsige Mondlandschaften.

START- / ZIELORT
Almería / Mojácar

TOURLÄNGE
ca.146 km

ROADBOOK
Almería, El Cabo de Gata, Torreón de San Miguel, Iglesia de las Salinas, Leuchtturm des Cabo de Gata, El Cabo de Gata, Ruecas, San José, Playa de Los Genoveses, Rodalquilarte, Fernán Perez, Agua Amarga, Carboneras, Mojácar

Almería ist eine Hafenstadt voller lebendiger Geschichte. Fast fühlt man sich in den engen Gassen zwischen den weißen Häusern wie in einer afrikanischen Stadt. Kein Wunder, wurde die Stadt mit ihrer riesigen, über der Stadt thronenden Festung Alcazaba doch 955 von Arabern gegründet.

Almería gilt als eine der sonnenreichsten Städte der Iberischen Halbinsel und das ganz in der Nähe liegende Kap Cabo de Gata mit der gleichnamigen Sierra gleicht zumeist einer steinigen Halbwüste – die perfekten Bedingungen für eine kurzweilige Erkundungstour mit dem Motorrad.

Richtung Flughafen

Über die gut ausgebaute AL-12 geht es zügig hinaus aus der Stadt. Die Strecke ist schnell zu finden, einfach den Schildern in Richtung des Flughafens folgen. Nach dem Flughafen geht sie in die N-344 über und schon heißt es an einem großen Kreisverkehr abbiegen. Hier ist schon das Cabo de Gata, das Kap des Achats, ausgeschildert.

Durch flaches, sandiges Land führt die AL-3115. Rechter Hand fällt der Blick auf die Bucht des Golfo de Almería, in der einige Fischer und Freizeitkapitäne ihre Boote durch die Gewässer zwischen dem spanischen Festland und der nordafrikanischen Küste lenken. Langsam taucht am Horizont die Bergkette der Sierra del Cabo de Gata auf. Zwischen Schilf, Palmen und Olivenbäumen rechter Hand und den eher weniger schönen, riesigen Treibhäusern auf der linken Seite rollen wir die letzten Meter in Richtung des Ortes El Cabo de Gata.

Überschaubar ist er, der Ort. Hier gibt es ein paar Läden und entlang der netten Promenade am langen Sandstrand warten einige einladende Bars auf Besucher. Hier lässt sich gut am Abend mit einem leckeren, eiskalten Estrella-Bier der Tag beenden – es gibt schließlich auch einige ganz

Unterwegs auf der AL-3115 am Cabo de Gata und auf der Küstenstraße bei Carboneras.

HIGHLIGHT

PARQUE NATURAL DE CABO DE GATA-NÍJAR

Die Sierra del Cabo de Gata ist als Naturpark ausgewiesen. Die extrem zerklüftete Küste und die Berge des Hinterlands sind vulkanischen Ursprungs, in der Folge gibt es bis heute Erdbeben. Durch die vulkanische Aktivität traten verschiedene Minerale an die Oberfläche, unter andrem Achat, der der Region ihren Namen gab: Kap des Achats. Der knapp 500 Meter hohe Pico de los Frailes, die höchste Erhebung des Naturparks, ist ein erloschener Vulkan. An seinen Flanken, zum Beispiel bei San José, lassen sich bis heute die einst ins Meer geflossenen Lavaströme erkennen.

www.degata.com

nette Unterkünfte. Ganz im Südosten des Städtchens liegt am breiten Sandstrand der befestigte Turm San Miguel hinter hohen Festungsmauern, gleich daneben ein gutes Strand-Restaurant.

Auf der AL-3115 geht es weiter direkt entlang der schönen Sandstrände. Hier lässt es sich sogar in der Saison einsam und entspannt baden. Wir waren aber auch schon bei nahezu sommerlichen Temperaturen über den Jahreswechsel hier, der perfekte Ort für die Winterflucht.

Entlang der Salinen

Bei der gleich am Straßenrand in die Höhe ragende Kirche Iglesia de las Salinas stoßen wir auf die riesigen Salzsalinen. Hier werden noch bis zu 40 000 Tonnen Salz jährlich fabriziert. Kaum haben wir die Salinen passiert, klettert die Straße auch schon in die Höhe und windet sich entlang der Berghänge hoch über das Meer. Ein paar kernige Kurven in den Bergen, dann kommt auch schon der Leuchtturm des Cabo de Gata ins Bild.

Ganz in der Nähe des Turms lässt sich das Motorrad gut parken und eine Klettertour in den Felsen oberhalb der Gischt sorgt für Spaß und Bewegung. Kurz vor dem Ende der AL-3115 kann man noch für einige Kilometer nach links auf die ALP-822 abbiegen – ein Abstecher, der sich auf jeden Fall lohnt. Die schmale, kurvenreiche Straße führt durch eine tolle Küsten-

Castillo Macenas bei Torre del Penón (oben) und Leuchtturm am Cabo de Gata in der Dämmerung (rechts).

Torreón de San Miguel in der Nähe des Ortes El Cabo de Gata.

landschaft und hat noch die eine oder andere Überraschung parat.

Zurück über El Cabo de Gata fahren wir nach Ruecas und steuern erneut die Küste an. Diesmal in östlicher Richtung. Wir folgen den Schildern nach San José. Auch dieser kleine Küsten- und Badeort liegt am Ende einer Sackgasse, aber auch hier lohnt sich ein Besuch allein schon wegen der Bars und Restaurants.

Herrliches Szenario

Hier liegt auch der Playa de Los Genoveses, eine der schönsten und einsamsten Badebuchten Andalusiens. Es gibt einige ansprechende Unterkünfte und zwei Campingplätze, das perfekte Örtchen für ein wenig Erholung. Als AL-4200 führt die Küstenstraße weiter entlang der herrlichen, bergigen Küste. Kaps, Aussichtspunkte, kleine Buchten und steile Felsen wechseln sich ab – was für ein Szenario! Rodalquilarte, die einstige Goldgräberstadt führt uns weiter nach Fernán Perez. Dort geht es auf noch schmalerer Straße gen Nordosten bis Agua Amarga. Wir lieben diesen hübschen, kleinen Fischerort, der sich noch immer viel Ursprünglichkeit bewahrt hat.

Von nun an geht es stetig in nördlicher Richtung. Carboneras protzt ebenfalls mit bildschönen Sandstränden, in dem quirligen Ort ist aber auch schon merklich mehr los. Dennoch ist es hier sehr nett und die Stadt liegt landschaftlich sehr schön zu Füßen der aufragenden Berge im Hinterland.

Ab hier scheint sich die Küstenstraße nochmal zu einer Art Endspurt aufraffen zu wollen. Mit knackigen Kurven führt der Asphalt durch das Bergland, überzeugt mit reichlich Fahrspaß und tollen Panoramen. Bei Tore del Penón geht es nochmals direkt ans Wasser, bevor wir schließlich im sympathischen Badeort Mojácar diese abwechslungsreiche Route ausklingen lassen. ◂

TOUR 40 | Spanien

CABO DE GATA

LÄNGE | 146 km

ÜBERNACHTUNG
Parador de Mojácar
Avenida del Mediterráneo 339, ES-04638 Mojácar
Das sehr moderne Parador ist perfekt ausgestattet, bei Motorradfahrern beliebt, bietet eine tolle Lage direkt am Meer und ein gutes Restaurant. Uns hat es dort sehr gut gefallen.
www.parador.es
(37.132341, -1.830625)

Strandpause in El Cabo de Gata.

El Puntal
Casa Blanca
Almería
Turre
Mojácar
Moras
Quijiliana
Autovía del Mediterráneo
Sorbas
Lucainena de las Torres
Níjar
Autovía del Mediterráneo
Isla de San Andrés
San Isidro de Níjar
El Viso
Los Albaricoques
Cerro de los Guardias 218
Presillas Bajas
El Fraile 493
Bujo 374
Morrón de los Genoveses 73

40 PÄSSE-TOUREN

Für die meisten Motorradreisenden sind die vielfältigen Pässe, die die Alpen – dieses wunderbare Hochgebirge im Herzen Europas – durchziehen, und die Panoramastraßen zwischen Ortschaften, Tälern und Ländern das Highlight ihrer Touren quer durch Deutschland, Österreich, Italien, der Schweiz und Frankreich. Die Pyrenäen gehören zwar nicht zum Alpenbogen, bieten aber grandiose Traumstraßen, weshalb einigen von ihnen ebenfalls ein Kapitel gewidmet wird.

40 Pässe und Panoramastraßen sind in diesem Buch insgesamt beschrieben und zum Nachfahren aufbereitet. Jede von ihnen hat etwas Besonderes und geht unter die Haut – und auf allen ist der Wohlfühlfaktor hoch.

40 ausgearbeitete und ausführlich beschriebene Motorradtouren zum Nachfahren für den Kurztrip oder die längere Reise mit:

- vielen Insidertipps des Autors
- ausführlichem Kartenmaterial mit eingezeichneter Route
- praktischen Hinweisen zu Streckenlänge, Etappen, Charakteristik und den beliebtesten Attraktionen – nicht nur für Motorradfans
- Hotels, die sich auf Motorradfahrende Gäste freuen
- GPS-Daten zum Download

ISBN 978-3-96599-006-7 EUR 27,95

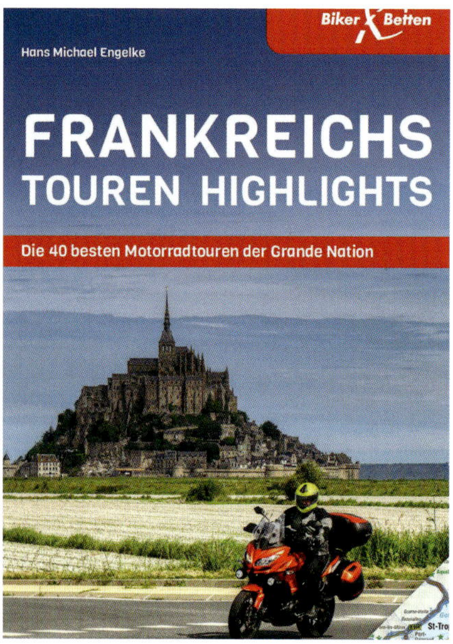

ISBN 978-3-937063-85-0 EUR 27,95

40 FRANKREICH-TOUREN

Frankreich mit all seiner landschaftlichen und kulturellen Vielfalt ist für Motorradfahrer der Traum schlechthin. Ob auf den weit über 2000 Meter hohen Pyrenäen-Pässen oder den Pendants in den Seealpen, ob auf den aussichtsreichen Küstenstraßen der Côte d'Azur oder den unzähligen Passstraßen des Jura – vor allem in Frankreichs Süden finden sich grandiose Motorradstrecken, die zu kurzweiligen Touren mit jeder Menge Fahrspaß laden. Reizvoll ist aber auch die nördliche Hälfte unseres Nachbarlandes. Normandie und Bretagne sind interessante Ziele, die es zu entdecken gilt, Elsass und Vogesen gelten ebenfalls schon lange nicht mehr als Geheimtipps für Genusstourer. Und selbst die Metropole Paris kann – und sollte – auf dem Motorrad erkundet werden.

Frankreich ist riesig und bedeutend größer als Deutschland. Dennoch leben dort weniger Menschen. Das bedeutet im Umkehrschluss mehr Platz – vor allem auf den Nebenstraßen. Selbst in der Hochsaison ist man auf vielen von ihnen fast alleine unterwegs. Dies ist nur einer von vielen Gründen, warum einen die Grande Nation in ihren Bann zieht.

Die in diesem Buch beschriebenen Touren sind ein bunter und abwechslungsreicher Mix aus vielem, was Frankreich zu bieten hat. Einige von ihnen sind äußerst persönlich und detailliert beschrieben, bei anderen werden die wesentlichen Attraktionen und Tourentipps im anschaulichen Überblick dargestellt.

BIKER-WEEKENDS DEUTSCHLAND

Getreu Goethes Motto „Warum in die Ferne schweifen, wo doch das Gute liegt so nah …“, erreicht Deutschland schon seit Jahren Spitzenwerte als (Motorrad-) Reiseziel. Das eigene Land ist und bleibt das mit Abstand beliebteste Urlaubsziel.

In 15 der spannendsten heimischen Regionen sind jeweils drei Touren, die sich perfekt als lohnenswerte Motorradwochenenden aneinanderfügen lassen, zusammengestellt. Es sind nicht irgendwelche Strecken, sondern die Insidertipps ausgewählter BikerBetten-Partner. Deren Häuser sind nicht nur jeweils Start- und Zielpunkt für die beschriebenen Routen, sondern auch perfekt auf die Ansprüche Motorradfahrender Gäste ausgerichtet.

Jeweils 3 ausführliche beschriebene Motorradtouren zum Nachfahren in 15 der spannendsten Regionen Deutschlands. Individuell zusammenstellbar für das Motorradwochenende – oder auch die Tour unter der Woche – mit:

- vielen Insidertipps des Autoren
- ausführlichem Kartenmaterial mit eingezeichneter Route
- praktischen Hinweisen zu Streckenlänge, Etappen, Charakteristik und den beliebtesten Attraktionen – nicht nur für Motorradfans
- Hotels, die sich auf Motorradfahrende Gäste freuen
- GPS-Daten zum Download

ISBN 978-3-937063-50-8 EUR 22,95

ISBN 978-3-937063-54-6 EUR 22,95

DEUTSCHE OSTSEEKÜSTE

Wirkliche Höhenmeter lassen sich rund um die Ostsee – dem großen Binnenmeer in Nordosteuropa – nicht machen, auch Pässe und Serpentinen sind eher Mangelware. Dafür schnuppert man während der Fahrt entlang der deutschen Küste gesunde Seeluft und erlebt Natur pur. Außerdem locken gleich mehrere Inseln zu ausgedehnten Ausflügen. Wer im Binnenland unterwegs ist, entdeckt zahlreiche Sehenswürdigkeiten wie Museen, Schlösser, Kirchen und Denkmäler, die spannende Geschichten aus der Vergangenheit erzählen. Überall lassen sich Rundtouren planen, ob durch die Mecklenburgische Seenplatte oder durch die Holsteinische sowie die Mecklenburgische Schweiz und besonders auf Rügen oder Usedom.

Zehn ausführlich beschriebene Motorradtouren zum Nachfahren für den Kurztripp oder die längere Reise mit:

- vielen Insidertipps des Autoren
- ausführlichem Kartenmaterial mit eingezeichneter Route
- praktischen Hinweisen zu Streckenlänge, Etappen, Charakteristik und den beliebtesten Attraktionen – nicht nur für Motorradfans
- Hotels, die sich auf Motorradfahrende Gäste freuen
- GPS-Daten zum Download

PÄSSE ATLAS ITALIEN

La Bella Italia! Unzählige Motorradfahrer finden Gefallen an Touren auf diesem Stiefel. Und das hat gute Gründe! Es ist nicht nur das legendäre „la dolce vita“. Es sind auch das Essen, die Sprache, die Lebensart. Natürlich auch die grandiosen Landschaften und Straßen, über die wir oft genug schimpfen, sie aber dennoch wann immer es geht aufsuchen. Highlights sind selbstverständlich die Pässe und Höhenstraßen, die vor allem im Norden des Landes zuhauf locken.

Der neue Pässe Atlas Italien vereint 204 der spannendsten Pässe und Panoramastraßen im nördlichen Teil des Stiefels und bietet euch:

- ausführliches Kartenmaterial mit eingezeichneter Route
- praktische Hinweise zur Streckenlänge, Charakteristik, Länge, Scheitelhöhe, Steigung und Wintersperren
- beliebte Attraktionen am Wegesrand – nicht nur für Motorradfans
- GPS-Daten zum Download

ISBN 978-3-96599-000-5 EUR 17,95

ISBN 978-3-937063-83-6 EUR 17,95

PÄSSE ATLAS FRANKREICH

Das Herz zahlreicher Motorrad-Reisenden schlägt für Frankreich. Vor allem sein Alpenanteil hat viele Fans. Kein Wunder, schließlich liegen nicht nur die höchsten Gipfel, sondern auch viele der höchsten Alpenpässe in dieser Region. Aber auch die anderen Gebirgsketten in diesem Teil Europas wissen zu begeistern: vom Zentralmassiv über die Pyrenäen bis hin zu den Vogesen. Zudem verfügt die französische Mittelmeerinsel Korsika nicht nur über einen politischen Sonderstatus, sondern auch über eine landschaftliche Vielfalt, die ihresgleichen sucht.

Der neue Pässe Atlas Frankreich vereint 183 der spannendsten Pässe und Panoramastraßen der Grand Nation und bietet euch:

- ausführliches Kartenmaterial mit eingezeichneter Route
- praktische Hinweise zur Streckenlänge, Charakteristik, Länge, Scheitelhöhe, Steigung und Wintersperren
- beliebte Attraktionen am Wegesrand – nicht nur für Motorradfans
- GPS-Daten zum Download

DEUTSCHE OSTSEEKÜSTE

Wirkliche Höhenmeter lassen sich rund um die Ostsee – dem großen Binnenmeer in Nordosteuropa – nicht machen, auch Pässe und Serpentinen sind eher Mangelware. Dafür schnuppert man während der Fahrt entlang der deutschen Küste gesunde Seeluft und erlebt Natur pur. Außerdem locken gleich mehrere Inseln zu ausgedehnten Ausflügen. Wer im Binnenland unterwegs ist, entdeckt zahlreiche Sehenswürdigkeiten wie Museen, Schlösser, Kirchen und Denkmäler, die spannende Geschichten aus der Vergangenheit erzählen. Überall lassen sich Rundtouren planen, ob durch die Mecklenburgische Seenplatte oder durch die Holsteinische sowie die Mecklenburgische Schweiz und besonders auf Rügen oder Usedom.

Zehn ausführlich beschriebene Motorradtouren zum Nachfahren für den Kurztripp oder die längere Reise mit:

- vielen Insidertipps des Autoren
- ausführlichem Kartenmaterial mit eingezeichneter Route
- praktischen Hinweisen zu Streckenlänge, Etappen, Charakteristik und den beliebtesten Attraktionen – nicht nur für Motorradfans
- Hotels, die sich auf Motorradfahrende Gäste freuen
- GPS-Daten zum Download

ISBN 978-3-937063-54-6 EUR 22,95

ISBN 978-3-937063-54-6 EUR 22,95

SCHWARZWALD

Der Schwarzwald ist Deutschlands höchstes und größtes zusammenhängendes Mittelgebirge. Es steht weltweit als Sinnbild für einen entspannen den Urlaub.

Wie kontrastreich sich die Landschaften tatsächlich darstellen, erfahren diejenigen, die sie auf dem Motorrad er kunden. Insbesondere der stetige Wechsel von Berg und Tal entlang der mehr als 70 Gipfel über 1000 Meter lässt das Bikerherz höher schlagen. Ein paar Klischees wie Kuckucksuhr und Kirschtorte sollte man sich unterwegs aber natürlich auch noch gönnen.

Zehn ausführlich beschriebene Motorradtouren zum Nachfahren für den Kurztripp oder die längere Reise mit:

- vielen Insidertipps der Autoren
- ausführlichem Kartenmaterial mit eingezeichneter Route
- praktischen Hinweisen zu Streckenlänge, Etappen, Charakteristik und den beliebtesten Attraktionen –nicht nur für Motorradfans
- Hotels, die sich auf Motorradfahrende Gäste freuen
- GPS-Daten zum Download

HERAUSGEBER
TVV Touristik-Verlag GmbH | Werner Henschel Str. 2 | D-34233 Fuldatal-Ihringshausen
Tel.: +49 - (0) 561/400 85 - 0 | Fax: +49 - (0) 561/400 85 - 21
info@bikerbetten.de | www.bikerbetten.de

Vertretungsberechtigter Geschäftsführer: Peter Schmitz, Jan-Uwe Schmitz
Registergericht: Kassel | Registernummer: 13254
Umsatzsteuer-Identifikationsnummer gemäß § 27 a Umsatzsteuergesetz: DE813611060

REDAKTION
Hans Michael Engelke, www.engelke.tv

FOTOS
Angelika und Hans Michael Engelke, www.engelke.tv, außer
alpenpass.com (82), ALPENTOURER-Archiv: Uli Biggemann (86), Creative Commons: JJ55-CC-BY-SA 3.0 (80), Johann Jaritz-SA-3.0 (83), Erlebniswelt Granit (88), Gramastetten (89), Jürgen Grieschat (2 x 62, 64, 2 x 65, 66), Lemonrock Bike Tours (34), Linz Tourismus (89), Motorradland Kärnten (80, 82, 84), Oberösterreich Tourismus (86), Pixabay: Krieger (40), Ormseth (46), Markus KF (82) , Peter Schmitz (2 x 38, 41, 42, 44, 46, 47, 48), Shutterstock: Nightman 1965 (40), Anastas Styles (41), Marius Dobilas (44), Andrew Mayovskyy (47), Zamek Książ w Wałbrzychu Sp. z.o.o. (64)
Titelbilder: Peter Schmitz

UMSCHLAGGESTALTUNG TVV Touristik-Verlag GmbH

KARTENBASIS Printmaps.net / OSM Contributors

ROUTEN Hans Michael Engelke, www.engelke.tv

PRODUKTION MoTourMedia, Wuppertal

LEKTORAT Snežana Šimičić

DRUCK UND WEITERVERARBEITUNG Silber Druck OHG, 34253 Lohfelden

Die GPS-Daten gibt es zum kostenlosen Download auf **bikerbetten.de**

ISBN 978-3-96599-026-5

WWW.BIKERBETTEN.DE